Frauenblicke

Herausgegeben von Gabriele Hartlieb

W0084074

Herder

Freiburg · Basel · Wien

Gedruckt auf umweltfreundlichem,
chlorfrei gebleichtem Papier

2. Auflage

Alle Rechte vorbehalten – Printed in Germany
© Verlag Herder Freiburg im Breisgau 1996
Herstellung: Freiburger Graphische Betriebe 1996
Umschlaggestaltung: Joseph Pölzelbauer
Umschlagmotiv: © Root Leeb
ISBN 3-451-04440-4

Inhalt

❦❦❦

Der Job, der Alltag, die vielen Anforderungen:
Alle Augen blicken auf dich

2. Blicke auf das Leben: Grenzgänge in der Zeit

Mit 15:
Der Blick nach vorn

Mutter werden?
Wichtige Augenblicke

Später:
Der Blick zurück – und dabei: mit Neugier nach vorne

Zwischen den Generationen:
Blickwechsel

Einleitung

von Gabriele Hartlieb

❦❦❦

Die Frau, unterwegs zu ihrer Hochzeit, blickt durch die verregneten Fensterscheiben ihres Wagens auf die Fahrerin des Autos vor ihr. Der Knall und der abrupte Halt haben ihr klargemacht, daß sie gerade einen Unfall verursacht hat. Durch die Scheibe hört sie die Unfallkontrahentin fluchen, von Regentropfen verwischt sieht sie wirre schwarze Haare, erdbeerrot geschminkte Lippen und Cowboystiefel. Sie sieht schließlich den Blick der Fremden auf die zartrosa Schachtel mit der Aufschrift *Brautmoden Hennig – Wiesbaden* auf dem Rücksitz. Augenblicke, die mehr sind als die Verzauberung weißen Tülls.

Die Frau im Zug wird von einem alten Freund am Bahnhof erwartet. Sie sieht ihn sofort, während der Zug in Lugano langsam zum Stehen kommt, in einem eleganten Mantel, die Zigarette im Mundwinkel, schlendernd, suchend – und sie weiß, daß sie ihn nicht wiedersehen will. Sie bleibt im Abteil, der Zug fährt weiter. Prüfende, entscheidende Blicke.

Frauenblicke – die eigenen kritischen, in den Badezimmerspiegel, während nebenan der Lover wartet, können unerbittlich sein – und müssen dennoch nicht den Spaß verderben.

„Frauenblicke": Perspektiven auf das Leben, das voller Wahlmöglichkeiten und zugleich voller Einschränkungen ist. Die Fluchtpunkte der nachfolgenden Texte sind darum von beiden bestimmt: den Grenzen, den Regeln, den festen Vorstellungen – und den Hoffnungen, den Wegen, den Wünschen und Wirklichkeiten.

Zu den Einschränkungen etwa gehören die eigenen und fremden Vorstellungen von Attraktivität und Schönheit. Mein Körper und mein Outfit ist alles, was mich anderen auf den ersten Blick zeigt.

In der Liebe sind es Regeln und Rollenzuschreibungen, Ernüchterung und Einengung des Alltags. Daß Frauen damit lakonisch-lebenspraktisch, phantasievoll und übermütig umgehen, daß sie die Liebe als

Raum begreifen, der von beiden Liebenden gleichermaßen definiert werden kann, davon zum Beispiel erzählen die Geschichten dieses Buches. Und davon, sich im Beruf zu behaupten, lange verweigerte Räume zu erobern, vielleicht auch noch Kinder zu haben und sie zu erziehen. Darum bewegen sich die Heldinnen der Geschichten zwischen atemlosem Perfektionismus und dem entspannenden Rückzug ins Bett – mit Krimi und Tee.

Der persönliche Entscheidungsfreiraum ist größer geworden. Und damit die Frage offener nach der Identität, die ich mit meiner Geschichte bin – mit fünfzehn, mit zweiunddreißig, mit fünfundfünfzig und siebzig. Doch die Wahlmöglichkeiten, die Offenheit eines Lebensentwurfes macht es auch schwerer, den eigenen Weg zu finden. Wo die Linien nicht mehr vorgezeichnet sind, muß das eigene Bild entworfen werden, ist die positive Entscheidung für eine Sache zugleich oft die Absage einer anderen. Viele Beispiele machen deutlich, daß der neue Spielraum genutzt wird. Und möglicherweise genügt es schon zu wissen, daß es die Möglichkeit gibt, alle (auch imaginären) Grenzen zu überschreiten.

Die Freiheit der Entscheidung bedeutet natürlich auch Unsicherheit, bringt die Gefahr mit sich, den falschen Weg zu wählen, sich geirrt zu haben. Dies von vornherein zu wissen und in Kauf zu nehmen, erfordert Mut – und die Großzügigkeit sich selbst gegenüber, sich mit abgebrochenen oder zurückgegangenen Wegen, mit Verlassenem und Nichtgelungenem zu versöhnen. Es gehört dazu, mit Ambivalenzen zu leben, mit harter Wirklichkeit und gelungener Verwirklichung.

Nicht romantischen Bildern entsprechen, nicht an eigenen Ansprüchen zerbrechen und starre Rollen erfüllen. Sondern: den Kopf behalten und das Herz verschenken. – Die Augenblicke, die anklingen beim Titel dieses Buches, erscheinen in den kürzeren literarischen, erzählenden oder reflektierenden Texten, in denen das Lakonische wie das Überschwengliche zum Ausdruck kommen kann, das Fragmentarische und das Überraschende, das sich vom Leben einholen läßt.

1
Blicke auf sich selbst: Grenzen setzen und überschreiten

Grenzland Körper:
Sieh mich an, damit ich mich fühle

❧❧❧

Ich setzte den Fuß in die Luft,
und sie trug.

Hilde Domin

Christa Kölblinger

Sich selber schön finden –
das Schwierigste überhaupt

〰〰〰

Ich und schön?" Nein, sagt die Kollegin von nebenan. Das sei sie früher mal gewesen, aber jetzt im Moment (der allerdings schon länger als ein Jahr dauert) sei sie viel zu dick.

Die Nachbarin im Haus – sie wiederum ist dünn wie ein Spargel – hat „sulzige" Fesseln. Sauerkrautstampfer habe ihr Vater zu ihren Beinen gesagt. Das riß damals zwar Wunden in ihr Teenagerherz. „Aber wo er recht hat, hat er recht. Ich kann mich doch wirklich nicht im kurzen Rock zeigen."

Und erst meine Freundin . . . Eine wirklich rundum appetitliche Person, hat auf einmal Pigmentflecke. Auf dem Rücken, an den Armen, sogar am Bauch. „Glaub' mir, ich war in diesem Sommer kein einziges Mal im Schwimmbad."

✳

Über Schönheit schreiben? Nichts leichter als das, Experten zu diesem Thema gibt es zuhauf. Sie, liebe Leserin, sind eine. Und ich und die Metzgerin von nebenan und alle halbwüchsigen Töchter vom Bodensee bis Flensburg sowieso. Wir alle wissen bestens darüber Bescheid, was Schönheit ist, welcher Zauber von ihr ausgeht, was sie ausmacht: ein ebenmäßiges Gesicht und eine Porzellanhaut, ein schlanker Körper, volles, langes Haar und nirgendwo ein Pickel. So was kriegt die Natur nämlich hin, wenn sie will: Sehen wir diese Vollkommenheit nicht unablässig auf Werbeplakaten, in Zeitschriften, im Fernsehen? Unsereins ist allerdings leider nur eine Sparversion davon. Da hapert's nämlich schon an der Kinnpartie, den Schlupflidern . . . und jetzt auf einmal diese Besenreiser an den Oberschenkeln. Oh, wie gemein.

✳

14

„Weißt du, mein Kind, Schönheit . . ." Mama, hör auf mit inneren Werten und diesem ganzen Blabla. „Ausstrahlung", daß ich nicht lache. So viel ausstrahlen kann ich gar nicht, daß man meine Cellulite nicht bemerkt. Anne-Marie ist 14. Sie hat einen neuen Minirock, schwarzer Stretch, kein billiger Fummel, aber anziehen kann sie den unmöglich, wie sie jetzt vorm Spiegel feststellt. „Schau her. Hier. Und hier." Sie drückt die Haut ihres Oberschenkels zusammen. „Alles Fett. Ätzend, wa?"

Alles Fett? Nichts als Muskeln, Sehnen, straffes Gewebe, nirgendwo auch nur die kleinste Delle. „Makellose Gazellenbeine sind das, meine Prinzessin", sagt die Mutter. „Du spinnst", sagt Anne-Marie und heult los.

So fängt es an, genau so. Plötzlich in der Pubertät oder schon etwas davor, bricht das Immunsystem der Kinderseelen, auch der robustesten, zusammen, und die Schönheit – genauer gesagt: die Sehnsucht nach ihr – ergreift wie ein Virus widerstandslos von ihnen Besitz. Von den Seelen der Mädchen noch radikaler als von denen der Jungs. Dieses Virus, eng an die Geschlechtsreife gekoppelt, legt das charaktereigene Selbstbewußtsein lahm, die Opfer werden anfällig für Komplexe, für Modetorheiten, für Dauerdiäten und einen gnadenlosen Konkurrenzkampf untereinander. Das bleibt dann ein paar Jahre lang so, bei manchen Frauen wird man diese Pubertätssymptome sogar noch bis ins ehrwürdige Alter hinein beobachten können.

✳

Zuerst hörte Vera mit dem Rauchen auf und hatte in Null Komma nichts fünf Kilo mehr um Po und Hüften. Dann wurde sie schwanger, bekam einen Sohn, und eineinhalb Jahre später wog sie alles in allem etwa zwölf Kilo mehr als jemals zuvor. Den Mann, der sie liebte, störte das ganz und gar nicht. „Ich mag deinen weichen Bauch – und überhaupt, glaubst du, ich liebe dich nur wegen deines Aussehens?" Nicht nur, aber auch, dachte sie. Sie mied es sorgsam, nackt an einem Spiegel vorbeizugehen.

Die Oberarme wurden dick, ein Doppelkinn wuchs. Nein, so geht das nicht weiter. Vera begab sich zum Heilfasten in eine Klinik. Ein Jahr später waren die sieben abgehungerten Kilo wieder da und oben-

drauf noch weitere drei. Mayo-Diät. Zwei Kilo runter, drei Kilo rauf.
Vera begann Sport zu machen. Aber schon nach ein paar Wochen kam
immer „was dazwischen", will heißen: Jede Ausrede war ihr recht, um
sich nicht plagen zu müssen. Dann hörte sie mit dem Frühstücken auf,
um eine Mahlzeit einzusparen, aber dafür schlang sie immer häufiger
abends Chips, Marzipan und eine Wurststulle rein. Irgendwie, im Lauf
der Zeit, wichen die Essenszeiten, die Essensmengen und ihr Wohlbefinden immer mehr davon ab, wie es mal war. In ihr Tagebuch schrieb
sie: „Nachts, wenn ich im Bett liege, spüre ich mein Kinn, meine fetten
Beine. Ich bin eklig, widerlich. Warum schaffe ich es nicht, weniger zu
essen? Immer versage ich."

＊

– 57 Prozent aller erwachsenen Frauen in Deutschland halten sich für
  übergewichtig. Und fühlen sich deswegen in ihrem Körper nicht
  wohl. Nur 22 Prozent mögen sich nackt leiden.
– Zwei von drei Frauen denken ständig ans Essen: wann sie wieder essen werden, was sie dann essen werden, was sie nicht essen dürfen
  usw.
– 70 bis 80 Prozent aller Frauen aus den reichen und von Nahrungsmitteln überschwemmten Industrienationen essen sich nie wirklich
  satt. Aus Angst um die Figur.
– 100 000 Frauen jährlich lassen sich die Nase, den Busen oder einen
  anderen Körperteil chirurgisch verändern.

＊

„Unsere Unzufriedenheit mit dem Körper hat epidemische Ausmaße
angenommen", las Vera in einer Zeitschrift. Wie ein Schwamm sog sie
diesen Satz und die in ihm enthaltene Kritik auf, die Kritik am westlichen Schlankheitsterror und dem fast schon lächerlichen Körperkult.
Joggen, fasten, sich täglich schinden im Fitneß-Studio – „ohne mich",
sagte sie. Aber Frauen jenseits der Dreißig, die problemlos in enge Kostüme paßten und sich auch noch im Badeanzug sehen lassen konnten,
betrachtete sie teils neidisch, teils mit Zynismus. Als sich mal im Kino
so ein durchsichtig schimmerndes Geschöpf mit todernster Miene neben sie setzte, flüsterte sie ihrem Mann zu: „Guck dir die an – der nur

durch Zufall unterbliebene Selbstmord." Aber ihr Mann fand das nicht witzig, im Gegenteil. Vera bemerkte, daß er kaum seine Augen von dieser schlanken Erscheinung ließ, und empfand das als Verrat. Sie wurde eifersüchtig, weil sie sich selbst nicht mehr liebenswert fand.

„Komm, mach dir keinen Streß, das Rundliche paßt zu dir", sagte die Freundin zu Vera. „Wieviel wiegst du eigentlich?" fragte aber der Vater und wartete die Antwort gar nicht erst ab. „Wenn du nicht aufpaßt, wirst du noch 'ne Tonne wie deine Mutter." Und darin schwang die Drohung mit: So eine kann man − will heißen: Mann − nicht lieben − will heißen: begehren.

❋

„Gutes Essen entstellt die Linie, Wein verdirbt den Teint, vieles Lachen macht das Gesicht runzelig, die Sonne schadet der Haut, Ruhe macht dick, Arbeit verbraucht, Liebe bringt Ringe unter die Augen, Liebkosungen verformen den Busen, Umarmungen erschlaffen den Körper, Mutterschaft entstellt Gesicht und Leib" (Simone de Beauvoir).

❋

Leben zwischen Mühlsteinen.

❋

Vera nahm weiter zu. Nicht dramatisch, aber dieser Eßlöffel Sahne zuviel und jenes Käsebrot zwischendurch − alles nahm nach und nach Platz auf ihren gemütlichen Hüften. Basketballspielen mit dem inzwischen sechsjährigen Sohn wurde beschwerlich, die herbstliche Wanderung in den Alpen auch, und schwimmen ging sie schon lange nicht mehr, der Badeanzug kniff hinten und vorn. Einen neuen kaufen? Ach was. Ab morgen wird gefastet . . .

❋

„Der Schönheitswahn, dem die Frauen unterworfen sind", so schreibt die amerikanische Literaturwissenschaftlerin Naomi Wolf in ihrem Bestseller, „hat ein chirurgisches Zeitalter heraufbeschworen". Der Wunsch, schön und jung zu sein, habe sich zur herrschenden Ideologie verfestigt, das Leben im weiblichen Körper verkomme langsam zur

Neurose. „Ich wiege nur 46 kg", schreibt eine Frau, „aber ich habe einen kleinen Bauch, was soll ich tun?"

Der Kult um den Körper sei eine heftige, reaktionäre Rückschlagsbewegung gegen den Feminismus, behauptet Naomi Wolf, eine raffiniert eingefädelte neue Form chauvinistischer Unterdrückung der Frauen.

Dagegen spricht, daß jetzt auch schon die Männer viel Geld, sehr viel Geld für ihre Schönheit ausgeben. Für Cremes, Pasten, Lotionen. Daß sie zuhauf Fitneß-Studios, Tennisplätze, Kosmetiksalons bevölkern, Magersucht und Bulimie kennen und sich schon jährlich 40 000 unters Messer eines Schönheitschirurgen begeben. Der Trend zur harten Disziplinierung des Leibes hat also auch das starke Geschlecht erreicht, „was uns der Gleichberechtigung wegen beruhigt, uns andererseits des Arguments beraubt, die narzißtische Selbstquälerei der Frauen verdanke sich dem Mode- und Schönheitsdiktat der Männerwelt" (Cora Stephan, Journalistin).

Wer aber, wenn nicht die Männer, ist dann schuld an dem herrschenden Krieg gegen den weiblichen Körper? Die Frauen selber vielleicht? Die Medien und die Kosmetikindustrie, unser übersättigtes, sinnarmes Dasein? Spielen die Gene eine Rolle? Oder hängt alles mit allem zusammen? Wurscht. Fakt ist: Wer häßlich, dick oder ungepflegt ist (oder sich auch nur so fühlt), hat bei uns nichts zu lachen. Oder andersrum ausgedrückt: Gutaussehende Menschen haben es leichter im Leben. Das ist durch eine Reihe von Studien zweifelsfrei belegt, da hilft kein Jammern und Bedauern.

❋

- „Eine Frau, die sündigt, vergeht sich heutzutage nicht mehr gegen die herrschende Sexualmoral. Sie ißt. Sie ißt Eis mit Schokoladensoße, Erdnußbutter, Eier mit Speck, Bratkartoffeln" (Ebba D. Drolshagen).
- Männer mögen zwar keine dicken Frauen, haben es aber seltsamerweise gern, wenn Frauen viel essen können" (Ivana Trump).
- „Sie müssen abnehmen, abnehmen, abnehmen ..." lautet die stumme Botschaft der Werbespots für den fettarmen Quark, die Light-Margarine, die leichte Tiefkühlkost.

„Sie müssen abnehmen", sagt Veras Arzt. „Ihr Blutdruck ist bedenklich hoch und Ihre Cholesterinwerte ebenso. Wenn Sie so weitermachen, ruinieren Sie auf Dauer Ihre Gesundheit." Peng. Aus. Schluß mit Genuß.

Genuß? Sagte da jemand Genuß? Nein, es war kein Genuß mehr im Spiel in Veras Leben. Der Körper, obwohl er bereits keine Lust mehr hatte an seiner eigenen Last, beherrschte mit seiner Gier schon Geist und Seele. Es herrschte Krieg unter den dreien. In Veras Tagebuch steht: Ich will diesen Körper nicht, er läßt mich nicht in Ruhe. Er will essen. Kampf, Kampf, Kampf.

*

Mögen Männer Magere? Oder mögen sie die Molligen? Die Antwort ist ganz einfach: Sie mögen Frauen, die sich mögen, wie sie sind. Weil nur solche ungehemmt und unbeschwert im Bett sind, und mit ihnen macht Sex Spaß. Und vieles andere selbstverständlich auch.

Busen zu klein? Cellulite an den Oberschenkeln? Alles halb so wild, denn die Männer, wenn sie lieben, sind oft genügsamer, als wir Frauen denken. „Nur wenn eine Frau mit einem Schönheitsproblem nicht fertig wird, macht sie das unattraktiv. Daß sie eines hat, ist nämlich egal" (Jean Luc Bredel von einer Pariser Modelagentur).

*

Die Balance zu halten zwischen den Extremen – zwischen Ablehnung des eigenen Körpers und seiner Vernachlässigung auf der einen Seite und dem ständigen narzißtischen Bemühen um ihn auf der anderen Seite –, das ist das schwierigste überhaupt. Ein gut trainierter, geschmeidiger Körper ist was Tolles, taugt aber leider als Lebensinhalt nicht. Schönheit allein, sagte Oscar Wilde, wird nämlich nach drei Tagen langweilig. Und ohne sie? Kommt man sich wiederum vor wie Quark im Schaufenster?

*

Was aber könnte der Maßstab sein? Auf keinen Fall Cindy Crawford und Konsorten, obwohl wir zugeben, daß es nicht leicht ist, sich dem Sog zu entziehen, der von ihnen ausgeht. Der Sog, so zu werden wie sie, kein Gramm Fett zuviel, bildhübsch, fit – und immer gut drauf, was dann aber ja kein Kunststück ist, oder?

Also fängt man eben an, wieder auf Taille zu achten, und eine Weile erfreut sich das Auge dabei, aber schon nach kurzer Zeit bedeutet ihm die neu gewonnene Form nichts mehr, es hat sich daran gewöhnt und bemängelt schon die nächste Schwachstelle. Je mehr wir ihm also gestatten, in den Spiegel zu schauen, um so unzufriedener wird man, bis wir eines Tages glauben, uns nur mit Hilfe eines Schönheitschirurgen dem Ideal endlich annähern zu können. Doch der Beweis ist noch nicht erbracht, daß mit einem silikonunterstützten Busen, abgesaugtem Fett oder künstlich gestraffter Haut nun für immer Frieden in den Salon unserer Seele einzieht.

❋

Ein Leben „on hold" (in der Warteschleife) nennen Experten das weitverbreitete Phänomen, das mit den Worten beginnt: „Wenn ich erst mal ..." (noch straffere Oberschenkel oder noch zwei Kilo runtergehungert oder endlich keinen Pickel am Kinn mehr habe), dann – ja dann endlich könne das richtige Leben beginnen. So verschenkt und vermiest man sich Jahre, und erst im Rückblick, wenn man aus der Fotokiste alte Bilder rauskramt, fällt es einem wie Schuppen von den Augen: „Mensch, ich sah ja damals toll aus. Warum hatte ich bloß so viele Komplexe?"

❋

Vera hat aus Sorge um ihre Gesundheit zehn Kilo abgenommen, hat auf dringendes Anraten des Arztes begonnen, regelmäßig Sport zu betreiben, und die Ernährung auf ein vernünftiges Maß reduziert. Sie fühlt sich um Jahre jünger, beweglicher, ist wieder selbstsicher. Po und Hüften sind immer noch ein wenig zu üppig, und sie werden es wohl bleiben. Na und? Wie man in Wien zu sagen pflegt: „Besser wie gornix."

Nun dreht sich nicht mehr alles um die beschwerliche Körperlast, das Leben hat jetzt wieder andere Facetten. Eine davon nennt sich zum Beispiel Fleisches- und Gott sei Dank nicht Knochenlust.

Heike Langenbucher

Mit dem Körper in gutem Einvernehmen

ᘓᘓᘓ

Im Gegensatz zum Schlafbedürfnis ist die Nahrungsaufnahme leider nur sehr vage mit dem tatsächlichen Nahrungsbedarf verknüpft. Wer ausgeschlafen ist, wacht auf. Wer genug gegessen hat, hört noch lange nicht auf zu essen. Jedenfalls nicht, wenn Weiteressen zusätzliche Befriedigung verspricht.

In Lebensphasen der Veränderung geraten selbst seelisch stabile Gemüter nicht selten in einen Konflikt, der sich durch eine überkritische, abwertende Wahrnehmung des eigenen Körpers noch verschärft. Pubertät und Wechseljahre, aber auch Schwangerschaft und Geburt stellen für viele Frauen solche Belastungszeiten dar. Wie mit der Lupe wird nach Makeln und Schwächen gesucht. Ist das Haar in der Suppe gefunden, und dazu gehört nicht viel, denn wer ist schon makellos, werden diese „Fehler der Natur" unnachgiebig bekämpft und dabei übersehen, daß der eigene Körper zum Kriegsschauplatz gemacht wird. Hierbei verwirren sich nicht selten vernünftige Vorstellungen von gesunder Ernährung mit unerreichbaren Schönheitszielen, die durch Diätterror und Fitneßwahn Frauen gesundheitlich zu ruinieren drohen.

Verzweifeln Sie nicht, wenn Sie gerade mal wieder Kalorien zählen und wegen der gestrigen Tortensünde in einer Konditorei zur Buße bereit sind und sich auf den Weg ins Fitneßcenter machen wollen. Im Kampf gegen Fettpolster, die sich an sogenannten kritischen Stellen immer wieder auffüllen und bemerkbar machen, gibt es nichts, was es nicht schon gegeben hat. Manches erscheint sinnvoll, vieles ist unergiebig und einiges sogar ausgesprochen schädlich. Lassen Sie sich bei Ihrem Kampf zwischen „Torte und Tortur", wie es eine Zeitschrift kürzlich so treffend bemerkte, doch einmal über die Schulter schauen. Natürlich haben Sie keinen chirurgischen Spezialisten zum Entfernen von „Fettschürzen", wie Hängebäuche auch bezeichnet werden, aufgesucht oder haben „Reithosenpolster" absaugen lassen. Auch kommt eine operative Entfernung von Dünndarmteilen zur Vermeidung der Nährstoffaufnahme so selten vor, daß Sie kaum davon betroffen sein dürften. Doch auch der tägliche Kalorienkampf ist nicht ungefährlich. Viele Frauen rutschen über ein dauernd kontrolliertes und gezügeltes Eßverhalten in eine krankhafte Eßstörung hinein. Leichtere gesundheitliche Beeinträchtigungen, bis hin zu schweren Krankheitszuständen können sich daraus entwickeln. Unkontrollierbare Eßanfälle mit anschließend herbeigeführtem Erbrechen schaden Körper und Seele. Gewarnt wird auch vor der bedauerlicherweise hohen Verbreitung von Appetitzüglern und Abführmitteln. Von solcher „Diätergänzung" sind sowohl akute Nebenwirkungen als auch schwere Dauerschäden bekannt. Da erscheinen die mechanischen Versuche zur Figurformung vergleichsweise harmlos.

Ganz verrückt mutet es an, wenn der Körper Rüttelbändern, aufblasbaren Druck- und Schwitzanzügen überantwortet wird. Hauptangriffspunkte sind die allseits bekannten sogenannten kritischen Stellen wie Busen, Taille, Bauch, Hüften und Oberschenkel. Doch auch aktive Bewegungsübungen werden zweckbestimmt an diesen Schönheitsvorstellungen ausgerichtet.

Es ist ein Unterschied, sich aus Freude zu bewegen und sich an der Geschmeidigkeit, Beweglichkeit, Schnelligkeit, Kraft usw. des eigenen Körpers zu erfreuen, oder sich bewegen zu müssen, um Kalorien abzuarbeiten oder Muskeln an den richtigen Stellen aufzubauen bzw. Fettpolster an den „falschen" abzubauen.

Es muß auf Dauer schiefgehen, Essen nur als Kalorienquelle anzusehen, die Phänomene Eßlust, Eßfrust und Gier einfach nicht zu beachten und Bewegungsarmut und -unlust mit dem Argument des Kalorienverbrauchs beikommen zu wollen. Eine solch mechanistische Vorstellung von der Regulierung des Körpergewichtes hat jedenfalls keine Aussicht auf dauerhaften Erfolg, geschweige denn auf Wohlbefinden mit Freude am Essen und an körperlicher Bewegung. Es gibt keinen Schalter für „Aus" bei Erreichen des Kalorienlimits und auch keinen für „An", der den Körper in Bewegung setzt, wenn eine Steigerung des Kalorienverbrauchs gewünscht wird.

Es entspricht einer weitverbreiteten Unterschätzung unseres Körpers, ihn als untergeordnetes Vehikel für Geist und Seele mißzuverstehen. Wie oft tun wir so, als ginge uns das Gestell mit Armen und Beinen nichts an. Es hat zu funktionieren und wird nur beachtet, wenn es bockt. Pickel und Schmerzen stören ebenso, wie zu dick oder zu dünn zu sein. Dieser Sichtweise, die immer nur Teilaspekte wahrnimmt, entspricht es, daß ein Figurproblem ein Störfaktor ist, der eigentlich ausgewechselt gehörte und, da das (leider) nicht geht, nun ausgebessert werden muß.

Im Gegensatz zum Reparaturgedanken bedeutet körpergerecht zu leben, mit dem ganzen Körper in gutem Einvernehmen zu leben und nicht gegen Körperteile oder Organsysteme streng vorzugehen. Das heißt nichts weiter, als am Wohlbefinden und Wohlgefühl orientiert zu leben. Da sich Wohlbefinden aber aus einer Fülle von Einzelfaktoren zusammensetzt, die sowohl objektiver als auch subjektiver und nicht selten gegensätzlicher Natur sind, besteht die Schwierigkeit darin, alle eigenen und fremden Ansprüche unter einen Hut zu bringen oder aber Spannungen und Konflikte auszuhalten. Wenn das Körpergewicht schon zum Problem geworden ist und es notwendig erscheint, die Nahrungsaufnahme willentlich zu steuern, gehört es dazu, nicht nur Kalorien zu zählen und langsam zu essen, wie Ernährungs- und Diätberatung nicht müde werden zu bemerken, sondern einen Weg zu suchen, die Selbstregulierung mit Appetit und Sättigungsgefühl wieder in Gang zu bringen und auszuprobieren, ob es nicht doch ein akzeptiertes Gewichtslimit gibt, das wie eine innere Uhr automatisch und ohne ständige Kontrolle funktioniert und sich auf seiner Sollgröße stabil einpendeln kann.

Sich für Schlankheit anzustrengen lohnt nur, wenn der sehr unterschiedliche Aufwand und die Mühe dem Vorteil im Hinblick auf die Gesundheit oder die „Verschönerung" entsprechen. Dazu müssen die (geheimen) Sehnsüchte und Wünsche aber auf den Tisch und sich nicht hinter einem vorgeschobenen Gesundheitsmotiv beim „Schlankhungern" zwischen Normal- und Idealgewicht verstecken.

Die eigene Lebensgeschichte unter dem Blickwinkel der individuellen Eßgeschichte Revue passieren zu lassen, fördert interessante Details zutage, die sich für einen ganz privaten Selbsthilfeansatz verwenden lassen könnten. Da erscheinen die gemeinsamen Mahlzeiten als

Kampfplatz für Familienfehden oder als sinnenfrohe Runde, wo es aus dampfenden Schüsseln gut riecht und Freundlichkeit herrscht. Da gibt es Festtage, die durch das Festessen dem großen Ereignis einen noch größeren Glanz verleihen, so daß die Suppe mit Eierstich fortan zur Hochzeitssuppe wird. Möglicherweise hat es aber vor lauter erstarrtem Ritual gar nicht mehr geschmeckt. Auch der Entzug von Essen als Bestrafung für irgendein Vergehen bzw. die Verwöhnung mit Leckerem als Ersatz für Zuneigung oder als Gabe in liebevoller Absicht und voll des Lobes für eine gute Tat wird nicht ohne Einfluß auf eine spätere Einstellung zum Essen generell oder für eine Vorliebe bestimmter Nahrungsmittel bleiben. Daneben entwickelt sich individuell unterschiedlich eine Differenzierung der Geschmacksempfindungen und des Geruchssinns. Das sensorische Gedächtnis, welches Geruch, Anblick und Geschmack von Speisen und Nahrungsmitteln speichert, wird nicht selten überlagert von begleitenden eßfremden Erinnerungen. Diese umfassende Bedeutung des Essens für unser Leben drückt sich in einer Reihe von Sprichwörtern aus: „Liebe geht durch den Magen." „Ich habe dich zum Fressen gern." „Essen hält Leib und Seele zusammen." So ist es nicht verwunderlich, daß sich Konflikte und Krisen oft an jenen Organen bemerkbar machen, die mit der Nahrungsaufnahme und Verdauung zu tun haben. Ein klassisches Beispiel für eine psychosomatische Krankheit ist das Magengeschwür, welches einen Hilferuf auf zuviel heruntergeschluckten Ärger oder hineingefressenen Kummer darstellt. Auch der Kummerspeck hat seinen Namen nicht zu Unrecht. Doch der Hunger nach Anerkennung, nach Liebe und Freundschaft kann nun mal nicht mit Pommes frites, Schokolade etc. gestillt werden, und Langeweile kann nicht dauerhaft mit Essen vertrieben werden.

Während unter den Fachleuten weitgehend Einigkeit hinsichtlich der Probleme und Auswirkungen von Eß- und Ernährungsstörungen besteht, herrscht Uneinigkeit bei den Lösungsvorschlägen. Zwei unterschiedliche Lösungsansätze werden strittig diskutiert: Sowohl für die *„Methode Münchhausen"* als auch die *„Paradiesmethode"* gibt es Verfechter. Die einen sagen: „Zieh Dich am besten am eigenen Schopf heraus, besinne Dich auf Dich selbst und handle vernünftig." Die Befürworter paradiesischer Zustände haben eine ganze Reihe gesellschaftlicher Veränderungen im Blick: Eine Welt, in der dicke und dünne Menschen gleichermaßen begehrt sind, wo Frauen nicht schön sein müssen; Essen und Trinken nicht als Ersatz für Freundschaft und Liebe gebraucht werden. Es keine sozialen Benachteiligungen gibt. Jungen und Mädchen zu gleichem Selbstbewußtsein erzogen werden. Aus dieser unvollständigen Auflistung wird klar, daß es eine solche Patentlösung in absehbarer Zeit und vielleicht überhaupt nie geben wird. Aber viele kleine Schritte, auf durchaus unterschiedlichen Wegen, können uns dem Ziel auch näherbringen.

Wie bei der Hautpflege, steht auch bei der „Figurpflege" die Aussöhnung mit den eigenen Möglichkeiten im Vordergrund und am Anfang aller Kalorien- und Fitneßspiele. Die Grenze ist auch hier ganz eindeutig dort zu ziehen, wo die (Be)Schädigung von Leib und Seele beginnt. Wenn es gelingen könnte, den Betroffenen dies besser als derzeit möglich nachvollziehbar zu machen, ist viel geschafft. Mit dem Ende der *Bevormundung* von Mädchen und Frauen ist dann vielleicht auch ein Ende der Eßprobleme in Sicht.

Zu den menschlichen Grundbedürfnissen zählt, sich selbst zu gefallen, Wohlgefallen am eigenen Spiegelbild zu haben. An den geschilderten „Schönheitsproblemen" und dem Aufwand, sie zu beheben oder zu verstecken, wird klar, welche Bedeutung wir selbst und „die anderen", entgegen anderslautenden Beteuerungen, unserer äußeren Erscheinung beimessen. Hautpflege, Haarfrisur, Mode, Schminken und Schmücken versuchen allesamt, die individuelle Einzigartigkeit zu unterstreichen. Sich herauszuheben und gleichzeitig einer Gruppe anzugehören, sind nur auf den ersten Blick sich ausschließende Wünsche. In diesem übergeordneten Zusammenhang erhält Eitelkeit ihren Sinn. Sie unterstützt den Wunsch nach Individualität und damit nach unverwechselbarer Einzigartigkeit. Das steht nur scheinbar im Widerspruch zur Sehnsucht nach Zugehörigkeit. Wir alle können mithelfen, das strenge normative Schönheitsideal für Frauen toleranter und offener zu gestalten als bisher. Das entlastet all jene, die derzeit nicht in einer entspannten Balance zwischen Individualitätsanspruch und Normerfüllung leben, sondern um jede Falte, jedes graue Haar und jedes (überflüssige) Kilogramm ringen.

Heidemarie Kremer

Ich erschien mir äußerlich selbst fremd

◕◕◕

Erst durch meinen Entschluß zum Brautschleier öffnete sich für mich die Grenze zum Iran. Die doppelte Panzerglastür des iranischen Konsulates öffnete sich nur, weil ich die islamische Kleidervorschrift beachtet hatte. Der iranische Paß, welcher mir nach unserer Ehe im Konsulat ausgehändigt wurde, verlangte von mir, die islamischen Gesetze zu akzeptieren.

Vor unserer Abreise nach dem Iran machte ich mir einige Gedanken um die geeignete Kleidung. Auf der Suche nach einem passenden Mantel stöberte ich durch sämtliche Kaufhäuser der Stadt. Schwarz sollte er sein, denn bisher hatte ich im Fernsehen alle iranischen Frauen in Schwarz gekleidet gesehen. In der Fußgängerzone waren meine Blicke seit Tagen auf die Mäntel der Frauen gerichtet, die ein Kopftuch trugen. Mehrmals probierte ich ähnliche Modelle an und fühlte mich jedesmal wie in einen Sack gehüllt. Aus dem bisher neutralen Kleidungsstück Mantel wurde für mich eine Kostümierung, die mich in ein graues Unikum verwandelte. Schließlich ließ ich ganz ab von den unförmigen Umhängern und suchte nach einem Mantel, der zu mir paßte. Sogleich fiel meine Wahl auf einen knöchellangen, weiten, schwarzen Mantel, der wie ein langer Blazer geschnitten war, hinten nur mit einer kleinen Passe, aber ohne Gürtel. Ich fühlte mich sofort wohl in dem leichten Baumwollstoff, obwohl er weitaus eleganter und weiblicher war, als ich es zu tragen gewohnt war.

Als ich meinem Mann Bahman den Mantel am Abend zeigte, hatte er Bedenken, weil der Kragen nicht bis zum Halsausschnitt zuzuknöpfen war. Aber eine iranische Freundin, die regelmäßig in ihre Heimat fuhr, meinte, dieser Mantel sei genau richtig. Damit waren wir beide beruhigt, das Problem der Kleiderfrage gelöst zu haben.

Gemeinsam passierten wir die Sperre zur Paßkontrolle. Von da an wurde der Schleier zum Zwang.

Ich war gespannt, ohne innere Vorstellung über das, was mich im nächsten Augenblick erwarten würde. Ich lebte dieses Gefühl des Ungewissen ganz aus. Der Sprung in eine andere Kultur, wie ein Sprung in ein Wasser von unbekannter Tiefe.

Schon vor der Paßkontrolle sprachen alle Menschen um mich herum nur noch persisch. Jetzt war ich die Ausländerin, das Rollenspiel hatte sich umgekehrt. Als Inhaberin zweier Nationalitäten war ich rein juristisch betrachtet im Iran keine Ausländerin. Bahman und ich sind zum Paradox geworden, zu familiären Fremden in beiden Ländern. Besser gesagt, ich war gerade auf dem Weg dazu.

In meinem Innern berührte mich diese Frage wenig. Gleich welche Nationalität mir offiziell zugeschrieben wurde, mein Ich kannte diese Grenzen nicht. Mit jeder meiner Reisen verinnerlichte ich ein Stück fremder Kultur, begegnete ich Menschen, die mir vertraut wurden und mir neue Facetten meines Selbst zeigten. Heimat, das war ursprünglich der Ort, an dem ich das Licht der Welt erblickte. Sie habe ich so verinnerlicht, daß sie keine Fessel ist, sondern mich überallhin begleitet. Ich konnte durch meine Reisen viele neue Orte in mir neu beheimaten, und heute bezeichne ich die Erde als meine Heimat und bin zu Hause in mir.

Doch in diesem Augenblick erschien ich mir äußerlich selbst fremd. Ich saß in einem feinen Kleid und eleganten schwarzen Mantel, die Haare unter einem großen, weißen Kopftuch versteckt, neben zwei deutschen Frauen mit Rucksack, in Birkenstock-Schuhen, indischen Pumphosen und dicken, handgestrickten Pullovern. Genau in dieser Aufmachung bin ich zuvor ebenfalls gereist. Völlig überzeugt war ich, daß mir jeder gleich ansehen könnte, wie außergewöhnlich meine Verhüllung für mich war. Ich wagte kaum, mit Bahman auf Deutsch zu sprechen, in der Vorstellung, damit sofort aufzufallen. Dabei fiel ich in diesem bunten, kosmopolitischen Gemisch in den Wartehallen natürlich überhaupt nicht auf. Am Gepäckschalter hatte mich eine Frau zuvor für eine Perserin mit gefärbten Haaren gehalten. Meine Maskerade tauchte in der Masse unter.

Keine fünf Minuten nach dem Einstieg ins Flugzeug begann das Kopftuch zu jucken. Ich rechnete mir vor, daß wir noch über fünf Stunden Flugzeit vor uns hatten. Die anderen Frauen sahen alle orientalisch aus und schienen mit dem Tragen der Kopfbedeckung vertraut zu sein. Selbst die Stewardessen waren verschleiert.

Viele iranische Männer hingegen waren in Jeans und T-Shirt gekleidet und schoben Wohlstandsbäuche vor sich her.

Zwei Stewardessen setzten sich uns gegenüber. Ich beobachtete, wie frei sie sich bewegten, ohne daß auch nur ein Haar unter ihrem Tuch hervorlugte, während ich alle paar Minuten mit der Hand über meine Stirn strich, um zu kontrollieren, ob sich nicht doch wieder einmal eine Strähne der auferlegten Ordnung entzogen hatte.

Bahman erklärte mir das Geheimnis ihrer gutsitzenden Kopfbedeckung. Sie trugen ein sogenanntes „Maghnaeh", ein großes Tuch, welches vorne zusammengenäht war. Es wurde über die Stirn gestülpt und hinten mit einem Gummizug zusammengehalten.

„Wenn du mit dem Kopftuch nicht zurechtkommst, lasse ich dir ein Maghnaeh besorgen. Das ist ganz einfach zu tragen." Dieser Ausblick tröstete mich ein wenig.

❋

Schnell neigten sich die sieben Tage unserer Hochzeitsreise ihrem Ende zu. Am Flughafen bekam ich noch einmal die Konfrontationen mit den Revolutionswächterinnen, den sogenannten „Schwestern", zu spüren. Es war der erste Tag des Trauermonats.

Ich hatte mich inzwischen an den Anblick der Frauen mit Tschador gewöhnt. Auch wenn dieses Kleidungsstück nur einen winzigen Ausschnitt des Gesichtes zu erkennen gab, die Augen, die Nase und zum Teil die Mundpartie, war es mir möglich, aus diesem Ausschnitt eine Vorstellung von der Frau zu gewinnen, die mir gegenüber war. Der Schleier, das Verborgene brachte die Menschen dazu, genauer hinzusehen, die Phantasie spielen zu lassen. Die Iraner waren Meister in dieser Kunst. Sie konnten erahnen, was sich selbst unter dem dicksten, schwärzesten Schleier verbarg.

Die „Schwester", die für die Kleiderkontrolle verantwortlich war, fraß ihren Tschador förmlich auf. Tief hatte sie den Ansatz des Schleiers über ihre Stirn gezogen. Sie kniff die Zähne aufeinander und hielt den Stoff doppelt gefaltet in ihrem Mund. Zum Sprechen blieb ihr daher nur ein kleiner Winkel übrig. Argwöhnisch blickte sie mich an. Sie mochte etwa in meinem Alter gewesen sein.

„Schwester, Ihr Mantel ist nicht weit genug geschlossen. Stecken Sie eine Nadel an." Sie hielt den Kragen meines Mantels am Hals fest und heftete den Stoff mit einer Stecknadel zusammen. Ich ließ sie walten und gab keine Antwort. In meinem Innern verachtete ich sie, genauso wie sie mich verachten mochte. Sie blickte auf mein neues schwarzes Kopftuch mit dem dunkellila Blütenmuster.

„Es ist Trauermonat. Warum tragen Sie kein schwarzes Kopftuch?" brachte sie gegen mich hervor. „Mein Kopftuch ist doch schwarz", widersprach ich.

„Es hat aber bunte Blüten", wandte sie erneut ein.

„Ich wußte nicht, daß man im Trauermonat kein Kopftuch mit Blütenmuster tragen darf", versuchte ich zu erklären.

„Haben Sie kein schwarzes Kopftuch?" forschte sie weiter.

„Nein."

„Dann gehen Sie. Aber tragen Sie das nächste Mal ein schwarzes Kopftuch", mahnte sie mich und gab mir den Weg frei. Kaum hatte ich die Tür passiert, kam eine Frau in hellem Mantel und bunten Kopftuch in leuchtendem Rot mir nachgefolgt. Die gleiche Schwester, die mich schikanierte, hatte diese Frau in ihrer auffallend bunten Kleidung wortlos durchgelassen. Es war eine Iranerin.

Feng Jicai

Das Mädchen Duftende Lotusblüte

〰️

Als das kleine Mädchen Xianglian der Familie Ge, Duftende Lotusblüte, ihre Großmutter in Haus und Hof emsig werken sah, wurde sie von Unruhe ergriffen. Die Oma hatte ein blaues Stück Stoff in lange Streifen geschnitten, eingeweicht, mit einem Stock glatt geschlagen und zum Trocknen auf die Leine gehängt. Der Wind fuhr hinein, und die Stoffbahnen schlugen gegeneinander, verwickelten sich bald in die eine Richtung und drehten sich bald in die andere wieder voneinander los, man konnte gar nicht schnell genug hinsehen.

Schließlich kaufte Großmutter noch zwei Bündel voll ein. Das kleinere schlug sie auf dem Bett auf, und lauter Leckereien kamen zum Vorschein. Apfelringe, getrocknete Birnen, Bohnen und Süßigkeiten. Sogar Zuckerwatte hatte Großmutter mitgebracht, so weiß und locker wie die Baumwolle, mit der sie im Winter Kleidung und Decken fütterte. Sie löste sich im Mund schneller auf als Rauch in der Luft und hinterließ einen süßen Nachgeschmack. Selbst zum Frühlingsfest gab es nie so viele gute Sachen auf einmal.

„Wieso verwöhnst du mich so, Oma?"

Oma lachte nur.

Da beruhigte Duftende Lotusblüte sich. Bei Oma fürchtete sie sich nie, denn Oma schaffte einfach alles. Darum trug sie auch den Spitznamen „Könnerin". Vor einem Jahr waren die Ohrlöcher an der Reihe gewesen, und die Kleine hatte große Angst gehabt, denn sie wußte von den größeren Mädchen, daß es wehtat, das gesunde Fleisch zu durchbohren. Aber für Oma war das kein Thema. Sie hatte einen Seidenfaden eingefädelt und in Sesamöl eingelegt. Dann hatte sie die Ohrläppchen von Xianglian solange mit Schnee eingerieben, bis sie rot und taub waren und das Mädchen den Stich gar nicht spürte. Der Faden wurde durchgezogen, an den Enden zusammengeknotet und mehrmals am Tag hin- und hergezogen, damit das Blut nicht gerann. Da der

Faden ölig war, tat das gar nicht weh, und 14 Tage später gab Oma ihr Ohrringe mit schönen, blauen Glassteinen, die nun bei jeder Bewegung des Kopfes auf ihrer Schulter fröhlich tanzten. Ob Füßebinden auch Spaß mache, wollte sie wissen. „Oma macht das schon", war die tonlose Antwort. Und die Kleine war sicher, daß Oma ihr auch über diese Hürde hinweghelfen würde.

Tags zuvor hatte das Mädchen Xianglian, Duftende Lotusblüte, auf der Fensterbank im Hof merkwürdiges Spielzeug entdeckt, rot und blau und schwarz, vier, fünf Paar winziger Schühchen. Sie hatte noch nie im Leben so kleine Schuhe gesehen, schmal wie für eine dünne Gurke und ganz spitz, kleiner jedenfalls als Omas Schuhe! Sie hielt ihren Fuß daneben, erschauerte, und ihre Fußsohlen schienen sich zusammenzuziehen. Mit den Schühchen in der Hand stürzte sie ins Haus:

„Wem gehören die, Oma?"

Oma lachte: „Dir, mein Dummerchen. Magst du sie leiden?"

Duftende Lotusblüte warf die Schühchen in die Ecke, flüchtete sich in Omas Schoß und weinte laut:

„Ich binde meine Füße nicht ein, nein! Nein!"

Da verschwand das Lächeln vom Gesicht der Oma, Mund und Augen verzogen sich traurig, und große Tränen rollten ihre Wangen hinunter. Doch sie sagte nichts. Am Abend, als Duftende Lotusblüte schluchzend und schnupfend im Bett lag und nicht recht schlafen konnte, spürte sie Oma neben sich sitzen, die ganze Nacht. Ihre rauhen Hände kneteten die Füße Xianglians. Dann nahm sie die Füße der Kleinen hoch, drückte sie an ihre weichen, rissigen Lippen und küßte sie wieder und wieder.

Der nächste Tag war der des Füßebindens.

Omas Gesicht blickte undurchdringlich und starr. Sie sah Duftende Lotusblüte nicht in die Augen, und Xianglian wagte sie nicht anzusprechen. Sie spähte durch einen Türspalt zum Hof hinaus – und erschrak: Das Hoftor war verschlossen und der schwere Riegel vorgeschoben. Sogar der große schwarze Hund war angebunden. Irgendwoher erschienen plötzlich zwei stattliche weiße Hähne mit rotem Kamm, die fingerdicken Beine zusammengebunden, und zappelten am Boden herum. Wozu brauchte man beim Füßebinden Hähne? Im Hof lag ein Haufen Kram herum, Tisch, Hocker, Messer, Schere, Pülverchen hier und Zucker dort. Wasserkanne, Baumwolltupfer, Lappen, und die Banderolen für das Einschnüren der Füße lagen sorgfältig aufgerollt auf dem Tisch. Vorn an ihrer Schürze hatte die Großmutter große Nadeln mit eingefädeltem Baumwollgarn befestigt, riesige Nadeln, wie sie sie zum Nähen der Winterdecken verwendete. So klein Xianglian auch sein mochte, sie wußte, daß ihr eine Tortur bevorstand.

Oma ließ sie sich auf einen Hocker setzen und zog ihr Schuhe und Strümpfe aus.

„Bitte Oma, bitte, bitte, morgen! Morgen wollen wir sie einbinden!" flehte Xianglian mit rot verquollenen Augen.

Doch die Großmutter schien sie gar nicht zu hören. Mit einem Griff packte sie beide Hähne, trat mit einem Fuß ihre Hälse und mit dem anderen ihre Beine zu Boden, rupfte ihnen mit bloßer Hand ein paar Büschel Brustfedern aus und schlitzte ihnen dann mit dem Messer den Bauch auf. Noch bevor das Blut floß, hatte sie dann mit jeder Hand einen Fuß des Mädchens gepackt und in den Bauch eines Hahnes gedrückt. Das war ein heißes, klebriges Gefühl, und die Hähne zappelten noch unter ihren Füßen, und Xianglian zuckte erschreckt zurück.

„Nicht bewegen!" brüllte Oma mit überschnappender Stimme. So hatte Xianglian sie noch nie erlebt, und sie erstarrte. Sie sah nur, daß die Großmutter mit aller Kraft ihre Beine festhielt und spürte ihre Füße die Hähne zu Boden drücken. Sie zitterte so sehr, daß die Hähne auch zitterten und Arme und Beine der Oma, alles wurde zu einem einzigen zitternden Leib. Oma war aufgestanden und stemmte sich mit all ihrem Gewicht auf die Füße ihrer Enkelin, so daß Duftende Lotusblüte Angst hatte, sie könnte vornüber und auf sie stürzen.

Doch kurze Zeit später lockerte die Großmutter ihren Griff und zog die Füße der Enkelin heraus. Sie troffen und klebten von frischem Hahnenblut. Oma warf die Tiere achtlos zur Seite. Der eine Hahn zuckte nur noch einmal mit den Beinen, der andere aber zappelte noch lange weiter. Dann nahm die Großmutter eine Holzschüssel, wusch der Kleinen die Füße, und legte sie sich auf die Knie. Nun ging es ans Binden. Xianglian wußte nicht mehr, ob sie schreien oder brüllen oder bitten oder quengeln sollte. Sie sah Oma ihre Füße nehmen, erst den rechten, dann den linken, sah sie den großen Zeh außen vor lassen und die übrigen vier mit Gewalt zur Fußsohle herunterbiegen. Als die Knochen laut krachten, schrie Xianglian auf. Die Großmutter aber hatte bereits den Stoffstreifen in der Hand und begann, die vier Zehen an der Fußsohle festzubinden. Duftende Lotusblüte sah die neue Gestalt ihrer Füße an und begann zu weinen, ehe sie noch den Schmerz spürte.

Omas Hände arbeiteten flink. Je schneller desto besser, mochte sie sich sagen. Sie führte die Bandage um Ballen und Fußrücken, um vier Zehen festzubinden, dann zur Ferse und wieder zurück nach vorn. Sie wickelte weiter und zog dann die Binde mit einem Ruck kräftig fest, um die vier Zehen noch enger an die Fußsohle zu binden. Xianglian fühlte abwechselnd ein Biegen und Drücken und Schmerzen und Ziehen, aber es ging alles viel zu schnell, um es genau wahrzunehmen und darauf zu reagieren. Noch zwei Runden, dann zurrte Oma die Binde nach vorne fest, band den großen Zeh mit ein und wickelte den Stoffstreifen noch mehrmals von vorn nach hinten, so fest, daß Xianglian die vier Zehen keinen Millimeter mehr bewegen konnte.

Duftende Lotusblüte schrie wie am Spieß, aus Angst und vor Schmerz. Ein paar Dorfjungen lungerten vor dem Hoftor herum. „Guck mal!" johlten sie, „Xianglian kriegt ihre Füße gebunden!" Das Tor ging quietschend auf, und ein Erdklumpen flog herein. Der große schwarze Hund sprang und tobte wie verrückt und bellte das Tor und die Großmutter an. Der Pflock, an dem er festgebunden war, verbog sich beängstigend. Staub und Hühnerfedern wirbelten auf. Xianglian krallte ihre Fingernägel so fest in Omas Arme, daß die alte Frau blutete. Doch auch wenn der Himmel eingestürzt wäre, Oma wickelte weiter, immer weiter, bis die Bandage zu Ende war. Dann löste sie eine Nadel von ihrer Schürze und nähte das Ganze fest, nahm die kleinen Roten Schuhe zur Hand und zog sie dem Mädchen an. Danach erst entspannten sich ihre Gesichtszüge, und sie wischte sich den Schweiß aus der Stirn.

„Fertig", sagte sie, „sind sie nicht schön?"

Ein Blick auf die zwei schaurig entstellten Körperteile, die einmal ihre Füße gewesen waren, und Duftende Lotusblüte wurde von einem neuerlichen Weinkrampf geschüttelt. Ein Weinen, das allerdings mehr ein Schluchzen und Schlucken war, denn zum Heulen hatte sie längst keine Kraft mehr. Die Großmutter sagte, sie solle versuchen, ein paar

Schritte zu gehen. Doch sowie sie stand, knickte sie vor Schmerz in sich zusammen und kam nicht wieder auf die Beine. Am Abend brannten die Füße wie Feuer, aber als sie die Großmutter bat, die Binden etwas zu lockern, bekam Oma wieder diesen ganz starren, unnahbaren Ausdruck auf ihrem Gesicht. In der Nacht legte die Kleine ihre Füße auf die Fensterbank, so daß der Wind kühlend darüberstreichen konnte. Das machte es erträglicher.

Am nächsten Tag taten die Füße noch mehr weh. Doch wenn sie nicht herumlief, konnten die Zehen nicht brechen, und es würde nichts aus den kleinen Füßen. Die Großmutter wurde wie zu einer übelwollenden Tempelgöttin. Mit dem Besen war sie hinter Xianglian her, alles Bitten und Betteln und Toben half nichts, und zwang sie herumzulaufen.

Wie ein verkrüppeltes Huhn stolperte und hüpfte Duftende Lotusblüte herum, und selbst wenn sie lang hinschlug, gestattete die Oma ihr keine Pause. Xianglian spürte ihre Zehen brechen, spürte die Knochen sich aneinander reiben, und ob ihre Füße anfangs schmerzten, daß sie es kaum aushielt oder ob sie sie am Ende gar nicht mehr spürte, sie mußte immer weiter herumlaufen.

Vater und Mutter von Xianglian waren früh gestorben, so daß ihr nur die Oma geblieben war. Und als diese sich nun in ein solches Ungeheuer verwandelte, hatte die Kleine gar niemanden mehr. Einsam und allein entschlüpfte sie eines abends durchs Fenster und lief ans Ufer des Flusses. Dort ging es nicht mehr weiter, und überqueren konnte sie den Fluß auch nicht. Da packte sie ihre kleinen Füße und riß mit den Zähnen die Bandagen ab. Das Bild, das sich ihr da im Mondlicht bot, war entsetzlich. Schnell barg sie die Füße im Sand, um sie nicht mehr ansehen zu müssen. Die Morgendämmerung zog schon herauf, als Oma sie fand. Die Großmutter schimpfte nicht noch schlug sie die Enkelin. Sie trug sie heim und band ihr die Füße neu ein. Und diesmal war die Prozedur noch viel qualvoller als beim erstenmal, denn diesmal wurden die Zehen schon von den Mittelfußknochen an nach unten gebunden und drückten sich besonders tief in die Fußsohle. Die Füße wurden noch zierlicher, noch spitzer, und sie schmerzten noch mehr. Das machte die Großmutter zur Strafe für ihre Flucht, dachte das Mädchen. Sie wußte nicht, daß dieses neuerliche Binden ohnehin ein wichtiger Teil der ganzen Prozedur war. Das Abknicken der Zehen

war der erste Schritt gewesen, und mit dem Brechen der Mittelfußknochen erst galt das Füßebinden als abgeschlossen. Um sicher zu
gehen, daß sie ein gutes Ergebnis erzielte, schlug die Großmutter noch
mit einem Nudelholz auf die Füße ihrer Enkelin ein, so daß das
Mädchen laut schreiend durch einen Türspalt zu entkommen suchte.
Das war der alten Nachbarin denn doch zuviel. Sie kam herübergelau-
fen und schimpfte:

„Bist du verrückt geworden? Bei Kleinkindern ist das etwas anderes! Aber wie kannst du nur einer Siebenjährigen die Füße einbinden
und sie derart quälen?! Was soll das?"

„Ihre Füße waren von Natur aus so klein und zart und schön –
wenn es nicht allerhöchste Zeit gewesen wäre, hätte ich sie bis heute
nicht angetastet ..."

„Du spinnst! Das Theater jetzt, das hast du von deiner Warterei. Du
hast so lange gewartet, daß die Knochen richtig ausgewachsen sind
und du mit dem Nudelholz auf sie einschlagen mußt. Hack sie doch
gleich mit dem Messer ab! Vergiß es jetzt einfach und laß die Füße wie
sie sind, es ist zu spät."

Die Großmutter schwieg. Sie war sich ihrer Sache sicher. Sie zer-
trümmerte einige angeschlagene Porzellanschüsselchen und legte ihrer Enkelin beim nächsten Binden die feinen, spitzen Scherben unter
die Fußsohle mit in die Bandage hinein.

Die Scherben schnitten mit jedem Schritt ins Fleisch. Doch so sehr
Omas Besen nun auch hinter ihr hersein mochte, Xianglian hatte endgültig genug und bewegte sich nicht mehr vom Fleck. Und die Schläge
mit dem Besen taten immerhin nicht so weh wie die Schnitte der Por-
zellanscherben an ihren Füßen. Das kaputte Fleisch in den Stoffbinden
begann zu eitern, und mit jedem Aufbinden lösten sich dickflüssiges
Blut und faule Haut ab. Aber auch das gehörte zum Füßebinden in
Nordchina dazu: Nur fauliges Fleisch und gebrochene Knochen waren
beliebig formbar.

Schließlich zwang die Großmutter sie nicht mehr herumzulaufen.
Sie lud die Nachbarsmädchen ein, ihrer Enkelin Gesellschaft zu leisten.
Eines Tages kam die dritte Tochter der Familie Huang aus der Nord-
straße vorbei. Sie war ein großes Mädchen und ihre Füße sechs Zoll
lang. ‚Schwester Großfuß' wurde sie genannt.

„Himmel!" rief sie, als sie die Füße Xianglians sah, „solche Füße habe ich ja noch nie gesehen, klein und spitz und schmal, genial sehen sie aus und wunderschön! Da kommt selbst die ‚schönste Frau im ganzen Land' nicht mit! Deine Großmutter versteht wirklich etwas von ihrem Fach, nicht umsonst ist sie die ‚Könnerin'!"

Duftende Lotusblüte verzog den Mund, Tränen hatte sie längst nicht mehr, und sagte stockend: „Du hast es gut, dir haben sie die Füße nicht eingebunden. Ich hätte auch lieber große."

„Bist du dumm – sowas darfst du nicht sagen! Laß uns doch tauschen, wenn du auf große Füße stehst. Bitte, lauf du doch täglich mit diesen riesigen Füßen herum, laß dich anstarren, auslachen, beschimpfen. Keinen Mann kriegst du, und wenn doch, dann ist es Nichts und Niemand", sagte Schwester Großfuß, „du kennst doch das Lied:

‚Kleiner Fuß, reicher Mann, immer viel zu essen ha'm,
großer Fuß, armer Mann, immer leeren Magen ha'm'",

sang sie, „verstehst du?"

„Du hast gut reden, du hast das hier nie durchgemacht."

„Da beißt du halt einmal die Zähne zusammen, und es ist vorbei. ‚Kurzer Schmerz, ewiges Glück'! Sind die Füße erstmal gebunden, werden sie von allen bewundert, und die Männer geben sich die Türklinke in die Hand. Du wirst bestens situiert sein und er steinreich."

„Was du nicht alles weißt! Aber werde ich je wieder herumrennen können wie du?"

„Du dumme Gans! Deswegen bekommen wir doch die Füße gebunden: um uns an der Herumrennerei zu hindern. Hast du ältere Mädchen je draußen herumrennen sehen? Nur eine Frau mit gebundenen Füßen ist eine richtige Frau. Mit großen Füßen sehen Jungen und Mädchen doch völlig gleich aus. Dein Leben ist jetzt ein anderes, du bist kein Kind mehr, du mußt an die Zukunft denken!"

Die Augen von Schwester Großfuß wurden wie zu schmalen Monden und dunkel vor Eifersucht.

Duftende Lotusblüte war ganz benebelt. Doch so verwirrt ihr auch zumute war, sie begriff, daß sie eine andere zu sein schien als zuvor. Sie verstand nicht genau, was sich geändert hatte, aber sie galt wohl mehr als früher. Groß geworden war sie, erwachsen, eine Frau. Von da an klagte und weinte sie nicht mehr. Wortlos stand sie auf und hangelte sich am Ofenbett entlang, an Tisch, Stuhl, Türrahmen und Wasserkrug, stützte sich an Wänden und Fensterbrettern ab und nahm den Besenstiel zu Hilfe. Sie lernte laufen wie ein Kind. Mit aller Kraft unterdrückte sie die Schmerzen, denn um keinen Preis sollte ein Wehklagen über ihre Lippen kommen. War es Zeit zum Wechseln der Binden und lösten sich mit dem Stoff wieder Fetzen von Fleisch und Haut und trockenem Blut ab, so blickte sie gen Himmel, krallte die Hände ineinander, biß sich auf den Lippen herum und ließ die Großmutter gewähren, ohne eine Miene zu verziehen. Oma staunte zwar über soviel plötzliche Geduld, zeigte aber nach wie vor keinerlei Gefühlsregung. Bis die Füße eines Tages nicht mehr näßten und das verkrustete Blut abfiel.

An diesem Tag öffnete Oma das Hoftor, holte zwei Hocker und setzte sich mit ihrer Enkelin draußen hin. Buntes Treiben herrschte auf der Straße, alle Mädchen waren hübsch zurechtgemacht und strömten munter schnatternd Richtung Stadt. Es war der 9. September, das Chongyang-Fest*, an dem man zum Pavillon des Gelben Kaisers jenseits des Flusses pilgerte. Duftende Lotusblüte verließ heute zum erstenmal seit Beginn des Füßebindens ihren Hof. Sie hatte noch nie auf die Füße anderer Leute geachtet, doch nun sah sie genau hin. Und erkannte plötzlich, daß die Menschen sich an den Füßen genauso unterschieden wie im Gesicht. Es gab häßliche Gesichter und dumme, grobe und feine, dunkle und helle, gescheite und sture, dumme und intelligente. Und was die gebundenen Füße betraf, so gab es große und kleine, breite und schlanke, gerade und schiefe, plumpe und spitze, ungeschlachte und grazile, grobe und federleichte. Ein Mädchen fiel Xianglian besonders auf, etwa so alt wie sie selbst und mit unglaublich schönen Füßen: Wie ein paar Kirschen sahen sie aus in den Schuhen aus rotem Atlas, mit goldenen Blumen und grünen Bommeln bestickt und mit zwei silbernen Glöckchen auf jeder Fußspitze. Die Bommel tanzten mit jedem Schritt auf und ab, die Glöckchen bimmelten silber-

---

* der Tag im Jahr, an dem das Yang (das männliche Prinzip) seine stärkste Ausprägung hat; ein besonders kreativer Tag bei Kunstschaffenden

hell. Da kann ich nicht mithalten, dachte Xianglian, rannte ins Haus, riß eine Rolle frischer Fußbinden aus dem Regal und rief: „Binde sie neu, noch fester!" Und indem sie auf das Mädchen deutete, das sich langsam entfernte: „Solche Füße will ich haben!"

Wer es nicht mit eigenen Augen gesehen hatte, glaubte nicht, wie grausam das Mädchen zu sich selbst war.

Ihre alte Großmutter weinte. Ihr finsterer, unnahbarer Gesichtsausdruck der letzten zwei, drei Monate war wie weggewischt, und stattdessen blickte sie wieder so liebevoll wie früher. Die Runzeln auf ihrem Gesicht tanzten, als sie ihre Enkelin Xianglian, Duftende Lotusblüte, plötzlich fest in die Arme nahm und laut schluchzte:

„Wäre ich nicht so hart gewesen, du würdest mich hassen, immer mehr, je älter du wirst."

Evelyn Tampe

Selbstvertrauen

❧❧❧

Beate ist 29 Jahre alt, nicht verheiratet und derzeit ohne festen Freund. Sie hat einen guten Job als freie Journalistin. Sie lebt allein, aber nicht zurückgezogen. Das heißt, sie geht gern aus, trifft sich oft mit Freunden und bezeichnet sich selbst als lebenslustig.

Heute hat sie eine wichtige Recherche abgeschlossen und das möchte sie feiern. Nachdem sie bei einigen Freunden erfolglos herumtelefoniert hat, beschließt sie, noch allein in ihre Stammdiskothek zu gehen. Das Publikum ist dort sehr gemischt, und meistens findet sich an der Bar auch ein interessanter Gesprächspartner. Da es Donnerstag abend ist, ist nicht viel los. Neben ihr sitzt ein Mann mittleren Alters, der zunächst nicht sehr gesprächsbereit ist. Beate wendet sich immer wieder einmal an ihn, doch er antwortet recht einsilbig. Unvermittelt fordert er sie zum Tanzen auf, und da der Abend bislang recht fad war, folgt sie ihm auf die Tanzfläche. ,Vielleicht', denkt sie, ,taut er ja doch noch auf'. Beim Tanzen ist er plötzlich recht redselig, wobei er ihr allerhand Schmus über ihr Aussehen und ihre tolle Figur ins Ohr flüstert. Beate ist das unangenehm, denn sie wollte eigentlich nur mit jemandem ganz unverbindlich plaudern. Sie war nicht hierhergekommen, um ein Abenteuer zu suchen. Zunächst bleibt sie aber noch höflich, denn bislang machte er ihr ja nur Komplimente.

Bei einem langsamen Blues drückt der Fremde Beate eng an sich. Dabei spürt sie seine Erregung, und um ihn nicht im unklaren zu lassen, drückt sie ihn auf etwas mehr Distanz. Nach dem Ende des Musikstückes erklärt sie ihm, daß sie sich lieber wieder setzen wolle. An der Bar geht der Mann erneut auf Tuchfühlung, und seine Schmeicheleien werden jetzt immer schlüpfriger. Sie bereitet diesem Gespräch ein Ende, indem sie sagt: "Ich wollte mich eigentlich heute abend nur mit irgend jemandem nett unterhalten. Aber Sie haben wohl ein anderes Interesse. Ich muß Ihnen sagen, daß ich nicht auf

39

dasselbe aus bin wie Sie." Dann steht sie auf, zahlt ihr Getränk und geht.

In der Kneipe an der Ecke hat sie dann doch ein paar nette Leute getroffen, und so wurde es noch ein schöner Abend.

Es ist Freitag, der 13., und Luzia G. verläßt ihre Wohnung. Sie ist nicht abergläubisch, aber dennoch hat sie heute morgen schon überlegt, ob ihr nicht vielleicht doch einmal etwas Außergewöhnliches an so einem Tag passieren kann. Sie hat von Leuten gelesen, denen am Freitag, dem 13., immer alles schiefgeht. Die Pannen gehen bei solchen Menschen schon mit dem Aufstehen los und halten an, bis sie zu Bett gehen. Nein, sie hat Freitag, den 13., noch niemals anders als alle anderen Tage erlebt.

Luzia ist jetzt 65 Jahre alt. Sie ist schon lange geschieden, und seit ihre Kinder – das letzte vor zehn Jahren – das Haus verlassen haben, lebt sie allein in einer Wohnung in einem Sechsfamilienhaus. Mit den übrigen Familien versteht sie sich sehr gut, und alle versuchen sich gegenseitig zu unterstützen.

Heute fährt Luzia in die Stadt, und so fragt sie bei der jungen Frau, die unter ihr wohnt, nach, ob sie ihr etwas mitbringen solle. Wegen ihrer kleinen Zwillinge ist die junge Frau beim Einkaufen immer etwas gehandikapt. Sie ist deshalb froh über das Angebot von Luzia und gibt ihr einen kleinen Einkaufszettel mit.

Luzia stellt ihren Wagen auf dem Park-and-ride-Platz am Stadtrand ab und fährt mit der Straßenbahn in die Innenstadt. Ihre Umhängetasche trägt sie schon lange nicht mehr nur über die Schulter, da es ihr im dichten Gedränge der Stadt viel zu beschwerlich ist, ständig auf die Tasche zu achten. Sie steckt ihren Kopf und ihren linken Arm durch den Schulterriemen und trägt die Tasche vor ihrem Bach. Sie weiß zwar, daß diese Tragweise etwas seltsam aussieht, fühlt sich dabei aber einfach sicherer. Außerdem hat sie so beide Hände frei.

Nachdem Luzia alle Einkäufe erledigt hat, schlendert sie noch ein wenig durch die Straßen und schaut sich die Auslagen der Geschäfte an. Zwei Einkaufstaschen trägt sie rechts und links in ihren Händen. Sie kommt in eine kleine Seitengasse. Dort ist es ruhig, und nur wenige Passanten verlieren sich hierhin. Vor einem Antiquitätengeschäft bleibt sie stehen. In der Schaufensterscheibe beobachtet sie wie in einem Spiegel zwei junge Burschen, die auf der anderen Straßenseite stehen und interessiert zu ihr herübersehen. ‚Die machen keinen sehr vertrauenserweckenden Eindruck', denkt Luzia und dreht sich um. Sie schaut den beiden mit festem Blick mitten in die Augen, so daß sie verlegen wegsehen und langsam die Straße weitergehen. Luzia schlendert hinter ihnen her bis zur nächsten großen Einkaufsstraße. Dabei läßt sie sie nicht aus den Augen.

Nicht die Körpersprache der Frauen signalisiert: „Rühr mich nicht an, sonst schlage ich dich zusammen!" Selbstbewußte Frauen sind aufgrund ihrer inneren Einstellung zu sich selbst und zu ihrer Umwelt einfach besser in der Lage, *frühzeitig* auf mögliche Gefahrensituationen zu reagieren. Damit wird der potentielle Täter erst gar nicht mit ihnen als möglichem Opfer konfrontiert. Die Lage klärt sich zwischen beiden schon zu einem viel früheren Zeitpunkt als dem eigentlichen Tatentschluß des Täters. Es handelt sich demnach nicht etwa um den *Entschluß des Täters*, eine Frau nicht anzugreifen, sondern um den *Entschluß der Frau*, sich nicht angreifen zu lassen. Die Handlungsgewalt bleibt bei der Frau! Für mich ist das eine ganz wesentliche Erkenntnis, da dies für ein selbstbestimmtes Leben von Frauen spricht.

Evelyn Holst

Brust raus, Bauch rein, Licht aus

৩০৩

Dorothee stand nackt vorm Badezimmerspiegel und erlebte die schlimmste Panikattacke ihres Lebens. *Grauenhaft!* Der ungehaltene Busen pendelt ja fast in Bauchnabelhöhe! Die Oberschenkel hatten selten so zerklüftet ausgesehen. Sie zog den Bauch ein. So ging's. Sie ließ die Luft wieder raus – er schnellte nach vorn wie ein Bumerang.

Fünf Meter Luftlinie von ihr entfernt lag Felix auf ihrer zum ersten Mal seit zwei langen Jahren nicht verwaisten Doppelbetthälfte. Wahrscheinlich war er längst schon ausgezogen, dehnte und streckte sich genüßlich auf ihrem frisch bezogenen Bett und harrte der Freuden, die da gleich kommen sollten.

Vielleicht würde er auf ihrem Nachttisch herumwühlen, sie hatte extra „Nur Du gehörst zu mir" durch „Die Entdeckung der Langsamkeit" ausgewechselt, in der Hoffnung, dies würde sich positiv auf seine Libido auswirken, von der er am Kennenlernabend vor sechs Wochen behauptet hatte, sie spräche ganz besonders auf „hirnige" Frauen an. Nun, Sten Nadolny war das Hirnigste, was ihre Bücherwand zu bieten hatte. Als sich zu ihrer größten Freude und Überraschung andeutete, daß Felix offensichtlich nicht nur ihr Hirn, sondern auch die Körperteile darunter gern genauer begutachten würde, hatte sie ihn, nach wochenlanger Knutscherei im Auto, endlich zum Diner à deux gebeten. Die Planung des Menüs hatte die Nerven sämtlicher kochbegabter Freundinnen verschlissen. Fleisch? Lag zu schwer im Magen. Pasta ebenfalls. Nur Salat und gedünsteter Fisch? Er könnte sie für eine unsinnliche Diätziege halten.

Spargel, Austern? Zu offensichtlich. Schließlich hatte sie sich für Gemüsetempura entschieden, wovon ihr die Hälfte verkochte. Dafür gab es reichlich Wein, was ihrer leichten Verkrampfung entgegenwirkte. Während er genüßlich dem südafrikanischen Chardonnay zusprach und ihr, angenehm besäuselt, auf dem Sofa immer näher rückte, wurde sie panisch nüchterner. Alle Diätsünden der letzten Jahre, jede nicht im Fitneß-Studio verbrachte Stunde fielen ihr ein. Zärtlich rutschte seine Hand auf ihren Busen. O Gott, dachte sie und war sich ihrer feuchten Achselhöhlen bewußt, hoffentlich findet er ihn nicht zu weich. Nichts ist ja unerotischer als ein zu weicher Busen. Seine Hand wanderte nach unten, suchte sich Platz zwischen Rockbund und Unterhemd. *Mein Bauch* – ihr wurde siedend heiß. In dieser Sitzposition quoll er ja hervor wie ein weicher Wäschesack! „Du fühlst dich so geil an", murmelte er, während sie unauffällig versuchte, in eine liegendere Position zu rutschen. Liegend kam der Bauch flacher. Peng, der Knopf vom Rock sprang ab. Wie albern sie jetzt wohl aussah, so halb entblößt, mit ihrem weichen weißen Winterfleisch! Er hatte die Augen geschlossen. Gott sei Dank! Sicher hatte sie diese fiesen roten Flecke im Gesicht. Alles, alles hätte sie darum gegeben, jetzt entspannt, geil und eine Kanone im Bett zu sein. Eine Supernummer, von der Felix seinen Kollegen im Büro vorschwärmen würde. „Ein Wahnsinnsweib, sag' ich euch. So was hab' ich noch nie erlebt."

Früher war sie so gewesen. Absolut furchtlos im Bett, voller Lust auf Abenteuer und fremde Männerkörper. Sie hatte sie gepflückt, genossen, weggeworfen. Vom Winde verweht, diese Leichtigkeit des Seins. Seit Klaus sie verlassen hatte, war ihr Selbstbewußtsein als Frau zum Teufel. Es ging ihr wie ihrer Freundin Gisela, die im Lokal einen Mann mit einem barschen: „Was stieren Sie mich so an, hab' ich was im Gesicht?" anraunzte, woraufhin dieser ganz betreten mit einem: „Mensch Mädchen, ich hab' dich doch nur angeschaut" reagierte und sich schnell wegsetzte. „Ich hab' sein Flirten einfach nicht erkannt", ärgerte sich Gisela hinterher, „ich war so lange verheiratet, daß ich es nicht mehr merke, wenn mich ein Mann als Frau wahrnimmt."

Wenn Frauen nach einer längeren Beziehung wieder allein sind, ist bei vielen das erotische Selbstbewußtsein verkümmert wie ein zuwenig genutzter Muskel. Ihre einstmals hochaktive Libido ist in einer immer mehr verschwisterten Verbindung („Liebling, ich hab' kein Klopapier, reichst du mir mal welches rein?") zu einem neutralen, nahezu körperlosen Gefühl geschrumpft, welk wie eine lieblos gegossene Pflanze.

Wenn eine Frau die Beziehung nicht selbst beendet, sondern verlassen wird, liegt diese Lust im Koma. Dann neigt sie dazu, mehr als ein Mann in gleicher Lage, sich so winzig klein zu machen, daß man sie mit der Lupe suchen muß. Keiner hat mich richtig lieb. Keiner will mich mehr. Ich bin häßlich, alt, verbraucht. Und dann passiert das Unglaubliche. Einer will doch.

„Als mich mein Mann nach 21jähriger Ehe mit der Freundin meiner Tochter betrog, war ich als Frau nicht mehr vorhanden", erzählte Petra, 45, „am liebsten wäre ich vorübergehend ins Kloster gegangen." Sie ist Optikerin, hat ein eigenes Geschäft. Das vor fünf Monaten ein 56jähriger Witwer betrat, der nach dem Anpassen seiner bifokalen Gläser den Wunsch äußerte, das Gespräch beim Italiener gegenüber fortzusetzen. Petra ging und verbrachte einen anstrengenden Abend. Im Nebel, weil sie trotz einer Kurzsichtigkeit von fünf Dioptrien ganz bewußt auf ihre Kontaktlinsen verzichtet hatte. „Mein Kinderglaube", sagt sie, „wenn ich die Welt durch Schleier sehe, sieht sie mich genauso." Sie schmiß ein Glas um, bediente sich ungewollt von seinem Teller, er sagte nichts. Erst als sie ihre Zigarette am Filter anzündete, griff er ein. „Darf ich Ihnen meine Brille leihen?"

Da lachte sie, und der Abend war gerettet. „Im Bett war ich natürlich auch blind", gesteht sie, „ich hab' mich einfach sicherer gefühlt".

Die Ironie dabei: Frauen beanstanden Dinge an ihrem Körper, die Männer entweder gar nicht stören oder die sie sogar besonders liebenswert finden. „Ich habe meinen dicken Busen immer gehaßt", sagt Ingrid, 38, die sich auch tatsächlich zur Brustreduktion entschloß. Drei Tage vor dem Operationstermin lernt sie Harry kennen, der förmlich ausflippte vor Seligkeit, als er sein Gesicht in ihrer Üppigkeit vergraben durfte. Sie erzählte ihm, was sie vorhatte. Er war außer sich. „Durch ihn hab' ich zum ersten Mal erlebt, daß ein großer Busen auch was Schönes sein kann", lächelt Ingrid, die ihn noch immer hat. Den Busen. Harry auch.

Dorothee entschloß sich, nackt durch die Schlafzimmertür zu treten. Mit eingezogenem Bauch und hocherhobenen Hauptes. Mit klopfendem Herzen trat sie auf den Flur – mit sinkendem Herzen folgte sie dem lauten Schnarchgeräusch, das aus dem Schlafzimmer drang. Felix lag im Bett, nackt und mit offenem Mund. Sie lächelte und betrachtete liebevoll seinen leichten Bauchansatz. Dann warf sie sich auf ihn und biß ihn ins Ohr. „Wach auf, Liebling", sagte sie, „du verpaßt die Nacht der Nächte".

Liebe?! Schau mir in die Augen, hilf mir beim Abwasch

ꙮ

I got you, babe ...

Sonny & Cher

Doris Dörrie

Die Braut

Ich bog auf die Autobahn ein und trat aufs Gas. Mein Brautkleid lag in einer lackroten Schachtel auf dem Rücksitz. Modell *Opera*, fünf Meter weißer Tüll für den Rock, eine weich drapierte und mit einzelnen Perlen bestickte Corsage aus Satin, lange weiße Handschuhe und sogar ein Schleier mit winzigen, Maiglöckchen nachempfundenen Blüten. Ausgerechnet ich mit einem Schleier! Aber wenn schon, denn schon.

Wie eine Schar Stare auf einen Kirschbaum hatten sich die Verkäuferinnen auf mich gestürzt, als ich aus der Kabine kam, sie schrien oh und ah, zupften an mir herum und wünschten mir von Herzen alles, alles Gute für meine Ehe. Als ich ihnen sagte, daß ich mit dem Bräutigam schon seit acht Jahren zusammenlebe, wirkten sie enttäuscht.

1295 Mark für ein Brautkleid. Ein Haufen Geld, aber ich hatte es ja unbedingt selbst bezahlen wollen. Und niemand sollte es vorher sehen, allenfalls meiner ältesten und besten Freundin Lore hätte ich es gern gezeigt, obwohl sie bei meinem Anblick in Brautkleid und Schleier bestimmt laut gelacht hätte.

Sie kennt mich noch aus Zeiten, in denen ich grün und blau gefärbte Haare trug und jeden, der seine Liebe durch Staat und Kirche sanktionieren ließ, bis aufs Blut verachtete.

Sie selbst war nicht verheiratet, wie alle unsere Freunde.

Ist das nicht ein bißchen seltsam, fragte ich sie, daß wir alle über dreißig sind und niemand von uns verheiratet ist oder Kinder hat? Manchmal habe ich das Gefühl, wir glauben, daß wir unsterblich sind. Möchtest du meine Brautjungfer sein?

Lore kicherte verlegen, dann sagte sie mir, daß sie mit ihrem neuen Freund nach Bali führe und leider, leider zu meiner Hochzeit nicht kommen könne.

Aber, Mensch, Lore, ich heirate!

46

Tut mir leid, altes Haus, ich hoffe, du nimmst es mir nicht übel.

Fahr nur, ermunterte ich sie lahm, es ist ja auch keine große Angelegenheit. Es verändert sich ja nichts ...

Eben, sagte sie erleichtert, ihr seid doch schon ein altes Ehepaar.

Warum wir plötzlich heiraten wollten, fragte sie nicht.

Es begann zu tröpfeln, und innerhalb von nur wenigen Sekunden verwandelte sich der milde Regen in einen gewalttätigen Wolkenbruch. Keiner fuhr deshalb langsamer. Wir jagten über die Autobahn, manche von uns als Jäger, die meisten als Gehetzte.

Ich schaltete die Scheibenwischer auf die schnellste Stufe, der linke quietschte ein wenig, dann wurde er langsamer und blieb schließlich ganz stehen. Wie ein Wasserfall strömte der Regen jetzt über die Windschutzscheibe, ich konnte schlagartig nichts mehr sehen. Vor Angst fingen meine Hände an zu krippeln, als hätte ich in eine Steckdose gegriffen.

Ich versuchte, mich so weit wie möglich auf den Beifahrersitz zu lehnen, um durch den anderen Teil der Scheibe zu sehen, wohin ich überhaupt fuhr, aber das war zwecklos. Undeutlich erkannte ich im nassen, schlierigen Außenspiegel die Scheinwerfer der hinter mir fahrenden Autos, tanzende helle Punkte, deren Abstand ich nicht abschätzen konnte und die bedrohlich auf mich zuzukommen schienen.

Es war, als trüge ich keine Kontaktlinsen – ich bin ziemlich kurzsichtig – und als säße ich in meinem Wagen wie in einem unscharfen Traum. Einen Moment lang überfiel mich gute Lust, die Hände vom Lenkrad zu nehmen und in den Schoß zu legen.

Statt dessen verlangsamte ich behutsam, damit mir keiner von hinten auffuhr, schaltete die Warnblinkanlage an und lenkte leicht nach rechts, in der Hoffnung, dort auf dem für mich unsichtbaren Seitenstreifen halten zu können.

Es gab einen Knall wie von einer Explosion, das Lenkrad bohrte sich schmerzhaft in meine Brust, daß mir die Luft wegblieb, von einem unsichtbaren Feind wurde ich nach vorn geworfen, dann nach hinten geschleudert. Der Motor soff ab, das Auto bewegte sich nicht mehr, es war still, nur der rechte Scheibenwischer jagte weiter hysterisch über die Scheibe.

Ich beobachtete die Gänsehaut auf meinen Unterarmen, dabei war mir gar nicht kalt, darüber wunderte ich mich.

Ein verschwommener schwarzer Fleck tauchte vor der Seitenscheibe auf, dann wurde die Tür aufgerissen, eine Frau mit wirren, schwarzen Haaren steckte den Kopf ins Auto und schrie: Haben Sie nicht mehr alle?

Ich sah den Regen auf ihre schwarze Motorradjacke prasseln. Sie kam mit ihrem Kopf noch näher an mich heran, daß wir fast zusammenstießen, ihre schwarz umrandeten Augen waren zu wütenden Schlitzen verzerrt.

Sind Sie nicht ganz dicht? keifte sie.

Sie packte mich an der Schulter und schüttelte mich. Hey, Sie! Huhu!

Sie wedelte mir mit der Hand vor den Augen herum, was mir so lästig war, daß ich den Kopf wandte und sie ansah.

Könnten Sie bitte damit aufhören? sagte ich höflich und mit dem Gefühl, den Mund voller Watte zu haben.

Sie verzog ihre erdbeerrot geschminkten Lippen.

Scheiße, sagte sie, sehen Sie sich diese Scheiße an! Sie richtete sich auf und stapfte fluchend im Regen davon.

Ich stieg mit wachsweichen Beinen aus und sah auf dem Seitenstreifen vor mir einen alten, schmutzigweißen Opel, dessen Kofferraum zusammengeknüllt war wie ein Stück Papier. Langsam und träge, als hätte ich ein Schlafmittel genommen, formten sich meine Gedanken zu der Erkenntnis, daß ich wohl etwas damit zu tun haben mußte.

Ich trat in den strömenden Regen hinaus wie unter eine Dusche und stellte fest, daß die Kühlerhaube meines Autos auch nicht viel besser aussah, und es war noch nicht einmal meines, sondern Holgers, und erst zwei Monate alt.

Haben Sie Tomaten auf den Augen oder was? schrie die Frau vor ihrem Opel und holte eine Plastiktüte aus dem Wagen, die sie sich auf den Kopf setzte. *Aus deutschen Landen frisch auf den Tisch* stand auf der Tüte.

Ich gehe los und rufe die Polizei, rief sie mir zu. Und wehe, Sie rühren sich vom Fleck. Ich habe Ihr Kennzeichen aufgeschrieben.

Ich erwiderte nichts. Der Regen triefte mir in den Nacken, lief mir über die Nase, tropfte auf meine Lippen. Der Verkehr fauchte wie ein vielköpfiger Drache an mir vorbei, machte mich taub, stumm und benommen.

Erst als die Frau schon fast hundert Meter entfernt war, fiel mir ein, daß ich ihr hätte anbieten sollen, die Angelegenheit unter uns zu regeln. Sie wirkte allerdings nicht so, als würde sie auf ein solches Angebot eingehen. Entschlossen marschierte sie in ihren metallbeschlagenen Cowboystiefeln den Seitenstreifen entlang, die Plastiktüte nickte bekräftigend auf ihrem Kopf, ihre Schritte klangen wie ein Maschinengewehr.

Ich setzte mich wieder in das regenblinde Auto und sah Holger vor mir, wie er bekümmert meinem Bericht lauschte und bereute, keine Vollkaskoversicherung abgeschlossen zu haben.

An einem funkelnagelneuen Auto darf doch der Scheibenwischer nicht kaputtgehen, würde er allenfalls kopfschüttelnd sagen, und sich dann mit Verve in die Abwicklung der Telefonate mit der Versicherung und KFZ-Werkstätte stürzen.

Er würde sich nicht weiter aufregen. Nichts brachte ihn aus der Fassung, nichts lockte ihn vollkommen aus der Reserve, er blieb immer ruhig, gefaßt, sicher, wie ein Fels in der Brandung. Das mochte ich an ihm. Ich war schließlich alt genug, um nicht mehr idiotischen Träumen von wilder Leidenschaft nachzuhängen. Oder ich hatte beschlossen, jetzt alt genug dafür zu sein. Betrogen hatte ich Holger oft genug. Jetzt wollte ich ihn heiraten und endlich Frieden schließen mit der Realität. Mir nicht mehr von ihr erhoffen, als sie zu geben bereit war. Ich wollte von nun an bescheiden sein. Ein Leben führen wie andere auch, und zwar nicht zähneknirschend, sondern gern.

Um diesem Entschluß nicht nur einen Hauch von Romantik, sondern auch von Größe zu verleihen, wollte ich in Weiß heiraten, in einer Kirche, mit allem drum und dran.

Holger hätte ich das niemals erklären können, aber das mußte ich auch nicht. Er fügte sich geduldig lächelnd meinen Wünschen und bat sich nur aus, keinen Zylinder tragen zu müssen.

Die Frau riß die Fahrertür auf, daß ich vor Schreck zusammenfuhr.

Dicke Wassertropfen perlten von ihrer Jacke auf meine Schenkel, ihr Gesicht unter der Plastiktüte war klatschnaß.

Die Polizei ist in einer Viertelstunde hier, keifte sie mich an und knallte die Tür wieder zu.

Wenige Sekunden später riß sie schon wieder die Tür auf. Geht Ihre Heizung?

Ich glaube ja, antwortete ich zögernd. Sie knallte kommentarlos die Tür wieder zu, stieg hinten ein und riß sich die Plastiktüte vom Kopf.

Ich schaltete die Heizung ein.

Im Rückspiegel sah ich, wie sie mit den Zähnen klapperte.

Im Kofferraum habe ich, glaube ich, eine Decke, bot ich an, da fiel mir ein, daß Holger sie vor ein paar Tagen herausgenommen hat, um sie zu waschen. Irrtum, murmelte ich, doch keine Decke.

Sie verdrehte die Augen und schlug die Arme unter. So eine Scheiße, murmelte sie zwischen den Zähnen, so eine verdammte Hühnerscheiße.

Ich nickte und sah, wie sie den roten Karton neben sich auf dem Sitz anstarrte. *Brautmoden Hennig – Wiesbaden* stand auf einem kleinen goldenen Schild. Ich kannte das Geschäft seit ich denken konnte. Mein Schulweg führte daran vorbei. Eine Zeitlang stand zum Entzücken meines Vaters *Brutmoden* über dem Geschäft, und es dauerte fast ein Jahr, bis ein neues *A* montiert wurde. Zwanzig Jahre später fiel es mir wieder ein. Da, nur da, wollte ich mein Hochzeitskleid kaufen, bei Brautmoden Hennig in Wiesbaden. Von unserer Familie lebt niemand mehr in Wiesbaden, meine Großeltern sind gestorben, meine Eltern nach Teneriffa ausgewandert.

Meine Güte, Kind, was bist du sentimental, sagte meine Mutter am Telefon, und ich konnte förmlich hören, wie sie ihre permanent gebräunte Stirn runzelte, was willst du denn nach all den Jahren in Wiesbaden?

Mit meinem Hochzeitskleid unter dem Arm bin ich meinen alten Schulweg abgegangen, die Häuser waren mir nicht mehr vertraut, viele waren renoviert oder umgebaut, aber jeden Zentimeter Straße erkannte ich wieder, den ich Morgen für Morgen, neun Jahre lang, mit hängendem Kopf Schritt für Schritt zurückgelegt hatte.

Manche Straßen waren mit Platten belegt, auf deren Rillen man nach von mir erfundenen Regeln manchmal treten mußte, ein andermal auf keinen Fall durfte, dann die schwarzen buckligen Teerstreifen, auf denen man balancieren konnte und die im Sommer weich wurden wie Kaugummi, die roten Backsteine in einer kleinen Stichstraße zwischen Häusern mit großen Gärten, die im Herbst vom herabfallenden Laub und nasser Hundescheiße so glitschig waren, daß man höllisch aufpassen mußte, um nicht auszurutschen.

All das erkannte ich wieder, als wäre keinerlei Zeit vergangen; und noch etwas anderes: eine Mischung aus Langeweile, Traurigkeit und verstockter Rebellion, die mich mein ganzes Leben begleitet hatte wie ein Schatten.

Ich setzte mich auf ein kleines Mäuerchen, auf dem ich als Kind schon gehockt und Napas – betonharte kleine Rhomben aus Kaugummimasse – gegessen hatte, wobei ich von dem Gewicht des Schulranzens auf meinem Rücken fast nach hinten in den Vorgarten gezogen zu werden drohte.

Ich saß dort mit meinem Hochzeitskleid unter dem Arm und starrte den vorbeiflutenden Verkehr an, all die Menschen, die in ihren Autos wie in kleinen Kapseln durch ihr Leben transportiert wurden, allein, als Paar oder als Familie; alle schön sortiert, und es schien mir so, als hätte jeder damit eine endgültige Entscheidung getroffen, wie er sein Leben verbringen wollte.

Die Frau reckte sich nach vorn über den Sitz und drückte auf den Zigarettenanzünder. Um ihr Handgelenk trug sie eine türkisblaue Tätowierung wie ein Armband, eine Schlange, die sich um einen Blütenzweig rankte.

Ich wollte sie bitten, nicht zu rauchen. Holger haßte den Geruch, statt dessen bat ich sie um eine Zigarette.

Sonst noch was? sagte sie unfreundlich, reichte mir aber eine.

Wortlos rauchten wir vor uns hin, und der Dunst unserer Zigaretten verband sich zu einem diffusen Nebel über unseren Köpfen.

Ich kann's nicht fassen, schimpfte sie. Leute gibt's, die sind zu blöd, ein Loch in den Schnee zu pinkeln, manche Leute sollten den Führerschein überhaupt nicht machen dürfen. Scheiße, verdammte. Wütend stieß sie den Rauch durch die Nase aus.

Ich hätte ihr erklären können, daß mein Scheibenwischer nicht funktionierte, aber das hätte sie wahrscheinlich nur als Ausrede aufgefaßt, also schwieg ich.

Was ist in der Schachtel? fragte sie wie bei einem Polizeiverhör.

Ich holte kurz Luft. Mein Brautkleid, antwortete ich patzig, darauf gefaßt, von ihr verspottet zu werden.

Sie machte eine kleine Pause. Darf ich es mal sehen? fragte sie mit veränderter Stimme, ganz weich und freundlich.

Erstaunt drehte ich mich zu ihr um. Sie grinste mich an und streckte mir ihre Hände entgegen, Innenflächen nach oben. Ich habe auch saubere Hände, sagte sie.

Aber erst die Zigarette ausmachen, sagte ich, und nicht im Aschenbecher, sonst stinkt das Auto noch tagelang.

Gehorsam warf sie die Kippe aus dem Fenster, ich kletterte über den Beifahrersitz nach hinten, setzte mich neben sie und nahm die Schachtel auf den Schoß. Vorsichtig hob ich den Deckel ab. Zartrosa Seidenpapier quoll hervor wie eine lebendige Masse. Ich nahm den Schleier heraus und hängte ihn über die Nackenstütze des Beifahrersitzes.

Behutsam berührte sie die winzigen weißen Maiglöckchen aus Perlen und Seide. Ich sah, daß ihre Hände vor Kälte zitterten.

Jetzt das Kleid, sagte sie und rückte zur Seite, damit ich Platz genug hätte, um es herauszuholen.

Wie eine große Wolke fiel der Tüllrock über uns und bedeckte uns beide.

Wow, rief sie lachend, das ist ja der Wahnsinn!

Ich lächelte stolz, ganz gegen meinen Willen.

Hingebungsvoll streichelte sie den Tüll und stöhnte leise.

Wie schön, murmelte sie, wie unglaublich schön. Sie drückte ihre Wange gegen den Stoff und schloß die Augen.

Nur um einmal im Leben so ein Kleid am Leib zu haben, würde ich heiraten, sagte sie mit geschlossenen Augen, es muß sich anfühlen, als würde man in Schlagsahne schwimmen.

Okay, sagte ich, ziehen Sie's an.

Sie klappte die Augen auf, große, eisblaue Augen. Ich war mindestens so erstaunt über mein Angebot wie sie.

So kommen Sie wenigstens aus Ihren nassen Klamotten raus, fügte ich hinzu, aber da hatte sie sich bereits aus ihrer Lederjacke gepellt.

Sie hatte einen schmalen Oberkörper, so wie ich, hängende Schultern, kaum Busen. Ohne ihre Lederjacke wirkte sie plötzlich verletzlich.

Sie zog sich ein klatschnasses, schwarzes T-Shirt über den Kopf, darunter kam ein Unterhemd mit Totenköpfen zum Vorschein. Sie beugte sich über den Vordersitz, und ich zerrte ihr die hautengen, nassen Jeans vom Leib. Um ihr die Cowboystiefel auszuziehen, mußte ich wieder auf den Vordersitz steigen, sie streckte mir ihre Füße entgegen, und ich zog mit aller Kraft an ihren Stiefeln, bis sie endlich nachgaben. Wir arbeiteten stumm und effizient, wie ein eingearbeitetes Team.

Die Wärme der Heizung und unser Atem hatten inzwischen die Scheiben beschlagen, es war dampfig warm im Auto wie in einer Sauna, ich fing an zu schwitzen. Ich kletterte wieder nach hinten, sie zog ihr Totenkopfunterhemd aus, legte sich erst auf den Rücken, so daß ich ihr den Rock über die Beine streifen konnte, dann hob sie den Po, und wir zerrten den Rock gemeinsam Stückchen für Stückchen hoch bis zu ihrer Taille, als nächstes beugte sie ihren nackten Oberkörper in meinen Schoß, und ich knöpfte ihr die Corsage im Rücken zu.

Als sie sich aufrichtete, waren ihre Wangen vor Anstrengung gerötet, als hätte sie sich geschminkt.

Mit den Fingern ordnete sie ihre wirren dunklen Haare, ich steckte ihr den Schleier fest, sie zog die Handschuhe an. Zufrieden fuhr sie über den Rock und sah mich an.

Hübsch, sagte ich, wirklich hübsch.

Sie erhob sich halb und versuchte gebückt, ihr Spiegelbild im Rückspiegel zu erhaschen, aber das gelang ihr nur unvollkommen, seufzend ließ sie sich auf den Sitz zurückfallen.

Ich heiße übrigens Elke, sagte sie und streckte ihre behandschuhte Hand aus. Ich ergriff sie. Kühl lag der weiße Satin in meiner Hand. So würde es sich also anfühlen, wenn ich am Sonntag den Hochzeitsgästen die Hand reichen würde.

Franziska, sagte ich. Wir nickten uns förmlich zu.

Ich wünschte, ich könnte mich ganz sehen, seufzte Elke, in einem richtigen Spiegel. – Wann soll die Show denn steigen?

Sonntag um elf.

Elf Uhr ist gut.

Warum?

Weil die Sonne noch steigt. Es bedeutet zunehmendes Glück, sagte sie ernst.

Da haben wir ja Schwein gehabt, sagte ich und sah wohl nicht besonders glücklich aus. Sie stieß mich mit dem Ellenbogen an.

Hey, sagte sie grinsend, freust du dich nicht auf den schönsten Tag im Leben einer Frau.

Ich zuckte die Achseln und sah weg. Sie ließ das Fenster herunter. Es hatte aufgehört zu regnen. Vereinzelte Sonnenstrahlen schossen wie Blitze durch die bleigrauen Wolken.

Wenn man eine Braut sieht, bringt das nicht Glück? sagte sie.

Ich glaube, das gilt eher für Schornsteinfeger, murmelte ich.

Was ist das Problem? sagte Elke aus dem Fenster, liebst du den Kerl nicht?

Oh, doch, murmelte ich, doch, doch. Wirklich. Sehr. Doch bestimmt. Ich griff in meine Handtasche und holte unsere Hochzeitsanzeige heraus. Die Vorderseite zeigte eine Fotomontage von Holger und mir als Kinder, er in Lederhosen und ich in einem gestreiften Sommerkleid. Darüber stand: ‚Wir haben uns lange genug geprüft . . .‘ und auf der Innenseite ging es dann weiter: ‚. . . jetzt machen wir ernst‘.

Es war meine Idee gewesen, und bis vor wenigen Augenblicken hatte ich sie lustig und gut gelungen gefunden. Jetzt kamen mir die Kinderfotos eher albern, die Sätze unangenehm neckisch vor.

Wie findest du das? fragte ich Elke.

Okay, sagte sie.

Ich wollte eigentlich nie heiraten, sagte ich, aber gleichzeitig war es immer etwas, was ich noch vor mir haben konnte, wenn ich nur wollte . . .

Elke sah mich ernsthaft und abwartend an. Sie schien zu erwarten, daß ich weitersprach, also erzählte ich ihr, wie Holger und ich uns kennengelernt haben, denn das erzähle ich immer gern.

Er stand bei der Menschenkette gegen die Stationierung der Mittelstreckenraketen zufällig neben mir, und wir mußten uns stundenlang an der Hand halten, bis die Kette quer durch Deutschland endlich geschlossen war. Abends sahen wir uns gemeinsam die Nachrichten an, in seiner Wohnung in einer fremden Stadt. Wie eine Reihe von Ameisen zog sich die Kette über grüne Hügel, und zwei davon waren wir.

Den Vergleich mit den Ameisen ziehe ich immer, ich wünschte, mir würde ein anderer Vergleich einfallen, die Geschichte fühlte sich flau und abgestanden an, ich mochte sie plötzlich nicht mehr.

Elke lachte auch nicht einmal, wie es sonst alle tun, denen ich sie erzähle.

Ich fühle mich nicht wirklich bereit zum Heiraten, sagte ich.

Elke sah mich ruhig an.

Aber wenn ich ehrlich bin, habe ich mich nie zu irgend etwas bereit gefühlt, fuhr ich fort. Mein ganzes Leben lang kam mir alles zu früh vor, selbst meine Geburt.

Ich lachte, aber mir war plötzlich zum Heulen, und tatsächlich füllten sich meine Augen mit Tränen, meine Kontaktlinsen begannen zu schwimmen, ich konnte nichts mehr sehen, vorsichtig drückte ich mir mit den Fingern auf die Lider, spürte dort aber nur noch eine Linse.

Ich glaube, ich habe eine Kontaktlinse verloren. Nicht bewegen.

Ach du Scheiße, sagte sie herzhaft.

Ich blinzelte mit dem einen Auge, mit dem ich noch sehen konnte, und fuhr mit den Fingern meine Jeans und dann den Tüllrock ab.

Kontaktlinsen im Auto zu verlieren, ist das Allerschlimmste, stöhnte ich. Mir ist das mal mit einem Mann passiert, auf dem Weg in sein Hotelzimmer. Ich habe ihn gezwungen, zwei Stunden lang das ganze Auto abzusuchen, die Sitze rauszumontieren, jeden Zentimeter unter die Lupe zu nehmen. Und ich hab sie gefunden. Nur war mit dem Mann danach nicht mehr viel anzufangen.

Wir lachten. Sie hatte ein tiefes, rauchiges Lachen, was wahrscheinlich sehr viele Männer sehr sexy finden. Als ich aufhörte zu lachen, sah ich plötzlich wieder scharf.

Sie ist wieder da, sagte ich erstaunt.

Wer?

Meine Linse. Sie war nur verrutscht. Es sind weiche Linsen, die verliert man nicht so leicht wie harte.

Wozu der ganze Blödsinn?

Ich schätze, ich bin eitel.

Früher wollte ich immer eine Brille haben und damit klüger aussehen, als ich bin. Aber Holger trägt eine Brille, und eine Brille in der Familie reicht, sagte ich. Ich sah ihn vor mir, wie er sich die Brille abnahm und mit Daumen und Zeigefinger ganz fest den Nasensattel drückte. Ich mußte lächeln. Seit ich weiche Kontaktlinsen habe, bin ich nicht mehr fremdgegangen, sagte ich.

Den Zusammenhang kapier ich nicht, sagte sie und rückte den Schleier gerade.

Ich zuckte die Achseln. Es liegt wohl daran, daß man mit den weichen nirgendwo übernachten kann, ohne die Flüssigkeit zum Desinfizieren dabeizuhaben. Die harten konnte ich einfach immer in eine Streichholzschachtel tun und morgens mit Spucke wieder einsetzen. Aber jeden Tag eine riesige Plastikflasche mit Desinfektionsflüssigkeit in die Handtasche zu packen ...

Für einen ganz spontanen Fick, kicherte sie.

Wer weiß, stöhnte ich lachend, vielleicht sind am Ende die weichen Kontaktlinsen daran schuld, daß ich heirate.

Bißchen wenig, findest du nicht?

Wir sahen beide aus dem Fenster.

Ich hätte mal fast geheiratet, sagte sie dann, fast. In Las Vegas, in so einer kitschigen Kirche. Mit einer Harley wären wir direkt von der Kirche auf den Highway gefahren. Ich wollte unbedingt ein weißes Hochzeitskleid, es hätte so geil ausgesehen auf dem Motorrad, mit all dem Tüll und dem Schleier im Wind. Wir hatten alles schon geplant ...

Ich grinste. Sie strich mit den Handschuhen den Tüllrock glatt.

Ich saß am Strand in Gomera, sagte sie, er ging schwimmen. Er wollte erst gar nicht ins Wasser, weil es ihm zu kalt war. Ich habe noch über ihn gelacht. Und dann kam er einfach nicht mehr zurück.

Mein Gott, murmelte ich erschrocken, meine Gesichtszüge hatten Mühe, sich auf die veränderte Stimmung einzustellen, fast hätte ich gelächelt.

Das ist, als würde dir das Gehirn explodieren, sagte Elke.

Du sitzt da und denkst immer nur, das gibt's doch nicht. Dein Gehirn will einfach nicht kapieren, daß es so ist. Das ist das Schlimmste, daß das Gehirn so langsam ist.

Sie machte eine kleine Pause.

Tut mir leid, sagte ich.

Sie lächelte mich kurz an, öffnete die Tür und stieg aus.

Prompt fingen Autos an zu hupen, sie zogen die Töne noch weit hinter sich her wie lange bunte Bänder. Elke hob den Arm und winkte ihnen nach.

Das Kleid wird doch ganz dreckig, rief ich und stieg ebenfalls aus.

Ich passe schon auf, schrie sie mir über das Autodach zu, hob die Schleppe und ging mit bloßen Füßen den Seitenstreifen entlang.

Der Schleier blähte sich hinter ihr auf wie eine plustrige weiße Wolke.

Wo willst du denn hin? rief ich, aber sie drehte sich nicht um.

Ich lief hinter ihr her und packte sie an der Schulter.

Ich möchte mich nur in einem richtigen Spiegel sehen, sagte sie, da vorne ist eine Kneipe, da habe ich vorhin die Polizei angerufen, die haben bestimmt einen Spiegel auf dem Klo.

Sie sah mich bittend und gleichzeitig wild entschlossen an.

Mit einer unwirschen Geste nahm ich ihr die Schleppe aus der Hand. Sie raffte den Tüllrock, drehte sich um und zerrte mich als ihre Schleppenträgerin hinter sich her. Graziös hüpfte sie vor mir über die Pfützen. Sie sah unwiderstehlich aus in meinem Kleid.

Kinder drückten sich in den vorbeifahrenden Autos die Nasen an der Scheibe platt. Trucker ließen ihre Fünftonnenhupen ertönen, während sie an uns vorbeidonnerten.

Nach einigen hundert Metern bog Elke unversehens nach rechts ab und kletterte einen kleinen Abhang hinunter, ich stolperte hinter ihr her, hielt aber eisern die Schleppe fest, so sehr sie auch daran zerrte wie ein störrisches Pony.

Sie steuerte auf ein häßliches Fachwerkhaus zu, über dessen Eingangstür in trüben Neonbuchstaben *Katis Hütte* stand.

In der dunkel getäfelten Kneipe roch es nach nasser Wolle und kaltem Rauch. Eine dünne Frau mit hochtoupierten blonden Haaren und lila Lippenstift stand hinter der Theke. Sie verzog keine Miene, als wir hereinkamen. Drei Bauarbeiter, die in orangeroten Plastikjacken an einem Tisch saßen, pfiffen und johlten. Mild lächelnd wie eine Königin, zog Elke an ihnen vorbei Richtung Klo.

Mich beachtete niemand.

Auf dem Klo war es eisig kalt. Elke warf ein Papierhandtuch auf den Boden, stellte sich mit ihren nackten Füßen darauf und rutschte zu den Spiegeln über den Waschbecken. Überrascht schlug sie die Hand vor den Mund.

Man könnte fast glauben, ich wär's, sagte sie ehrfürchtig und stellte sich auf die Zehenspitzen.

Hol mir einen Stuhl, befahl sie.

Widerwillig zog ich die Augenbrauen hoch, aber das bemerkte sie gar nicht.

Als ich mit dem Stuhl zurückkam, hatte Elke alle drei Heißwasserhähne an den Waschbecken aufgedreht, und ein dünner Nebel aus Wasserdampf füllte langsam den eiskalten Raum. Sie stellte sich auf den Stuhl, und ich schob ihn zentimeterweise zurück, bis sie Halt! schrie.

Ich stellte mich hinter sie und betrachtete sie im Spiegel. Der Wasserdampf ließ ihr Spiegelbild weich und romantisch erscheinen wie auf einem gesofteten Foto eines Hochzeitsfotografen.

Bewundernd starrte Elke sich an, und ihre Augen bekamen einen entrückten Ausdruck. Minutenlang bewegte sie sich nicht.

Ich lehnte mich mit untergeschlagenen Armen an die kalte Fliesenwand. Im weißen Neonlicht sah man jetzt ganz deutlich die Schmutzspritzer auf dem weißen Tüll. Es war mir gleichgültig. Ich wäre gern hinausgegangen und hätte ein anderes Leben begonnen, ein wildes, radikales, unvorhersehbares.

Du darfst nicht glauben, daß ich meinen Mann nicht liebe, sagte ich so laut, daß es von den gefliesten Wänden hallte, auch wenn das vielleicht vorhin so geklungen hat.

Nö, sagte sie, hat es nicht. Sie zog den rechten Handschuh aus und rieb über die Tätowierung an ihrem Handgelenk.

Das war unser Ehering, sagte sie. Wir hatten beide genau dieselbe Tätowierung. Die hat uns ein Mann in Hamburg gemacht. Er ist berühmt, ein richtiger Künstler. Sie machte eine kleine Pause. Jetzt ist es ein bißchen unpraktisch, wenn ich mich für einen Job bewerbe und die Leute so spießig drauf sind. Da zupfe ich immer wie verrückt an meinem Ärmel rum, damit sie es bloß nicht sehen.

Sie sprang vom Stuhl und rieb sich die Arme.

Scheißkälte, sagte sie, ging auf Zehenspitzen zu einem Klo, raffte das Kleid und setzte sich bei geöffneter Tür auf die Brille.

Fehlt er dir sehr? fragte ich.

Sie nickte und stützte das Kinn in die Hände.

Manchmal mache ich was total Bescheuertes, sagte sie. Ich habe noch ein Tonband vom Anrufbeantworter mit seiner Ansage. Das lege ich manchmal ein, gehe aus dem Haus in eine Telefonzelle und rufe unsere Nummer an. Und da ist er dann plötzlich. So eine ganz tiefe Stimme hat er: Hier ist Michael Waltz und Elke Kammer. Wir sind im Moment leider nicht zu Hause, bitte hinterlassen Sie uns eine Nachricht nach dem Pfeifton, wir rufen Sie dann zurück. Und ich hinterlasse ihm dann eine Nachricht. Ziemlich daneben, was?

Nein, sagte ich, überhaupt nicht.

Sie sah mich an, dann beugte sie langsam den Kopf, und der Schleier verbarg ihr Gesicht.

Elke Heidenreich

Erika

Ich hatte das ganze Jahr hindurch gearbeitet wie eine Verrückte und fühlte mich kurz vor Weihnachten völlig leer, ausgebrannt und zerschlagen. Es war ein schreckliches Jahr gewesen, obwohl ich sehr viel Geld verdient hatte. Es war, als hätte ich zu leben vergessen. Ich hatte meine Freunde kaum gesehen und war nicht in Urlaub gefahren, meine Mahlzeiten hatte ich irgendwo zwischen Tür und Angel im Stehen eingenommen – Gyros und Krautsalat, ein Stück Pizza, ein paar Tortillas und dazu zwei, drei Margaritas –, oder ich hatte zu Hause ein paar Rühreier aus der Pfanne gegessen, vor dem Fernseher, und an vielen Tagen hatte ich auch gar nichts gegessen und nur Wein, Kaffee und Gin getrunken und war wie ein Stück Blei ins Bett gefallen, ohne die Post zu öffnen oder den Anrufbeantworter abzuhören, traumlos, leblos. Ich hätte gar nicht soviel arbeiten müssen, aber ich stürzte mich in jede neue Aufgabe, um nur ja nicht nachdenken zu müssen über Vaters Tod, über meine Scheidung, über die Krankheit, die sich in mir festfraß und mir unmißverständliche Signale gab, daß ich dieses Tempo nicht mehr lange würde durchhalten können. Ein paar Tage vor Weihnachten – ich war gerade nach Hause gekommen und hatte mich vor Erschöpfung nach einem Sechzehn-Stunden-Tag einfach in Mantel und Stiefeln der Länge nach auf den Teppich gelegt und nur noch ganz flach geatmet – klingelte das Telefon. Normalerweise hebe ich nie ab. Ich lasse den Apparat laufen und höre mit, wer anruft, und meist schüttelt es mich dann vor Entsetzen, wem ich da beinahe durch einen Griff zum Hörer in die Falle gegangen wäre. Aber an diesem Abend nahm ich sofort ab, ohne nachzudenken, es war ein Reflex. Das Telefon stand neben mir auf dem Fußboden, und beim ersten Ton griff ich danach wie nach einem allerletzten Lebenszeichen von da draußen. „Ja!" sagte ich, und ich hätte auch genauso tonlos „Hilfe!" sagen können.

Es war Franz, und er rief mich aus Lugano an. Franz und ich hatten vor Jahren mal eine Weile zusammengelebt, uns dann aber einigermaßen friedlich getrennt und beide geheiratet. Inzwischen waren wir auch beide wieder geschieden, und er lebte in Lugano und ich in Berlin. Die Stadt saugt den letzten Tropfen Lebensblut aus mir, hält mich fest und läßt mich nicht atmen und nicht gehen und zersetzt mich mit ihrer Aggressivität wie Rost ein altersschwaches Auto. Berlin lockt mich an jeder Ecke zum Saufen, zum Morden, zum Selbstmord.

Franz arbeitete in Lugano bei einem Architekten, und ab und zu schrieben wir uns alberne Karten. Manchmal traf ich seine Mutter, die so gern gesehen hätte, daß wir zusammengeblieben wären und die in Berlin langsam vermoderte, wie so viele alte Leute. Sie erzählte mir dann ein bißchen von ihm, aber Mütter wissen ja nichts von ihren Kindern, und ich erfuhr nur, daß es Franz gutgehe, und er verdiene viel, sie sei allerdings noch nie in Lugano gewesen.

„Hallo, Betty", sagte Franz am Telefon. Er ist der einzige, der mich Betty nennt. Ich heiße Elisabeth, aber das sagt nur meine Mutter zu mir. Mein Vater nannte mich Lisa, in der Schule hieß ich Elli, und mein Mann hatte Lili zu mir gesagt. Manchmal weiß ich selbst nicht mehr, wie ich eigentlich heiße und nenne mich bei meinem zweiten Namen: Veronika. Nur für Franz war ich Betty gewesen, und ich holte tief Luft, streifte mir die Stiefel von den Füßen und sagte: „Ach, Franz."

„Hört sich nicht gut an, ach, Franz", sagte er. „Ist was los?"

„Ich glaube, ich bin tot", sagte ich. „Kneif mich mal."

„Dazu müßtest du etwas näher kommen", sagte Franz, „und das ist es, weshalb ich anrufe".

Ich machte die Augen zu und dachte an die komische Dachwohnung, in der wir zusammen gewohnt hatten. Franz hatte Bühnenbilder in verkleinertem Maßstab gebaut, und im Szenenbild von „Don Giovanni" hatten unsere beiden Hamster Kain und Abel gewohnt. Sie waren auf den kleine Balkönchen erschienen und hatten sich geputzt, und vom Tonband spielten wir dazu Donna Annas Arie aus dem Ende des zweiten Aktes, „or sai chi l'onore rapire a me volse", und zu der Zeit haben wir furchtbar viel getrunken. Wir arbeiteten auch – er an seinen Bühnenbildern, ich für meine Zeitung, aber wir tranken Gin und Weißwein und Tequila in solchen Mengen, daß ich heute nicht mehr weiß, wie wir überhaupt morgens aus dem Bett kamen, wer all die leeren Flaschen wegbrachte und wann wir eigentlich die Katze versorgten. Einer der beiden Hamster wurde später in dem dicken Lesesessel totgedrückt – er war zwischen Sitzpolster und Lehne gekrochen –, und wir fanden ihn erst, als er zu riechen begann und brauchten – es war bei einem Frühstück – an dem Tag den ersten Gin schon morgens, obwohl im Grunde so eine letzte Regel galt: Wein ab 16 Uhr, Gin ab 20 Uhr und Tequila erst nach zehn. Was soll's, lange her.

„Warum kommst du nicht über Weihnachten zu mir nach Lugano?" fragte Franz.

„Warum sollte ich", sagte ich und freute mich irrsinnig, aber ich ließ meine Stimme ganz unten. „Kannst du ohne mich auf einmal nicht mehr leben?"

„Ich kann wunderbar leben ohne dich", sagte Franz, „und was glaubst du, wie ich das genießen werde, wenn du nach Neujahr wieder abfährst".

Ich war noch nie in Lugano gewesen. „Wie ist Lugano", fragte ich, „gräßlich?"

„Grauenhaft", sagte Franz. „Alte Häuser mit Palmen davor und mit Glyzinien bewachsen, die so ekelhaft lila blühen, überall Oleander mit diesem scheußlichen Duft und ein gräßlicher See inmitten scheußlicher Berge. Und sie trinken hier diesen widerwärtigen Fendant, bei dem man schon nach vier Flaschen betrunken ist. Überleg's dir." – „Versprichst du mir, daß wir uns die ganze Zeit streiten?" fragte ich, und Franz sagte: „Ehrenwort. Und du darfst auch keinem Menschen erzählen, daß du zu mir fährst, ich könnte dich dann unauffällig erwürgen und in den See schmeißen, gut, was?"

„Fabelhaft", sagte ich, „aber du vergißt, daß ich schon tot bin. Ich glaube nicht, daß ich es noch bis Lugano schaffe, ich schaff's ja nicht mal mehr bis in die Küche, Franz."

„Du fliegst", sagte Franz, „bis Mailand, und dann fährst du eine Stunde mit dem Zug nach Lugano, und ich hol dich ab".

„Hol mich nicht ab", sagte ich, „vielleicht hab ich ja Glück und das Flugzeug fällt runter, und dann wartest du umsonst".

„Gute Idee", sagte Franz, „ich könnte auch bei Chiasso einen Baumstamm quer über die Schienen legen, dann würde dein Zug entgleisen, was hältst du davon?"

„Großartig", sagte ich und fing plötzlich an zu weinen, und Franz fragte trocken: „Freitod als willkommene Unterbrechung der Langeweile?" – „Nein", sagte ich, „der Erschöpfung, ich möchte vor Erschöpfung aus dem Fenster fallen".

Ich dachte an unsere Katze, die eines Tages vom Dach gefallen war, einfach so, und wir hatten gedacht, das würde nie passieren. Sie war gewöhnt daran, über die Dächer zu gehen, und von unserm kleinen Balkon aus sah ich sie oft in der Sonne sitzen und sich putzen, hoch neben dem Schornstein, vor der Fernsehantenne, auf der die dicken Tauben gurrten. Eines Tages war sie gerutscht, ins Strudeln gekommen, hatte sich vor Verwirrung nicht mehr halten können und an allen Vorsprüngen und Balkons vorbei einen geraden Sturz in die Tiefe gemacht, fünf Stockwerke, und ich sah sie bewegungslos unten liegen und war unfähig, ihr nachzulaufen.

Schließlich war Franz die Treppen runtergerannt und lange nicht wiedergekommen. Wir haben nie mehr über die Katze gesprochen, und in dem Jahr lebten wir uns auseinander, wie man wohl so sagt. Wir konnten einfach über nichts mehr ernsthaft reden, wir waren zynisch und ironisch und unehrlich miteinander, und wir litten beide darunter, aber ändern ließ es sich auch nicht mehr.

„Du wirst mich gar nicht mehr erkennen, wenn ich komme", sagte ich. „Ich bin ganz alt geworden und schlohweiß und potthäßlich." Ich zog die Nase tüchtig hoch, stand auf und warf mich in einen Sessel, um Haltung anzunehmen. „Du warst immer schon potthäßlich", antwortete Franz, „ich wollte es dir nur nie sagen. Ich bin übrigens strahlend schön wie immer."

„Gut", sagte ich, „das seh ich mir an, ich komm Heiligabend, falls da was fliegt". Ich hatte das Gefühl, er freute sich wirklich und ich wäre irgendwie gerettet.

Ich schloß die Augen und blieb vielleicht noch eine halbe oder eine volle Stunde im Sessel liegen. Ich hörte die Geräusche im Haus, zuklappende Türen, eine Männerstimme, schnelle Schritte, und von der Straße klang Berlins böses Brummen hoch, ein brodelnder Dauerton wie kurz vor der Explosion eines Kessels, und ich stellte mir Lugano vor wie eine kleine Oase mit roten Dächern in einer Schneekugel.

Am 24. warf ich am frühen Morgen ein paar Pullover und Jeans,

meine Brille, meinen Muff, ein bißchen Wäsche, Waschzeug, meine
Ballerinas, ein paar feste Schuhe, das alte schwarze Seidenkleid mit
dem verblaßten Rosenmuster, ein paar Bücher und meinen Reise-
wecker in eine Tasche und ging noch mal kurz ins KaDeWe, um elsässischen Senf für Franz zu kaufen. Es gibt dort eine Abteilung mit achtzig oder hundert verschiedenen Sorten Senf, in Gläsern und Tuben und
Tontöpfen, scharf und süß und süßsauer, cremig und körnig, hellgelb
bis dunkelbraun, und die ganze Perversität des Westens, die ganze un-
erträgliche Angeberei dieser aufgeblähten, maroden, verlogenen Stadt
Berlin fließt für mich zusammen in der Unglaublichkeit dieser Senfab-
teilung – die Welt steht in Flammen, es ist Krieg, Menschen verhun-
gern und schlachten sich ab, Millionen sind auf der Flucht und haben
kein Zuhause, Kinder sterben auf den Straßen, und Berlin wählt unter
hundert Sorten Senf, denn nichts ist schlimmer als der falsche Senf auf
dem gepflegten Abendbrottisch. Aber ich hätte auch das noch geschafft, ich wäre mit dem Fahrstuhl hochgefahren und hätte für Franz,
den Zyniker, Franz, den trostlosen Intellektuellen, Franz, den Spötter
mit den tiefen Falten rechts und links der Nase, ich hätte für Franz, mit
dem ich so verzweifelte Nächte und so verlogene Tage verbracht habe,
den grobkörnigen, dunkelgelben, süßscharfen elsässischen Senf im
Tontopf mit Korkverschluß gekauft, wenn ich nicht im Parterre das
Schwein gesehen hätte. Erika.

Es sah aus wie ein Mensch, und ich weiß nicht, wieso ich auf „Erika" kam, aber es war wirklich mein erster Gedanke. Das Schwein sah
aus wie eine Person, die Erika hieß und aussah wie ein Schwein. Erika
war fast lebensgroß, fast so groß wie ein ausgewachsenes Schwein.
Sie war aus hellrosa Plüschfell, hatte vier stramme, dunkelrosa Beine,
einen dicken Kopf mit leicht geöffneter Schweineschnauze, weichen
Ohren und etwa markstückgroßen himmelblauen Glasaugen mit einem
unbeschreiblichen Ausdruck – vertrauensvoll, gutmütig, neugierig und
mit einer Art gelassener Pfiffigkeit, die zu sagen schienen: was soll die
Aufregung, nimm es, wie es kommt, sieh mich an, ich bin nur ein rosa
Plüschschwein mitten im KaDeWe, aber ich bin ganz sicher, daß das
Leben einen wenn auch verborgenen Sinn hat.

Ich zahlte ohne zu zögern 678,– per Kreditkarte für Erika. Meine
Reisetasche mußte ich mir über die Schulter hängen, für Erika

brauchte ich beide Hände. Sie war erstaunlich leicht, aber enorm dick und samtweich, und sie ließ sich nur tragen, indem ich sie vor meinen Bauch preßte. Ich umschlang sie mit beiden Armen. Sie legte die Vorderpfoten auf meine Schultern und die Hinterbeine rechts und links auf meine Hüften. Ihr Kopf blickte mit den blauen Augen über meine linke Schulter, und die Verkäuferin sagte: „Noch einmal streicheln!" Sie fuhr mit der Hand zwischen die aprikosenfarbenen Ohren, sanft und zärtlich, und dann blieb sie zwischen Teddies, Giraffen und Stoffkatzen zurück, und Erika und ich verließen das Kaufhaus. Die Menschen bildeten eine Gasse und ließen uns durch. Es waren die letzten Stunden vor Ladenschluß, vor Weihnachten, und alle waren gehetzt, erschöpft, entnervt von den Vorbereitungen und voller Angst vor all den Familienkrisen, die für die nächsten Tage in der Luft lagen. Aber wer Erika ansah, mußte lächeln. Ein Penner, der im Eingang stand und sich im abgestandenen Kaufhauswind wärmte, streckte verstohlen eine Hand aus und zog Erika am Hinterbein.

Ich trat auf die Straße und sah mich nach einem Taxi um. „Mein Gott, wie schön, da wird sich das Kind aber freuen!" sagte eine alte Frau und legte ehrfürchtig eine Hand auf Erikas großen weichen Kopf, und ich dachte daran, daß das Kind, auf dessen Gabentisch dieses Schwein landen würde, Franz hieß und achtunddreißig Jahre alt war. Der Taxifahrer sagte kopfschüttelnd: „Für wattie Leute allet Jeld ausjehm" und starrte Erika mißtrauisch von der Seite an. Ich hatte sie neben ihn auf den Vordersitz geklemmt. Ihre dicken Pfoten lagen auf dem Armaturenbrett, und sie schaute mit ihren blauen Augen in den Berliner Straßenverkehr, der keine Logik und keine Rücksicht erkennen ließ, das war ein Kampf ums Erstersein. Ich saß mit meiner Reisetasche hinten und fühlte, wie mir Erikas breiter Nacken Ruhe und Sicherheit einflößte.

Wenn das Taxi an Ampeln oder im Stau halten mußte, grinsten die Fahrer aus den Nachbarautos zu uns herüber, sie lachten, sie hupten, sie winkten, sie warfen Kußhändchen. Kinder preßten ihre Hände und Nasen an beschlagene Scheiben und wußten, daß das Weihnachtsfest für sie gelaufen war, wenn nicht so ein Schwein unter dem Baum wäre. Die Sache machte nun sogar dem Taxifahrer Spaß.

„Ja, kiekt nur", knurrte er, „Schweinetransport", und er genoß das

Aufsehen, das er mit seinem Beifahrer erregte. „Watt kostenn so-watt?" fragte er mich, als ich zahlte und ausstieg, und ich log: „Weiß ich nicht, hab ich zu Weihnachten gekriegt", weil ich mich schämte, ihm den Preis zu nennen.

Normalerweise wäre meine Reisetasche als Bordgepäck durchgegangen, aber ich durfte nicht beides mitnehmen – Erika und die Tasche –, also gab ich die Tasche auf. Erika paßte in keines der übervollen, schmalen Gepäckfächer, und zum erstenmal wurden wir getrennt. Die Stewardess setzte Erika auf einen freien Platz in der ersten Klasse, schnallte sie an und versicherte mir: „Da geht es ihm gut." – „Ihr", sagte ich, „sie heißt Erika". Die Stewardess sah mich nett und leer an und ging rasch weg, und mir fehlte Erikas weiches Fell, ihr sanfter Blick, und ich geriet fast in Panik, als zum Start der Vorhang zur ersten Klasse zugezogen wurde und ich sie nicht mehr sah. Ich schloß die Augen und dachte an meinen ersten Kinderheimaufenthalt. Nach Borkum war ich geschickt worden, meiner kranken Lungen wegen. Ich war neun Jahre alt, stand am Zugfenster und weinte, und das letzte, was ich von meiner Mutter hörte, war: „Stell dich nicht so an, die anderen Kinder heulen auch nicht." Ja, Mutter, weil immer nur die Kinder weinen, die nicht liebgehabt werden und tief im Herzen spüren, wie sehr die Mütter aufatmen, wenn sie sie wenigstens für vier Wochen mal abschieben können. Ich weinte, weil ich mir nicht mal sicher war, ob sie bei meiner Rückkehr überhaupt noch dasein würde oder ob sie sich in der Zwischenzeit heimlich und für immer aus dem Staub machte. Mein Vater hatte mir einen Teddy mit honiggelbem Pelz und braunen Glasaugen geschenkt. Er hieß Fritz und ich preßte ihn an mein Gesicht und ließ Rotz und Tränen in sein Fell laufen, wie ich es jetzt gern mit Erika gemacht hätte, aber Erika flog erster Klasse. Mir fiel ein, daß ich mich nicht mal von meiner Mutter verabschiedet hatte, ihr auch nicht frohe Weihnachten gewünscht hatte, aber vielleicht würde sie das ja auch gar nicht merken, und außerdem konnte ich sie aus Lugano immer noch anrufen.

In Frankfurt nahm ich Erika wieder in Empfang und preßte sie fest an mich, als ich für den Flug nach Mailand durch die Auslandshalle gehen mußte. Auf den Lederbänken, den Chromstühlen, auf Koffern, auf dem Fußboden, überall saßen und lagen müde Menschen, die auf ihren

Weiterflug warteten – Inder mit Turban, verschleierte Frauen, Schwarze in bunten Baumwollgewändern, Japaner im Einheitsanzug, plattköpfige Koreaner, magere alte Amerikanerinnen mit Pelzjäckchen und grotesken Haarfarben und Kinder, Kinder aller Nationen und Altersgruppen, essende Kinder, lesende, weinende, schlafende, Kinder auf Mutters Schoß und auf Vaters Arm, Kinder, die eine Puppe oder ein kleines Köfferchen umklammerten oder die an den großen Scheiben standen und auf die Rollbahn starrten, stumm und traurig, sich von Weihnachten nichts mehr versprechend. Die Luft war warm und abgestanden, die Halle von Lärm erfüllt, niemand sah freundlich, gelassen oder glücklich aus. Das Reisen am Heiligen Abend strengte alle Gefühle auf das äußerste an, und dann kam Erika.

Ich hatte mir ihren Rücken vor den Busen gepreßt, so daß sie den Leuten ihren hellrosa Bauch zeigte und die vier stämmigen Beine in die Luft streckte. Mit ihren freundlichen blauen Glasaugen veränderte Erika in ein paar Sekunden den ganzen Raum. Der Geräuschpegel wurde raunend sanft, Gelächter war zu hören. Die Kinder standen auf, wurden von den Eltern angestoßen, geweckt, Köpfe drehten sich um, ein paar Kinder kamen angelaufen. Zaghaftes Lächeln wurde zu breitem Lachen, in die Luft kam Bewegung und in allen Sprachen der Welt, die ich nicht verstand, sagten kleine Jungen und Mädchen dasselbe: Oh, darf ich es anfassen? Ich nickte. Erikas Pfoten wurden gedrückt, ihr Ringelschwänzchen vorsichtig aufgerollt, ihre Ohren gekrault. Ein dunkler Junge tupfte sacht auf eines der blauen Glasaugen, und ein kleines schwarzes Mädchen mit zahllosen Perlenzöpfchen küßte Erika mitten auf die Schnauze und rannte dann schnell hinter den schützenden Rücken seiner Mutter.

Hätte ich mich in diesen Raum gestellt und zu diesen Menschen von Sanftheit und Liebe, von Harmonie und Sehnsucht, von Weihnachten, von Erlösung und Versöhnung gesprochen – niemand hätte mir zugehört. Eine peinliche Figur wäre ich gewesen, und der Wachmann hätte mich beim Arm genommen und gesagt: „Darf ich Sie zu Ihrem Flugzeug bringen?" oder: „Jetzt trinken Sie erst mal eine Tasse Kaffee." Erika schaffte die Verzauberung durch ihre bloße Anwesenheit. Ein Schwein von solcher Größe, mit einem so milden Blick und einer derart weichen Anfaßfläche vermittelte mehr Frieden auf Erden und

den Menschen ein Wohlgefallen, als die Prediger aller Mitternachts-
messen das würden schaffen können. Nehmt das geschundene, ver-
kitschte, blondgelockte Jesuskind aus den Krippen und legt ein le-
bendgroßes Schwein mit rosa Fell und flehenden Glasäuglein unter den
Weihnachtsbaum, und ihr werdet ein Wunder erleben!

Die letzte Maschine nach Mailand war klein, fast gemütlich, nicht
ausgebucht. Erika konnte neben mir sitzen und wurde von Captain
Travella und seiner Crew als *sorpresa speciale* an Bord herzlich begrüßt. Ein Gast *molto strano, però simpatico,* und die fünfzehn, zwanzig Fluggäste applaudierten.

Allmählich geriet ich in eine fast ausgelassene Stimmung. In nur
wenigen Stunden hatte Erika mein Leben bereits verändert, das heißt,
mein Leben mit Erika war anders abgelaufen, als es das ohne Erika getan hätte: Ich hatte mit wildfremden Menschen gesprochen, sogar mit
dem Taxifahrer, Leute hatten mich angestrahlt und ich hatte zurück-
gelacht, und überall da, wo Erika und ich aufgetaucht waren, hatten
wir die Stimmung und die Gesichter der Menschen für einen Augenblick aufgehellt.

Ich bestellte mir einen Rotwein und auch einen für Erika, der kommentarlos freundlich geliefert und serviert wurde. Wir flogen über die
Alpen, und ich lehnte meinen Kopf an Erikas Schulter, fühlte mich
wohl und wäre gern immer so weitergeflogen, um die Welt.

In Mailand streikten die Angestellten des Flughafens. Keine Treppe
wurde an das Flugzeug gefahren, kein Bus kam auf das Rollfeld, um
uns zu holen, wir mußten das Flugzeug über eine Rutsche verlassen.
Als ich an der Reihe war, überlegte ich, ob ich zuerst rutschen und Erika solange einem andern Passagier oben anvertrauen sollte, oder ob
ich Erika mit dem Ruf: „Erika, ich komme!" nach unten schicken und
sofort nachkommen sollte. Die Entscheidung wurde mir durch die
weitgeöffneten Arme bereits unten stehender Passagiere abgenommen: „Avanti!" riefen sie, und: „Vieni, bella!", und sie meinten Erika,
die auf ihrem Rücken nach unten rollte und in die geöffneten Arme
fiel, gedrückt, geküßt und gelobt wurde: „Brava, brava!" Ich rutschte
nach und nahm sie eifersüchtig in Empfang, ganz stolze Mutter eines
vielbeachteten Kindes. Wir mußten unsere Koffer selbst aus dem
Bauch des Flugzeugs holen und dann den langen Weg übers Rollfeld

zum Zollgebäude zu Fuß gehen. Die Passagiere halfen sich gegenseitig mit ihren schweren Gepäckstücken. Erika hatte eine milde Laune über all die gegossen, die sonst nur daran dachten, selbst so gut und so rasch wie möglich klarzukommen. Ein Schwein weilte unter uns und sorgte für samtene Heiterkeit am Vorweihnachtsabend. Ich bildete ein Paar mit einem großen Schwarzen, der sich zu seinem Koffer noch meine Reisetasche über die Schulter hängte und mir dafür sein kleines Aktenköfferchen zu tragen gab, aber in der Mitte zwischen uns schwebte Erika – er hielt ihre linke, ich die rechte Pfote –, und so gingen wir über den dunkelnassen Asphalt, von allen beneidet, denn mit Erika wäre jeder gern gegangen, aber er war der Entschlossenste gewesen. Ich hatte sofort Lust, für den Rest des Lebens mit diesem Schwarzen zusammenzubleiben, Erika in der Mitte, aber er erzählte mir, daß er Mr. Wilson hieße und Weihnachten bei seiner Schwester in Mailand verbringe, ohne seine Familie in Cleveland, Ohio. „A wonderful present", sagte er über Erika, und ich erschrak bei dem Gedanken, sie verschenken zu müssen.

Die italienischen Zollbeamten winkten mich auf die Seite. Mr. Wilson verabschiedete sich mit Bedauern und händigte mir meine Reisetasche aus, aber die Tasche fand wenig Interesse bei den Zöllnern. Sie piekten mit den Fingern ins Schwein, rochen daran, drehten es um, versuchten, ob es klapperte, und Nando mußte kommen und Luigi, Michele, Danilo und Sergio, und jeder mußte Erika anfassen, begutachten, hochheben. Als sie in den Röntgenkasten geschoben werden sollte, protestierte nicht nur ich. Die Passagiere empörten sich mit mir: so ein Unsinn, ein Schwein, ein Weihnachtsgeschenk für ein Kind, nun solle man nicht päpstlicher sein als der Papst ... Schließlich holte der, den sie Danilo nannten, einen alten, schlechtgelaunten Schäferhund, der mit seiner nassen Nase auf Erika herumschnüffelte und die Drogen bei ihr suchte, nach denen man ihn süchtig gemacht hatte. Sein Interesse an Erika war so gering, daß wir endlich die Sperre passieren konnten. Mr. Wilson, in Begleitung seiner Schwester, hatte auf uns gewartet und schien erleichtert. Er zeigte auf uns, die Schwester führte die Hand zum Mund und lachte. Wir winkten uns zu, und dann verschwand er und ich suchte den Bus zum Bahnhof.

Der Busfahrer rauchte, trotz der überall angebrachten Schilder

„Vietato fumare". Wir fuhren durch Straßen mit hohen, alten Häusern, die Schaufenster waren weihnachtlich geschmückt, und bunte Lichterketten flimmerten in den kahlen Bäumen der Vorgärten. Der Bus soff dreimal ab und blieb mitten auf der Straße stehen – dann fluchte der Fahrer, stieg aus, trat irgendwo dagegen, kam wieder herein, betätigte alle möglichen Hebel und es ging wieder weiter. „L'intelligenza si misura col metro" stand auf einer Wand, und ich überlegte, ob das bedeutete, daß die Intelligenz Metro fährt oder daß sich die Intelligenz mit dem Metermaß messen ließ – mein Italienisch war für solche Feinheiten nicht gut genug. Ich hatte meine Tasche ins Gepäcknetz gelegt und hielt Erika auf dem Schoß. Ein Nordafrikaner saß müde und knurrig neben mir und sah aus dem Fenster auf all den Dreck und den Verkehr, aber ich merkte, wie er mit der einen Hand einmal kurz über Erikas dicken Hintern strich. Alle anderen Fahrgäste sahen natürlich immer wieder zu uns herüber, und jeder reagierte auf seine Weise, mit Lächeln, hochgezogenen Augenbrauen, begeistertem Kopfnicken. Ich las in einer Zeitschrift, die ich aus dem Flugzeug mitgenommen hatte. In einem Artikel über Venedig stand: „Quando sulla laguna piove zucchero, la città dei Dogi aumenta il suo incantesimo", und in englisch übersetzt stand platt daneben: „When it's raining sugar on the lagoon, the city of the doges is an enchantment." Ich stellte mir vor, wie ich mit Erika in Venedig wäre und wir würden zusammen Gondel fahren auf den schwarzen Kanälen, und auf den Brücken würden die Menschen stehenbleiben und dem blitzrosa Schwein auf ihren dreckigen Wassern zuwinken. Ich wurde müde und schlief an Erikas rosa Rücken fast ein, aber wir kamen am Bahnhof an, und ich mußte aussteigen.

Der Mailänder Bahnhof ist groß und hoch und sehr alt und schön, mit würdigen Fenstern, geschnitztem Holz und prächtigen, fast jugendstilartigen Verzierungen. Wie auf jedem Großstadtbahnhof gab es auch hier ein Menschengewimmel, so daß man ständig geschubst und gestoßen wurde, wenn man nicht aufpaßte, aber ich hatte eine Gasse, durch die ich gehen konnte. Erika sah mir mit blauen Glasaugen den Weg frei, und ich ging wie das Volk Israel durchs Rote Meer durch diesen überfüllten Weihnachtsbahnhof, und hinter mir schlossen sich die Wogen wieder.

Mein Zug war brechend voll. Kein Speisewagen, keine Möglichkeit zu entkommen, ich mußte auf dem Gang stehen und mir meine Tasche zwischen die Beine klemmen. Aus dem Sechsmannabteil winkte jemand: Geben Sie mir nur Ihr Schwein, ich halte es! Erika landete auf dem Schoß einer alten Frau, die alles ausgiebig betastete und beschnüffelte, und dann wanderte sie weiter von Schoß zu Schoß, von Arm zu Arm, eifersüchtig und mißtrauisch von mir bewacht. Ich bin jemand, der von Kristallüstern in Hotels immer ein paar geschliffene Glasanhänger stiehlt, und mit hellwachen Sinnen paßte ich auf, daß sich keiner an Erikas blauen Augen zu schaffen machte, ich kannte die Bosheit der Menschen, mir mußte man nichts erzählen!

Ich erinnerte mich daran, wie ich an meinem Geburtstag mal mit Franz in einem sehr eleganten Lokal zum Essen war. Sie hatten ausnehmend schöne Weingläser mit einem eingeschliffenen Sternchenmuster, und ich wollte so gern eins haben. Franz nahm eins vom Tisch, winkte den Ober und fragte: „Wir haben leider ein Glas zerbrochen, was sind wir schuldig?" – „Oh, nichts, das kann passieren", sagte der Ober natürlich, und Franz grinste und steckte das Glas ganz offiziell in meine Handtasche.

Der Zug fuhr durch eine trostlose Industrielandschaft mit zerbröckelnden Mietskasernen für die Arbeiter der Auto-, Amaretto- und Möbelwerke. Auf vielen Balkons die bunten Lichterketten, die nach Karneval aussehen, in Italien aber zu Weihnachten gehören. Blinkende Lichterketten in Palmen und Oleanderbüschen und magere Katzen in vertrockneten Vorgärten. Ich wurde plötzlich so traurig, fühlte mich so verlassen, so kläglich, so erschlagen von der Armut und dem Dreck der Welt, daß ich mit einer harschen Gebärde Erika zurückverlangte und mein Gesicht in ihren dicken weichen Nacken preßte. Die Weihnachten meiner Kindheit fielen mir ein, die keine Weihnachten waren, weil meine Mutter mit Kirche und Christentum nichts zu tun haben wollte und also auch kirchliche Feiertage nicht akzeptierte. Weihnachten fand einfach nicht statt, es gab weder einen Baum noch Geschenke, und für ein Kind ist das nicht leicht zu verstehen. Ich saß im Wohnzimmer am Fenster, sah überall in der Straße die Christbäume aufleuchten und schluckte die Tränen hinunter. Franz und ich hatten uns immer einen Baum geschmückt, mit lauter verrückten Utensilien wie Küchensieben, Gabeln, Korkenziehern, aber doch mit Kerzen, und Geschenke gab es auch, und dann beleuchteten wir das Bühnenbild zu „Don Giovanni", in dem aus Fahrradbirnchen zusammengeleimte Kronleuchter hingen, hörten die Ouvertüre und versteckten Futter für Kain und Abel auf den Balkonen. Was würden Franz und ich, wir beiden einsamen, heute abend tun? Er hatte vielleicht etwas gekocht, und ich hatte Erika für ihn. Ob wir es schaffen würden, die zynischen Witze für einen Abend wegzulassen? Ob wir wirklich miteinander reden konnten, über alles, was schiefgegangen war und über Pläne und Hoffnungen? Ob ich würde sagen können: Mein Vater ist tot, ich bin so traurig und verlassen, ob ich würde sagen können: Ich bin krank, ich muß operiert werden, und ich fürchte mich so? Und würde er mir erzählen von seiner Arbeit und warum er dafür so weit geflüchtet war? Hatte er keine Freundin? Im Leben von Franz gab es immer Frauen, sogar als er mit mir noch zusammen war, aber ich bin nicht von der eifersüchtigen Sorte – ich kann einfach keine Szenen machen, zumal ich das Gefühl kenne, sich in jemanden zu verlieben, und sei es nur für einen Abend. Was war schon dabei in einem so kurzen und endgültigen Leben. Ich fürchtete mich plötzlich vor den scharfen Falten im Gesicht von Franz, vor seinem scharfen Verstand und seinem scharfen Blick auf mich. Als der Zug nach längerem Halt und einer Zollkontrolle – Erika wurde abermals sehr ausgiebig betastet und überprüft – von Chiasso aus weiterfuhr, nächster Halt Lugano, brach mir der Schweiß aus. Ich müßte mich von Erika trennen, für Franz, der sie vielleicht gar nicht schätzen würde. Ich müßte neben Franz im Bett liegen heute abend, und auf einmal erinnerte ich mich daran, wie verbissen und fast gewalttätig Sex in den damals letzten Wochen zwischen uns gewesen war. Wir wußten, daß wir uns trennen würden, und es war, als wollten wir vorher versuchen, uns gegenseitig zu zerstören. Am Ende waren wir matt und sanft gewesen und friedlich auseinandergegangen, aber die Wochen davor hatte jeder versucht, den anderen zu zerbrechen.

Ich konnte Franz nicht wiedersehen. Ich konnte nicht, ich wollte nicht, es war aus zwischen uns, und nach all den Jahren waren wir auch keine Freunde mehr. O Gott, ich hätte nicht herfahren sollen, diese weite Reise, am Heiligabend, nun stand ich in diesem überfüllten Zug und fuhr in eine Stadt, die ich nicht kannte, zu einem Mann, mit dem ich fertig war und dessen Ironie ich in meinem desolaten Zustand nicht würde ertragen können. Und Erika – um keinen Preis würde ich Erika hergeben, schon gar nicht an Franz.

Als der Zug in Lugano hielt, sah ich ihn sofort. Er stand unter einer Lampe, in einem eleganten Mantel, und rauchte. Seine Augen waren zusammengekniffen und sein Gesicht schien mir noch schmaler als früher. Ich spürte eine vertraute Zärtlichkeit für ihn, den ich so gut kannte, aber gleichzeitig eine würgende Angst, ihm gegenüberzutreten, von ihm umarmt zu werden, ihn zu küssen. Ich blieb stehen, mein Gesicht in Erikas Fell gepreßt, und ließ die Reisenden an mir vorbei aussteigen. Das Abteil wurde fast leer. Franz schlenderte über den Bahnsteig, suchend, er kam auch an meinem Fenster vorbei, sah flüchtig hoch, beobachtete aber sofort wieder den Bahnsteig, die Hände tief in den Taschen, die Zigarette im Mundwinkel. Franz! dachte ich, weißt du noch, früher haben wir immer behauptet, daß Liebende ihre gegenseitige Nähe spüren, sie fühlen, wenn der andere ins Lokal tritt und drehen sich im rechten Augenblick um – das war in unserer allerersten Zeit, als wir noch so glücklich miteinander waren. In einem Lokal haben wir uns kennengelernt, ich war an Wochenenden Aushilfskellnerin, um mein letztes Semester zu finanzieren, und du kamst an einen Tisch und studiertest so lange die Karte, daß ich schließlich auf dich zugegangen bin und gesagt habe: „Ich bin Lisa mit der Empfehlung des Tages, Hände weg vom Käsekuchen, der ist von letzter Woche, aber den Apfelkuchen kann ich nur empfehlen." Du sahst mich verblüfft an und sagtest schlagartig: „Gut, dann nehme ich den Käsekuchen." Wir mußten beide lachen und du sagtest: „Das ist aber ein klasse Trick, um die Reste loszuwerden", und ich sagte: „Der ist nicht von mir, er ist aus irgendeinem Film, aber er gefällt mir so gut." – „Du gefällst mir auch gut", sagtest du, und an dem Abend lag ich schon in deinem Bett – mit uns war immer alles ganz schnell und unkompliziert gegangen.

Und genauso schnell entschied ich mich jetzt, aus diesem Zug nicht auszusteigen. Ich wollte Franz nicht wiedersehen. Ich wollte nicht, nur weil es uns beiden schlechtging, eine alte Geschichte wieder aufwärmen. Ich wollte mich von Erika nicht trennen, und der Zug fuhr weiter, rollte aus dem Bahnhof von Lugano durch einen langen, finsteren Tunnel, und ich dachte: „Frohe Weihnachten."

Ich stellte mir vor, wie Franz jetzt verblüfft zurückbleiben und in der Bahnhofsgaststätte einen Espresso trinken würde. Dann würde er vielleicht nach Mailand telefoniere, ob das Flugzeug pünktlich angekommen sei, er würde noch einen Zug abwarten und vielleicht noch einen, und schließlich würde er in seine elegante Wohnung über dem See zurückfahren und auf einen Anruf oder ein Telegramm warten, sein Roastbeef endlich allein essen, seinen Fendant dazu trinken und fluchend aus dem Fenster sehen und denken: „Das gibt's doch nicht, daß die kleine Betty mich so linkt."

Ich wußte nicht, was aus mir werden sollte. Ich wußte nicht, wie weit ich fahren, wo ich übernachten würde, aber ich hatte Erika und einen Platz im leergewordenen Abteil, auf den ich mich mit ihr setzte. Der Zug fuhr durch kleine Bahnhöfe, ohne zu halten: Taverne-Torricella, Mezzovico, Rivera-Bironico. Die Orte sahen sauber und adrett aus, hier war man in der Schweiz und nicht mehr in italienischem Durcheinander. In welcher faden Pension, in welchem Ort würde ich landen? Ich war in Berlin mal an einem verzweiflungsvollen Nachmittag ins Kino gegangen, ohne aufs Plakat zu schauen, ohne zu wissen, welcher Film lief. Es hätte schiefgehen können, aber es ging gut, und ich war in eine wunderbare Komödie mit dem dummen Titel „Ein Haar in der Suppe" geraten, hinter dem sich ein witziger und gutgemachter Film über Studenten und Künstler in Greenwich-Village verbarg. Vielleicht dachte ich, hält der Zug in einem zauberhaften Ort, und ich steige aus und mache mein Glück, es ist alles drin. Und ich bereute keinen Augenblick, Franz auf dem Bahnhof stehengelassen zu haben. Franz war schon eine Million Lichtjahre weit weg, und außerdem konnte man wahrscheinlich von überall nach Zürich weiterfahren und von dort aus noch nach Hause fliegen.

Der Zug fuhr jetzt langsamer. Links sah man in einem Tal eine Industrieansiedlung, rechts lagen schöne alte Villen unter hohen Zedern an einem Hügel. Ein Kastell wurde sichtbar und ein ehrwürdiges Gebäude mit der Inschrift „Istituto Santa Maria", wahrscheinlich etwas für höhere Töchter, und dann hielt der Zug kurz nach 19 Uhr in Bellinzona. Ich stieg aus und stand mit Erika auf einem fast leeren Bahnsteig. Es war kalt, und vor mir versuchte eine Taube, einen Krümel aufzupicken, aber es gelang ihr nicht, denn ihr Schnabel war mit Kaugummi verklebt. Ich verließ den Bahnhof und sah direkt gegenüber ein riesiges rosafarbenes Hotel, *Albergo internazionale*. Alle Fenster waren geschlossen, und an der Tür hing ein Schild: *chiuso*. Ich schulterte meine Tasche, preßte Erika an mich und ging die Straße am Bahnhof hinunter, die aussah wie fast alle Straßen an fast allen Bahnhöfen – Boutiquen, Kaufhäuser, Jeans shops, Reisebüros, Armbanduhren, Tabak und Zeitschriften. Ich sah in alle Nebenstraßen hinein, und bei der dritten hatte ich Glück: *Pensione Montalbina*.

An der Tür war ein Schild: *chiuso*, aber im Parterre war hinter vorgezogenen Gardinen Licht zu sehen. Ich mußte es versuchen. Ich war sicher, daß Erika mir die Türen öffnen würde. Das Jesuskind, dessen Existenz meine Mutter so gründlich bezweifelte, wurde am Heiligabend nirgends eingelassen, aber einem Plüschschwein würde man sich doch nicht verschließen können.

Eine Gardine wurde vorsichtig zurückgeschoben, und hinter der Scheibe erschien ein dicker roter Männerkopf. Mit kreisrunden Augen schaute er auf mich und winkte mit dem Zeigefinger ab. „Chiuso!" formte sein kleines fettes Mündchen, aber ich sah ihn flehend an und hielt Erika hoch. Er starrte auf Erika, und die Gardine wurde wieder vorgezogen. Innen hörte ich ihn schlurfen, und nach langem umständlichem Genestel wurde schließlich die Tür geöffnet. Vor mir stand ein Mann, nicht viel größer als ich, aber unermeßlich dick. Der runde Kopf saß ihm halslos auf den Schultern, seine Füße hatte er sicher seit Jahren nicht sehen können unter dem mächtigen Bauch, und die feisten Arme ruderten mit abwehrender Geste rechts und links neben dem Körper. „Chiuso", sagte er, geschlossen, niemand da, und staunte Erika an. „Was ist das denn?" fragte er, und ich sagte: „Das ist ein Schwein, und wir suchen ein Zimmer für eine Nacht und ein Abendessen." – „Ein Schwein", murmelte er, „un maiale!" und streckte die Hand aus, um Erika vorsichtig zu streicheln. „Es heißt Erika", sagte ich kühn, und der Dicke nickte ehrfürchtig und murmelte, als sei das die selbstverständlichste Sache der Welt: „Erika." – „Bitte, lassen Sie uns rein", sagte ich, „mich und Erika. Wir wissen nicht, wohin wir sollen", und ich zeigte ihm auch vorsichtshalber, daß ich Geld hatte, um ein Zimmer zu bezahlen.

Er schüttelte den Kopf, aber eher ratlos und verzweifelt als wirklich abweisend. „Es geht nicht", sagte er, „die Pension ist bis 15. Januar geschlossen, und ich bin nur der Koch. Es ist niemand da." – „Bitte!" sagte ich, und ich wußte selbst nicht, warum ich so hartnäckig war. Ich hätte ja auch einfach zum Bahnhof zurückgehen und nach Zürich fahren können, aber ich war müde und fror, und dieser Dicke flößte mir Vertrauen ein, nachdem ich den ganzen Tag mit der dicken weichen Erika so glücklich gewesen war. Ich wollte meinen Abend mit einem fetten Koch und einem runden Schwein verbringen.

Der Mann starrte mich lange an, und Kämpfe spielten sich in seinem Innern ab, man konnte es auf seinem Gesicht lesen. Die Stirn lag in qualvollen Falten, das Mündchen spitzte sich und stieß kleine Laute aus, die Nase bebte, und die Kugelaugen weiteten sich immer mehr. Seine Gesichtsfarbe ging von Rosa in ein dunkles Rot über, und die Ohren schienen violett, und endlich hob er die Arme, legte den Kopf schief, stieß mit dem Fuß die Tür etwas weiter auf und ließ mich eintreten. Er schloß hinter mir ab, und da stand ich nun in einem dunklen Flur, Erika im Arm, und wartete, was in diesem Jahr aus Weihnachten noch werden würde.

Der Dicke tänzelte auf zierlichen Füßen vor mir her und öffnete die Tür zu einer erstaunlich großen Küche, in der ein Kaminfeuer brannte. Ein großer Herd war an der einen Seite, umgeben von Regalen mit Gerätschaften, und an der anderen Seite stand ein riesiger gescheuerter Holztisch mit einer Bank und ein paar Stühlen. Auf dem Tisch standen ein Teller mit Salami, eine Flasche Wein und ein Kofferradio, aus dem Riccardo Cocciante sang. Der Dicke wies mir mit der Hand einen Platz am Tisch an und stand unschlüssig herum. Ich setzte mich und plazierte Erika neben mich, die ihre Pfoten brav auf die Tischplatte legte. Der Dicke konnte sich nicht satt sehen. „Erika", sagte er wieder, und: „mai visto un maiale cosi grande, noch nie habe ich ein so großes Schwein gesehen."

Er nahm seinen Teller, der fast leer gegessen war, und steckte sich die letzten Salamischeiben in den Mund. „Jetzt kochen wir richtig", sagte er und band sich eine Schürze um. Er setzte einen Topf mit Wasser auf und holte Nudeln aus dem Schrank. In einer Pfanne rührte er eine Sauce an, auf einem Brett hackte er frische Kräuter, vor seiner Brust schnitt er ein großes Weißbrot in Scheiben. Er arbeitete stumm, rasch und sicher, und es schien, als hätte er mich vergessen. Nur auf Erika warf er ab und zu einen Blick und murmelte ihren Namen. Mitten in seiner Arbeit stellte er mir ein Glas hin und schob mir die Weinflasche zu. Ich goß mir und auch ihm ein und hielt mein Glas hoch. „Salute", sagte ich, und er drehte sich vom Herd um und sah mich an. Er lächelte und zeigte kleine weiße Zähne. Er nahm sein Glas, stieß mit mir an und sagte: „Franco." – „Veronika", sagte ich, und er wiederholte: „Veronika. E Erika."

Ich streckte meine Beine aus, genoß die Wärme und schloß die Augen. Ich hörte Franco hantieren und die Spaghetti abgießen, im Radio sang jetzt Franceso de Gregori das Lied vom kleinen Italiener, der auf einem großen Schiff nach Amerika fährt. Aber er sieht nichts von Amerika, denn er ist Heizer und muß immer unten im Bauch des Schiffes bleiben, in questa nave nera su quest'Atlantico cattivo. Ich fühlte mich wohl und geborgen und dachte: „Adieu, Franz, Ciao, Franco." Franco stellte einen Teller mit einer Gabel vor mich hin. Er brachte dampfende Schüsseln und fragte: „Lei non mangi?" sie ißt nicht? und zeigte auf Erika. Nein, sagte ich, aber ich hätte einen Riesenhunger, und wir fingen an zu essen. „Danke, Franco", sagte ich, und legte einen Augenblick meine Hand auf seine, als wären wir alte Freunde. Er war verlegen und konnte mich nicht ansehen. Erika saß zwischen uns – Franco am Kopfende des großen Tisches, dann Erika links an der Seite, dann ich, und wir schoben die Weinflasche vor Erika hin und her, bis sie fast leer war und Franco eine zweite holte. Er sprach ein bißchen Touristendeutsch, und ich radebrechte italienisch, und so versuchten wir, uns gegenseitig zu erklären, was uns ausgerechnet Heiligabend in diese Küche verschlagen hatte. Ich log etwas von auf der Durchfahrt, Flugzeug verpaßt, und er erzählte von Herrschaften, die in Urlaub waren. Er dürfe hier wohnen, weil er nicht nach Hause wolle. Ich fragte ihn, warum nicht – ob er Familie hätte, wo er wohne, und nach einer langen Pause mit stockenden Anfängen kam dann Francos traurige Geschichte heraus – daß er vom Dorf sei, nicht hier aus der Schweiz, sondern aus Cusino, drüben in Italien, und jeden Tag fahre er als Koch hin und her, denn er habe eine Frau und eine Tochter. Und die Frau hatte ihn verlassen, gerade jetzt vor Weihnachten war sie zu einem Friseur nach Locarno gezogen, mit dem Kind, und allein hielt er es zu Hause nicht aus. Er sah Erika verzweifelt an und rief: „Meine Frau war auch so dick, und ganz rosa, so eine schöne zarte Haut!" und streckte die Hand aus und streichelte Erika, und Tränen kamen ihm in die Augen. Ich erzählte, daß ich geschieden sei und ganz allein lebte, und daß ich jemanden in Lugano besuchen wollte und dann einfach weitergefahren wäre, und ob wir nicht diesen Abend zusammen hierblieben könnten?

„Sisi", rief er, jaja, und holte eine Flasche Grappa und zwei Gläser. „Sie ist einfach weggefahren mit ihm", schluchzte er, „Was will sie denn mit einem Friseur, der kann ja nicht mal richtig für sie kochen!" Er holte Tiramisu aus dem Kühlschrank und machte uns in große Tassen Cappuccino. Die zweite Flasche Wein war leer, und der Grappa floß auch gut weg. Ich legte den Kopf auf den Tisch und drehte am Radio. Ich fand das Weihnachtsoratorium und drehte es laut auf: „Bereite dich, Zion, mit herrlichen Chören, den Schönsten, den Liebsten bald bei dir zu sehen", sang ich mit, denn ich war als Kind in einem Bach-Chor gewesen und konnte alle Oratorien singen. Franco wischte sich mit der Schürze die Tränen ab, putzte seine Nase und nahm Erika auf den Schoß. „So weich war sie!" rief er, „so weich, und ich habe sie immer gut behandelt. Mit einem Friseur!" Und er fing wieder an zu weinen und drückte sein Gesicht zwischen Erikas Ohren. Jauchzet, frohlocket. Ich wurde so müde und rückte meinen Stuhl näher ans Feuer. Mein Grappaglas nahm ich mit und schaute in die Flammen, die loderten und knisterten, und ich hätte gern einen Tannenzweig verbrannt, damit es nach Weihnachten gerochen hätte. „Scheißweihnachten", sagte ich und legte noch ein Stück Holz nach, und Franco sagte: „Erika", und der Kopf fiel ihm herunter.

Als ich aufwachte, war es gegen Morgen und das Feuer war ausgegangen. Steif geworden hing ich in meinem Stuhl, das Grappaglas lag in Scherben auf dem Boden. Tageslicht drang durch die Vorhänge, und quer über dem Tisch lag der dicke Franco, den Kopf auf Erika gebettet, und schlief.

Ich stand sehr leise auf, nahm meine Tasche und ging, ohne ein Geräusch zu machen. Der Schlüssel steckte in der Haustür, die ich hinter mir zuzog. Die Straße lag still und leer da, ich sah zur *Pensione Montalbina* hoch und dachte: „Alles Gute, Erika, tröste ihn, du kannst es!" und ging zum Bahnhof. Zu Hause in Berlin fand ich ein Telegramm von Franz: „Was ist los, verdammt?", und ich telegraphierte zurück: „Nichts. Adieu" und rief meine Mutter an, die noch gar nicht gemerkt hatte, daß ich weggewesen war und daß erster Weihnachtstag war.

Elvira Torni

Eierkuchen mit Nougat

❧❧❧

Bei uns hatte nach der Woche banaler Mühe am Sonnabendvormittag die Stille des Geistes zu herrschen. Jedes Frühstück ein Fest fürs Leben: Wieder einmal fünf Tage in der Firma geschafft. Georg strich sich genüßlich Nougatcreme auf den ersten goldbraun gebackenen Eierkuchen, türmte eine dicke Sahnewolke darüber, die ganz zart mit Kakaopulver überstäubt wurde und krönte dieses Arrangement – je nach der Jahreszeit – mit Pfirsichstückchen aus der Dose oder mit frischen Erdbeeren. Exakt zu diesem Zeitpunkt sollte der Kaffee durch die Maschine gelaufen sein. Georg faltete stilvoll seine weiße Damastserviette auseinander, schnitt den Eierkuchen an und nahm den ersten Schluck Kaffee. Dann las er. Den *Spiegel* oder, wenn er seine elitäre Phase hatte, die *Zeit*. Gelegentlich teilte er mir einen Gedanken zur Lektüre mit. Ich dagegen schwieg. Die Lokalnachrichten, die ich mir zu Gemüte führte, waren ohnehin kein Sonnabendmorgen-Genuß. Und mein Knäckebrot mit Magerquark stimmte mich auch nicht gerade auf philosophische Höhenflüge ein. Außerdem hatte ich ständig ein Auge auf den nächsten Eierkuchen. Georg verachtete sie, wenn sie mir zu braun gerieten. – Kind Susanna hatte sich unserem Rhythmus angepaßt, schlief vorsichtshalber bis in den hellen Mittag, konnte auf diese Art nichts falsch machen und sich hernach vom Lieblingspapa Eierkuchen, mit Schokoladencreme und Schlagsahne garniert, ans Bett tragen lassen. Natürlich aß der zur Gesellschaft noch einen mit. Die Kalorien würde er beim Volleyballspielen oder beim Joggen abtrainieren, kein Problem. Nach diesem zweiten Frühstück führten die beiden dann meistens gescheite Gespräche über das Leben. Mußte etwas geklärt werden, schleppte Georg Lexika und Duden an Susannas Bett oder dicke Bände über Renaissance-Malerei und Bauhausmöbel. Georg traute nur der nachprüfbaren Realität von Wörter-Büchern und Bild-Bänden. Sie regten ihn zum Spielen an. Und er war nun einmal nur dann ganz Mensch, wenn er spielen durfte. Romane, Belletristik überhaupt, strafte er dagegen mit Mißachtung.

Wenn Susanna ihren letzten Eierkuchen verputzt hatte und auch keinen Kakao mehr brauchte, setzte ich mich leise mit ins Kinderzimmer und hörte den beiden zu.

Irgendwann bekam Suse doch Lust, aufzustehen. Georg ging daran, seine Volleyballtasche zu packen. Ich konnte mich in der Küche über den Abwasch hermachen, denn jetzt würde mein Klappern niemanden stören. Später würde ich die Bücher wieder an ihre Regalplätze stellen, schließlich war ich ja die Bibliothekarin im Haus. Ein gelungener, heiterer Morgen.

Die Eierkuchen hatte ich mir übrigens in Vorwendezeiten selbst eingehandelt. Als ich irgendwann den Aufstand gegen den allsonnabendlichen Gang zum Bäcker probte. Um zu frischen Schrippen zu kommen, mußte man sich seinerzeit in unserem Altbau-Viertel spätestens drei Viertel sieben in die Schlange vorm nur zehn Minuten entfernt liegenden Laden einreihen. Das war noch günstig. Meine Kolleginnen aus Marzahn beneideten mich um die Wohnlage in Bäckernähe. Trotzdem: In unserem ersten gemeinsamen Winter wurde mir das zu Dezemberanfang einfach zu früh und zu kalt. Ich zauberte Eierkuchen und stellte die Nougatcreme und frischgeschlagene Sahne statt des erwarteten Apfelmus neben seinen Teller. Georg strahlte.

Glückliche Zeremonien einer heilen Familie.

Vermutlich hätte ich mich damals nicht einmal gesträubt, jeden Sonnabend zum gedeckten Frühstückstisch Beethovens Neunte aufzulegen. „Freude schöner Götterfunken". Wenn ich denn dem Familienfrieden gedient hätte ... Ich liebte heftig.

Georg bestand konsequent darauf: Stille, Harmonie und Genuß. Und er faszinierte mich durch die Selbstverständlichkeit seiner Forderungen. Ich setzte meinen ganzen Ehrgeiz darein, für ihn tadellos zu werden. Wohnung putzen und Wäsche waschen, das, was andere Frauen so am Sonnabendvormittag treiben, erledigte ich an den Abenden, an denen Georg aller Voraussicht nach erst später anwesend sein würde. Denn, so hatte er mir einmal grundsätzlich klar gemacht: Freiheit, Freiheit ist für einen Mann unter anderem, wenn niemand von ihm erwartet, daß er nach Büroschluß auf kürzestem Wege heimkehrt. Und daß ihn niemand kritisiert. Schließlich weiß er es selbst, wenn ihm ein Fehler unterlaufen sein sollte. Bemerkungen meinerseits waren demzufolge höchst überflüssig.

Ich liebte Georg. Trotz oder gerade wegen seiner sanften Diktatur? Liebte ihn für seinen Stolz, seine Phantasie. Und wegen seiner Sinnenfreude. Ich meine, freundlich und lebenstüchtig mag so mancher Mann erscheinen. Wenn er es gerade darauf anlegt. Das war es also nicht allein. Georg gehörte zu den wenigen, die es fertigbrachten, Erotik zu genießen. Und ich genoß ihn.

Bis zu dem Krach am Sonnabendmorgen.

Fortan brachte ich Suse die Eierkuchen ans Bett. Und las ihr aus den Lokalnachrichten vor.

Fortan lief überhaupt alles ein bißchen anders: Freitagnachmittags, so gegen fünf nach Bibliotheksschluß, singelte ich durch Berlins Mitte, musterte schadenfroh die abgehetzten Frauen, die an ihren Einkaufstüten hingen und vielleicht noch nörgelnde Kinder hinter sich herzogen. Freitagnachmittags gefiel mir mein Single-Dasein ungemein!

Monatelang hatte die Erinnerung an meine Rolle in Georgs Frühstückszenario bei mir bestens als Stimmungsmacher funktioniert: Ich, ich mußte nicht mehr, an meinen Einkäufen hängend, nach Hause hetzen. Immer in der Furcht, irgendeine wesentliche Zutat für den Wochenendspeiseplan vergessen zu haben. Nie hätte ich es seinerzeit gewagt, Georg in die Kaufhalle zu schicken. Ebensowenig, wie ich den Staubsauger benutzte oder die Waschmaschine. Haushaltslärm am Sonnabendmorgen? War mir doch die Nougatcreme ausgegangen und ich stürzte noch einmal davon, dann lächelte Georg so schmerzlich. Meinetwegen oder seinetwegen? Jetzt schüttelte ich den Kopf bei der Erinnerung an meine Ängste. Was kam es noch darauf an, daß die Kerzen auf dem Tisch nicht flackerten, die Servietten gebügelt waren, der Kaffee sehr, der Kakao nicht zu heiß, die Eierkuchen nicht zu dunkel serviert wurden. Freitagnachmittags ging ich in ein Café und genoß dort nicht nur Mokka, Sahnetorte und einen Cognac, sondern auch das Ausmalen jener ein für allemal vergangenen Grusel-Sonnabende. Nie wieder diesen Horror!

Elfie Böttger-Bohlen

Lebensgefühle

❦❦❦

Erna H., 86 Jahre: Wie ich meinen Mann kennen gelernt habe? Nachgelaufen ist er mir. Dann hat er mal mein Sofa repariert und ist dabei drauf sitzen geblieben. So war das.

Paula S., 73 Jahre: Sicher hatte ich viele Verehrer als ich jung war. Aber es war Krieg und da brauchte man was zu fressen. Deshalb habe ich meinen Mann genommen, der hatte einen Bauernhof.

Anni N., 91 Jahre: Mein Mann, das war ein Musiker. Jedes Wochenende hat er in der Wirtschaft Akkordeon gespielt. Er hatte viele Freundinnen und hat mich oft betrogen. Ich hab ihm den Spaß gelassen und mich dumm gestellt. Was sollte ich machen? Zum Essen war er immer wieder da.

Hermine S., 93 Jahre: Immer wenn ich wieder in Hoffnung war, hat mein Mann mir Vorwürfe gemacht. Er sagte, wenn ich nicht so naiv wäre, hätten wir auch nicht so viele Kinder!

Paula S., 84 Jahre: Mein Oller, das war wirklich ein Bollerkopf, aber nachts im Bett, da hat alles gestimmt, da war er ein sehr zärtlicher Mann.

Magdalene N., 74 Jahre: Er war mir immer ein guter Mann, aber er hat mir nie gesagt, daß er mich liebt.

Frieda F., 83 Jahre: Die ganzen Ehejahre über habe ich mir geschworen, wenn die Kinder aus dem Haus sind, lasse ich mich scheiden. Dann wurde mein Mann krank und pflegebedürftig. Was sollte ich da anderes tun, als ihn zu pflegen bis er starb?

Anna T., 84 Jahre: Früher im Krieg, da haben wir auf alles verzichten müssen. Sogar auf unsere Männer. Heute könnte man sich alles leisten und dann kommt einem so eine blöde Krankheit dazwischen.

Paula S., 74 Jahre: Mein Mann ging immer früh schlafen. Einmal habe ich mich heimlich davongeschlichen und bin ins Kino gegangen.

Als ich spät in der Nacht ins Bett kam, hat er gefragt wo ich war. Da hab ich einfach gesagt, ich war bei dem Vieh im Stall, das war unruhig.

Elfriede Z., 82 Jahre: Jeden Mittwoch und jeden Freitag wollte er etwas von mir. Ich habe dann in der Küche Wasser auf dem Ofen heiß gemacht und mich gründlich gewaschen. Das Andere war immer sehr schnell erledigt.

Sofie E., 79 Jahre: Sonntags nahm er immer die Kinder an die Hand und ging mit ihnen spazieren. Dann konnte ich mich endlich mal ein bißchen ausruhen.

Giesla Steineckert

Liebe, schönes All

Tod und Sein
verwandt
süßer Fall
als samtweicher Stein
auf wandernden Sand

Wir hatten den gewaltigen Anfang. Wütende Entrücktheit trieb uns zueinander, daß wir abprallen mußten, aber wir konnten nicht anders: absolut und sofort und ALLES.

So war es nicht, als ich siebzehn war und den ersten Mann unglücklich machte. Damals empfand ich nur, wenn er nicht da war und ich ihn mir umlog. Sobald er mich berührte, hätte ich stricken oder kuchenbacken können.

So war es nie. Mit dem einen konnte ich reden, mit dem anderen lachen, der zog mich in sein Werk und ließ mich für sich ackern, der nächste war schmeichelhaft eifersüchtig, jener so besitzergreifend, daß die eigene Verantwortung weniger drückend wurde.

Mit ihm war alles anders. Einige Male, über Jahre hinweg, waren wir uns durch die Arbeit begegnet und ich hatte mich jedesmal in ihn verliebt. Aber die Zeit reichte nur, sich mit den Augen zu suchen, ein paar Scherze zu machen, leichtfertiges Gerede, todernst gemeint. Er gebunden, ich gebunden. Immer, wenn ich ihn sah, wollte ich ihn haben. Dann führte uns die Arbeit für eine Woche zusammen. Es war unausweichlich. Wir mußten uns zwanghaft berühren, also sagten wir uns andauernd guten Tag, er rückte an meinem Schal, half mir in den Mantel, umständlich, bis mir die Knie zitterten. Wir sahen uns an und wurden reglos vor Befangenheit. Es war, als ob Konfekt im Hals steckt oder eine Grippe in den Knochen.

Die Anziehung war so groß, daß wir beide wie krank waren. Doch, das gibt es. Bei jedem Gedanken an ihn, also etwa alle zwei Minuten, fuhr mir das Blut heiß zu Herzen und mir wurde schwindlig, wenn ich ihn nur von weitem sah. Innerhalb eines Tages gewöhnte ich mir an, bei jedem Betreten eines Raumes nach oben zu gucken, über die Köpfe der anderen hinweg, denn ein längerer Mann war nie im Raum. Nachts im Hotelzimmer malte ich mir aus, was ich am Morgen sagen würde, und wenn ich ihn sah, überfiel mich eine Art von Trauer und körperlicher Schmerz.

Ich war außer mir.

Einmal saßen wir nebeneinander und hatten alberne Darbietungen auf der Bühne zu sehen, um sie anschließend mit den Künstlern auszuwerten. Er war der Vorsitzende der Jury und hatte durchaus hinzugucken. Aber ich sah nichts, ich war atemlos und schämte mich, weil mein Busen wogte, wie in einem Roman von der Courths-Mahler. Der Atem ging nicht tief, es war eine Art von bedrängtem hecheln. Ich mußte mich zwingen, nicht nach seiner Hand zu greifen. Solch eine Geste wäre undenkbar gewesen, denn ich zweifelte daran, daß er auch nur das Geringste für mich empfand. Obwohl ich zugleich wußte, daß wir einander verfallen waren, rettungslos und nie mehr zu trennen.

Er sprach mich an, und wie lächerlich es auch klingen mag: Es überforderte mich, daß seine Stimme zu mir sprach, daß er sein Gesicht zu mir wendete und daß meine Augen seine Augen aushalten mußten. Mir war übel, und ich war nur ein Blatt, das der Wind ewig dreht, bis er es achtlos in den Park fallen läßt. Ich war ein Nichts, ein Niemand. Aber ich hätte auch gut die Welt verändern können. Quatsch, ich war zweiundvierzig Jahre alt, hatte Geld auf dem Konto, eine schöne Wohnung, eine erwachsene Tochter, Erfolg im Beruf, ein Auto und meine Freiheit.

Er sagte: „Haben die jetzt eben gesungen, oder einen Sketch gespielt?" Indem ich meine ganze Kraft zusammennahm, konnte ich auf das Wertungsblatt sehen, das er in der Hand hielt. Es war leer. Wir standen im selben Moment auf, blöde vor Entzücken, wir gingen an den anderen Zuschauern vorbei, die kannten uns, die blickten uns hinterher, die würden reden, aber wir gingen hinaus, griffen unsere Mäntel, und als wir endlich auf der Straße standen, nahmen wir uns in den Arm. Er mich, oder ich ihn, ich fiel an ihn hin, er fing mich auf, oder ließ sich an mich fallen. Wir blieben so stehen, ertappbar, wir konnten nicht anders.

Ach, von mir aus mach doch, was ich will

Er kam heimlich in mein Hotelzimmer, drei Tage später. Über die vorher vergangene Zeit weiß ich nur, daß wir alle anderen am Tisch festhielten, wenn die längst ins Bett gehen wollten, daß wir uns ungewollt verletzten, aber auch ein Fleck auf dem Frack des Kellners verletzte uns, verstört vor Scham umgingen wir einen Hundehaufen, krallten in einer alten Kirche die Finger ineinander und glaubten einer schwarzen Katze, weil sie von rechts nach links lief.

Wir waren wie im Fieber und alle unsere Reaktionen total übertrieben. Ohne Anlaß schlossen wir innige Freundschaft mit Leuten, die uns doch nur Resonanzwand für unsere Anspielungen sein sollten, wir lehnten andere nette Personen wegen eines rüden Wortes vor unseren neukeuschen Ohren ab, für Leben.

> *Als wir lagen endlich*
> *stocknüchtern von unserm*
> *tödlichen Gequatsche*
> *aus den Sachen gepellt*
> *da blieb wirklich nur*
> *es irgendwie zu tun*

Jede Seite meines Wesens stimmte ihm zu. Der Hunger nach ihm war umfassend. Ich wollte ihm alles sagen, ihn alles fragen. Das führte fast ausschließlich zu Mißverständnissen, denn Sprachschatz wie Gehör erwiesen sich als unzulänglich für diese neue Situation. Wir redeten drumherum, wir hörten, was gar nicht gesagt wurde. Ein so langer, intelligenter Mann, mit tiefer und ruhiger Stimme, mit Wissen und Kultur, humorvoll, witzig, sarkastisch, seltsam unbefangen im Umgang mit Sachen, bei Tische traumwandlerisch sicher.

Ich war nur, die ich aus mir gemacht hatte. In manchem tüchtiger als er, kühner phantasierend, gut für Anstrengungen und Herausforderungen.

Aber ich war so gefangen und gefesselt, daß ich über meine eigenen Füße fiel und mich zehnmal am Tag als Idiotin erkannte. Um es ihm recht zu machen, überpfefferte ich den Salat, den ich so gar nicht mag, und er biß uns beiden den Magen auf. Ich massierte ihm den Rücken, und als er entspannt gerade einschlief, klatschte ich ihm ein kaltnasses Laken auf den Körper, um Sachkunde vorzuführen. Er sprang bis zum Fenster und wußte nun, daß ich eine potentielle Mörderin bin.

Da waren wir schon wieder zu Hause und hatten uns in der fremden Stadt verzweifelt und vernünftig getrennt. Ich gebe dir eine Stunde Vorsprung, hatte er gesagt, falls du eine Panne hast, finde ich dich. So wußte ich ihn, wußte ich das Ehepaar hinter mir, und vor mir war mein altes Leben, das nie mehr sein konnte. Wir wollten aber keinem anderen Menschen wehtun.

Wenig später trafen wir uns in einer anderen Stadt und reisten nach einer Nacht in getrennten Zimmern ab, weil es so nicht ging. Auf einem Parkplatz stiegen wir aus und wollten noch ein Stück in den Wald laufen. Vor uns sahen wir ein Auto und in das hintere Seitenfenster schob sich auf einmal ein fetter männlicher Hintern. Im selben Moment drehten wir uns um, ich stolperte über eine Wurzel, und er entschuldigte sich stammelnd ein ums andere Mal. Als wir in seinem Auto landeten, starrten wir geradeaus, wagten uns nicht anzusehen, bis er sagte: „Das eben war die unterste Stufe dessen, was wir machen." Er hatte recht.

... man kann eine Liebe nicht leben wie eine Liebelei

Ein viertel Jahr später lagen Trennung und Scheidung hinter uns und wir heirateten. Es war mein dritter, sein zweiter Versuch.

Wir liebten uns, aber ich glaube nicht, daß wir uns vertrauten. Der Schreck über den jähen Lebenswechsel und daß wirklich kein Stein auf dem anderen geblieben war, hockte uns im Gemüt. Er hatte alles zurückgelassen und ich mich eben eingerichtet, mit Biedermeier und Zwiebelmuster. Er aber haßte alten Krempel, in dem er seine Kindheit verbracht hatte. Ich verschenkte und verschleuderte meine so mühsam und liebevoll zusammengebrachten Stücke, ich schaffte sachlichste Kastenmöbel an, bis er mir in den Arm fiel und weiteren Ausverkauf verhinderte. Von da an begann er mit der Suche nach ähnlichen wie den verschenkten und fürn Groschen abgegebenen Möbeln, und einiges haben wir gefunden. Mir war es egal, es war mir wirklich egal.

In der herrlichen Raserei der ersten Zeit sagten wir nur, was der andere eben auch sagen wollte. Selten liebten wir uns sanft und ruhig. Vermutlich wollten wir uns Kundigkeit beweisen, oder Ausgefallenheit, auch Ausdauer, was weiß ich. Manchmal liebten wir uns wie im Zorn. Ehe ich das Haus verließ, überfiel er mich, und ich ging sanft und gezähmt in die kalte Luft und in eine widerwärtige Grippe, die ich ihm übertrug.

Und immer pochte im Innern die Angst, daß es das nicht wirklich gibt. Vielleicht sind wir im Kino und müssen gleich von der Leinwand. Solche Begegnungen enden tragisch oder banal, im Leben kriegt man nicht den, den man am meisten will.

Unter unseren Verrücktheiten schlummerte das biedere Bedürfnis, mit einem Menschen auf Gedeih und Verderb zu leben, nur mit ihm, bis zum Ende. So fühlte jeder für sich, aber wir glaubten es einander nicht.

All meine Bilder sind verbrannt
stehn ohne Glanz und Farbe
dies ist mein neues Unbekannt
wo ich zu wenig darbe

Ich dachte, ihn muß jede wollen. Er dachte, aus welchem Grund auch immer, ich sei eine vielbegangene Dame und werde diesen gerüchtweisen Lebenswandel wieder aufnehmen. Vielleicht aber dachten wir solchen Unsinn auch nur, weil unser Zusammensein jenen Schmerz nicht brachte, der zur Fülle der Befriedigung gehört. So holten wir ihn aus der Befürchtung.

Ich hatte Lust, ihn meiner Mutter vorzuführen, wissend, daß sie keinen Mann mit seriösen Absichten ablehnt. Sie würde sicher auf ihn einreden und es würde mir peinlich sein, aber da war Kürze des Besuches dienlich.

Der Mutterfluch traf uns erst telefonisch, dann brieflich. Seine Mutter verfluchte mich, beschwor ihren Sohn, von der unpassenden Person abzulassen und brachte alles gegen mich vor. Niedere Herkunft, schillernder Ruf, Skrupellosigkeit beim Zerreißen einer Familie. Nie dürfte ich ihre Schwelle übertreten.

Mir war unbehaglich. Mit solchem Verdikt konnte ich nicht umgehen. Sollte er mit ihr reden. Das Leben würde weitergehen, die Entscheidungen waren getroffen. Ihretwegen würden wir gewiß nicht auseinander driften. Später würde sie nicht wissen, wie sie sich von der blamablen Absolutheit ihrer Wertungen und Weisungen wegschummeln sollte.

Sie wollte dabei bleiben. Ich versuchte sie erst einmal zu verstehen. Sonst fällt einem nichts Gescheites dagegen ein.

Sie ging davon aus, daß ihnen der Krieg genug genommen hatte. Die Wohlhabenheit, das überdurchschnittliche Ansehen, den Zusammenhalt der vorher patriarchalisch gefügten Familie. Man kannte den Flügeladjutanten des Kaisers, war bei ihm und hatte ihn zu Tische, die Familie war großbürgerlich-jüdisch-deutschnational. Ein Onkel bastelte in Peenemünde an der Wunderwaffe, der Großvater hatte gegen viel Goldmark einen Buchstaben weg vom verräterischen Herschel gekauft. Die Sterngucker Caroline und Wilhelm Herschel waren verwandt und Legende, und der Großvater, der Baumeister und Landtagsabgeordnete, war ein liberaler, kluger, die Familie unterdrückender Mann gewesen. Er war auch die große unverblaßte Liebe seines Enkels. Alle Geschichten über ihn zeigen ihn als einen zugleich hinreißend bestimmten und sicher unerträglichen Mann. Despot, der sich nur seiner energischen Berta fügte.

Es hat drei Jahre gedauert und bedurfte eines hochgestochenen runden Geburtstages der Schwiegermutter, ehe ich das Vaterhaus auf Einladung betrat. Jede Geste zu mir hin war eine Beleidigung. Unseren mitgebrachten Sekt im Glas, stieß sie mit allen an, außer mit mir. Ich beobachtete sie, und meine Augen wollten harte Kiesel sein.

Das Haus war zerfallen, der Schimmel kletterte an der ehemaligen Pracht hoch, und sie waren nix und niemand mehr. Nur der Dünkel und eine unfaßbare Borniertheit hielten das Selbstbewußtsein noch zusammen. Ihr Sohn kam von dort und hatte den Erdball dreimal umrundet, so entfernt war er ihnen und sie ihm. Sie warf mir ein Stück Hammelzadder auf den Teller, meinem Mann stieg das Blut in den Kopf und ich mußte lachen. Sie konnten mir nichts tun, nichts. – Und dann saß sie doch eines Tages an unserem Tisch, und dann kam doch der Mittag, da wir unangemeldet hereinschneiten und ihr Sächelchen auf die Bettdecke legten und ich hielt sie im Arm und sie weinte auf meine Hände, vor Freude, wie sie sagte. Und schnatterte mit mir mehr als mit ihrem Sohn.

Das von damals ist natürlich nicht wahr. Es hatte geheime Gründe, sie war falsch informiert worden. Und da sie sich selber in ihrem ganzen Leben niemals in Frage stellte, sprechen wir nun auch nicht darüber, und sie erzählt von mir als von einem ihrer Kinder. Wir haben das damals ganz gut überstanden. Es hätte nur nicht bei Fluch und Ausgrenzung bleiben dürfen. Nicht einen Augenblick habe ich geglaubt, dies wäre unbeschadet hinzunehmen. Obwohl wir dachten, wir brauchen nichts auf der Welt als uns.

> *Ich verknotete Person*
> *in deinen Armen krieg ich Lust*
> *du zauberst aus zwei Körpern*
> *einen dein Bein ist mein Bein*
> *Arm und Kopf, Wärme hinüber herüber wunschlos*
> *ohne Begier liegen wir so und*
> *schweigen uns*
> *im leichtesten Schlaf*
> *voll von Bildern*

Ich war nicht mehr jung, hatte schon geboren, mein Bauch war mir für ihn nicht straff genug, waren meine Brüste nicht zu üppig? In jener Zeit der ersten Jahre mit ihm leuchtete ich vermutlich von innen und lief wie auf Federchen. Da ich alle Leute anstrahlte, machte ich auch manchmal die Frauen traurig. Ich ging wohl bettwarm durchs Leben und eine Zeitlang brauchte ich nichts als ihn. Der Satz ist zu glatt.

> *Du bist schön geworden in unserer Liebe*
> *erwachsen, zuständig für das Universum Frau*
> *und noch immer dieser streuende Landsknecht*
> *der Siegen will*
> *erobern, seine Zähne in Fleisch haun*
> *und am Lagerfeuer sitzen*
> *die Wampe voll Angst*

Der alte ungesättigte Wunsch nach Kühnheit tauchte wieder auf. Er bemerkte die ersten Signale und bestärkte mich.

Eines Tages drückte ich ihm ein Kuvert in die Hand, voll von ungedruckten Gedichten. Ich rannte auf die Straße, ich wollte nicht dabei sein, wenn er sie las. Draußen und im Dunkeln erst wurde mir der Umfang dieser Offenbarung klar. Wenn er ablehnt, was ich aufgeschrieben habe, oder es mißversteht, es gegen mich benutzt, dann wird nichts sein wie vorher. Möglich war alles.

> *Den ich liebe*
> *der hat zwei schlanke Füße*
> *groß*
> *die leg ich mir bei Gutwetter*
> *in den Schoß*
> *eins wärmt das andre*
> *oben reden wir über was anliegt*
> *mit solchen Füßen kann man weit gehn*
> *für jemand*
> *lange Schritte tun*
> *kann sich sputen*
> *schöner Fuß*
> *aber wenn er ihn draufstellt*
> *paßt drunter mein ganzes Herz*

Dem ersten Buch folgte das zweite und ich fing an, mich freizuschreiben. Er ermutigte mich nicht nur mit Worten. Gegen die Üblichkeit übernahm er alles, was mich abhalten konnte: Den ganzen aufwendigen Krempel im Alltag, er kaufte ein, kochte, organisierte, regelte, fuhr mich mit dem Auto, weil ich mit Unbehagen feststellte, daß ich beim Autofahren nicht mehr abschalten konnte und Situationen herbeiführte. Er behandelte mich niemals wie ein Weibchen oder nur als ein Weib, er war, wenngleich noch voller Mißtrauen, das denkende Wesen neben mir, das voraussetzte, ich könnte Feuerbach von Churchill unterscheiden und hätte zwei Augen, die soviel Leben sehen, daß ein eigenes Urteil über den Stand der Dinge im eigenen Land zustande kommen würde. Nicht so einfach, nicht gleich auf Anhieb und als Gegenteil von früher Gedachtem, aber als Denkprozeß, der jeden Tag weitergeführt wurde.

Atemzug um Atemzug sammelten wir die Erfahrung gegenseitiger Zuständigkeit. Dorthin zu gelangen, war schwer.

> *Wenn zuviel ist von draußen*
> *reicht hier drin nicht aus*
> *umschlägt die Nähe, zu groß, in ferne zu klein*
> *das Herz pumpt Hoffnung, sucht Streit*
> *holt sich Trauer über Worte,*
> *findet Wahrheit*
> *sich aufgeben beinah*
> *und einander*
> *daß man neu findet beides*
> *bis man vorübergehend vergißt*
> *alle Flugzeuge fallen von allen Himmeln*
> *alle, die wir lieben, sind sterblich . . .*

Unsere getrennte Lebenserfahrung lastete auf den einfachen Wahrheiten, die nie einfach angenommen wurden. Wir mußten uns jeder ein neues Bild von uns selber machen, und das vom anderen war auch vorschnell gefunden: Ich hatte mir früh eine Person ausgedacht, die ich spielte, bis ich das nicht mehr wußte. Im Streit mit ihm ging der Lack ab, drunter vor kam ein Mensch, der toben und sein konnte, ach!

> *Ich sage zu dir Wörter*
> *die ich verabscheu*
> *sage, daß ich dich verlasse*
> *würde gern sagen, du sollst tot sein*
> *oder ein dreckiger Stein*
> *so also bin ich, wenn ich liebe*
> *wie war ich doch früher gelassen*
> *dich lieb ich so, dich kann ich*
> *manchmal nur hassen*

Er hat mich beredt gemacht, mich geöffnet, er hat die Steine aufgehoben, die auf der Fähigkeit lagen. Ich weiß, daß meine Kraft sich an ihm aufgerichtet hat, ehe auch ich Kraft geben konnte, innere Sicherheit. Steinchen um Steinchen aber schotterte sich der Weg. Mir scheint manchmal, wir haben jeden mit Tränen gewaschen. Sentimentaler Unfug. Wir haben gerauft, sind hinter bereits gesicherte Erkenntnisse zurückgefallen und waren im Disput an der Grenze dessen, was man nicht zurücknehmen kann. Zuerst schien uns, man müsse dies dann bis zu einer lupenreinen Klärung austragen. Aber das geht nicht. Zwei Leute, die sich lieben und miteinander leben, sind sich immer Dank schuldig und keiner von beiden verdient es, schlecht behandelt zu werden. Die Liebe kann auch rosten. Bei uns war das nicht möglich, jeder Tag brachte Risiken, stellte uns vor neue Probleme, wir bekamen von der Tochter eine Tochter, die wir beide liebten, und ich sah wieder einen anderen Mann. Er behandelte sie vom ersten Lebenstag an sowohl völlig ergeben, mit äußerster Sicherheit, als auch keusch. Ein weibliches Wesen, dem er seine unbedingte Treue und seinen unbegrenzten Sinn für Spaß vermittelte, aber auch, daß er jemand ist, der immer eine Lösung findet. Nicht seiner Reaktionen, aber seiner Liebe ist sie sicher. In dieser Art, mit einem Kind umzugehen, ohne es je für die eigene Autorität zu mißbrauchen, in diesen spielfähigen phantasievollen Mann verliebte ich mich, sobald ich die beiden zusammen sah.

Deine Landschaft, meine Landschaft. Wo wir lebten, war es nicht die seine, nicht die meine. Deine Art, zu lieben, meine Art. Ein langer Weg in die Zärtlichkeit, die Obhut, die Fähigkeit, sich zu überlassen. Ohne ihn hätte ich es nicht geschafft. Es war seine ständige seelische und geistige Präsenz, die mir das Leben anstrengend machte, mich auch nicht in Ecken entweichen ließ, denn er spürte mich immer auf. Aber dieser Anspruch formte mich noch einmal. Ich wurde weniger weitschweifig, blieb lobsüchtig, ich gewann Arbeitsmethode und die Fähigkeit, mich auf eine Sache zu konzentrieren.

Ich wurde vielleicht ernster, karger. Aber es kam aus dem Übermut, daß ich mich übernahm mit Aufgaben, von denen ich heute weiß, daß sie überflüssig waren. Ich ließ mir aufhalsen, und als er dagegen murrte, war es fast zu spät.

Um Mitternacht meist, auf nackten Sohlen
geh ich mir noch mal Leben holen
stumm schlüpf ich in dein Bett
abgeschabt, schlecht durchblutet und verhärmt
mehr kann man nicht kriegen von der Welt
als daß einen einer dann durchwärmt
ein Haus mach ich mir aus
deinen zwei Armen, deinen 1 Meter tieferen Füßen
ich habe dich, nun Unglück finde mich
noch eine halbe Stunde ich ich bin ein Held

Ohne ihn hätte ich es nicht geschafft. Hätte ich es nicht geschafft, wären wir nicht mehr zusammen.

Es kam die erste Niederlage. Da standen wir am Abgrund, mal berührten sich unsere Finger, mal sah es aus, als wolle einer von uns springen – oder den anderen stoßen? Die Liebe tat weh und war ratlos, suchte nach Worten, wollte abhauen in fraglose Idylle, wollte sich nicht stellen. Nicht auch das noch. Zu allem auch noch das. Ein Konflikt, in dem Ja so falsch war wie Nein.

Das Leben war uns eine Zeitlang leicht von der Hand gegangen. Das Kind, die Bücher, öffentliche Funktionen, bißchen wenig Freizeit, kaum ein Sonntag, fast nie ein Tag Urlaub. Aber wir hatten keine Sorgen, stahlen uns doch Zeit für uns, nahmen die knappe umso kostbarer. Die Gefühle hatten sich nicht verschlissen, sie lebten sich nur schwierig aus, wenn die Zeit gefährlich schmal wurde. Dann wurden wir nervös und krachten uns, fast immer um fast nichts.

An meiner ersten Niederlage waren viele und vieles beteiligt, aber wir beide auch. Waren wir hochmütig geworden, fühlten wir uns unverletzbar? Oder hatten wir zuviel zu verlieren und wollten uns deshalb nicht der Gefahr aussetzen, alles verlassen und alles verlieren zu müssen, was uns wichtig war? Auch das Zuhause, auch die Töchter, die Enkelin, die Arbeit, und jenes Ideal, das sich immer schwerer mit der Wirklichkeit vertrug, aber wir waren noch nicht so weit, es aufzugeben.

Die historische Lage verlangte ein klares Ja oder Nein und wir hatten es nicht parat. Wir dachten noch immer, wenn der Grundgedanke richtig ist, dann müßte es gehen. So zwar nicht, zum Verzweifeln so nicht, aber mit anderen Leuten, mit anderer Art? Wir dachten, es wird nicht gehen.

Es gibt Situationen, in denen kein Beteiligter die Chance hat, alles richtig zu machen. Wir wissen bis heute nicht, ob wir die Stunde offenen Widerstandes versäumt haben, oder einen Anspruch darauf, nach unserer inneren Uhr und Erkenntnis zu leben.

Es tat weh, es blieben Narben und die Unbefangenheit in der Bemühung kehrte nicht wieder. Die Sehnsucht nach einem Schuldigen war übermächtig. Aber er war als einzelnes Wesen nicht zu finden. Wir mußten bei uns selber bleiben.

Auch da war allenfalls denkbar, selten schon möglich, daß wir nackt nebeneinander liegen und uns sagen, wo der eine, wo der andere nicht weit genug gedacht hatte. Daß man es sagt, einfach so. Und der andere schlüpft daraufhin nicht in seine Rüstung, sondern denkt mit, sagt vielleicht gar nichts ...

> *Dann Liebe ich dich ...*
> *gestern, weißt du, haben wir dieses*
> *alte Wort abgeschafft*
> *heute hole ich es aus dem Wartesaal*
> *der ewigen Dinge*
> *die sich manchmal zurückziehn aus*
> *Scham oder dorthin abgeschoben werden*

Erfahrung um Erfahrung baute sich unsere Eitelkeit voreinander ab. Aber wir wurden nicht geschwisterlich, wir wurden nicht ungenierte Verwandte, denen es nichts ausmacht, sich voreinander gehenzulassen. Noch immer, wenn er auf der Straße auf mich zukam, wollte ich ihn haben.

Sein Charme entzückte mich wie am ersten Tag, sein Witz, eine Mischung aus Selbstironie und genauem Hinsehen, auch aus Bosheit, manchmal aus Angriffslust und Enttarnung.

Ich dachte, das ist es. Du kanntest es nicht, aber nun weißt du es. Darüber geht nichts, und nichts ist dem vergleichbar. Er hat dich dem Zahnarzt zugeführt, den großen Hund abgehalten und sich für dich geschunden.

Du auch, du auch, aber das muß nicht immer als Ergänzung angehängt werden. Er hat dich nicht in Ruhe gelassen, wenn du dich um die größere gedankliche Mühe herummogeln wolltest. Sein Gesicht auf dem Flugplatz, seine Augen über dem Krankenbett, seine Hand damals, bei den Schmerzen, seine nackten langen kalten Beine, als er dich ohmächtig im Badezimmer fand. Seine Tränen, als du gut warst, sein Mut, als er dir gesagt hat, das war es nicht, das war schlecht, das war empörend schlecht. Du wolltest gerade aufbrausen und ihm beweisen, daß es genial war, da hast du gesehen, wie eng ihm der Hemdkragen war und der Schweiß stand ihm auf der Stirn.

Man konnte es wirklich besser machen, es war empörend schlecht gewesen. Er kann lieben, und durch ihn weißt du, daß du auch lieben kannst. Aber wie hätten wir eigentlich gelebt, und wo, wenn uns die Welt offengestanden hätte? Hätte ich woanders denselben Erfolg mit meinen Liedern und Gedichten und Geschichten gehabt, dann wäre geliebte Landschaft denkbar gewesen und ein leichteres Leben, mit zunehmendem Alter.

Es ist so nicht gewesen, und so ist es nicht. Er steht in der viel zu kleinen Neubauküche und erkocht uns Genüsse, die könnten woanders nicht größer sein. Wir sind vorsichtig, es hat keinen Sinn, darüber tiefer zu grübeln. Wir blieben und beschieden uns und hatten maßlose Erfüllung, jeden Jux, die Langeweile hat uns nie gestreift.

Nun ist dieses Land zugrunde gegangen, es fällt einem anderen, sogar ohne Appel und Ei, in den Schoß. Wie oft haben wir das prophezeit, aber wir haben es nicht wirklich geglaubt, zu lange nicht. Es ist aus, es ist zu Ende. Der Vorhang teilt sich, aah! Die Welt, erkenne sie, erfahre sie und empfinde die Herausforderung. Wir kannten sie aber vorher schon. Und vergiß! Leb und vergiß? Nein, nichts werden wir vergessen. Hier hat unsere Liebe angefangen, da waren wir schon über vierzig und haben auf kein Wunder mehr gehofft. Hier wollten wir raus und sind geblieben und hier haben wir uns in all den Schmerzen und Erkenntnissen und den Hoffnungen der jüngsten Zeit noch einmal neu erfahren und erkannt.

Als ich jünger war, dachte ich, die Sehnsucht altert mit uns, und eines Tages ist sie alt und schwach.

Das war ein Irrtum. Die Empfindungen haben sich freigebrannt, sie sind möglich. In einer langen Liebe muß man nicht dauernd schreckhaft auf der Lauer liegen, ob man nicht sträflich einen Lockruf verpaßt. Wir konnten am Anfang eigentlich keine Minute ohne den anderen sein, aber wir schufen uns dennoch getrennte Bereiche, jeder hatte seinen. Ich will allein sein, wenn ich lese, fernsehe, denke, schlafe. Aber wir lassen meist unsere Türen weit offen, auch nachts. Neben dem seinen liegt ein Kissen für mich, ich habe eine zweite Bettdecke für die langen Beine handnah.

> *Einmal wird sein ein Viereck im Boden*
> *und alle die käsigen Monde*
> *alle die Regen werden uns helfen*
> *daß wir zusammengehn*
> *uns verflechten dem Lebendigen*
> *tröstlich blühend*

Das Viereck gibt es schon. An einem verregneten Samstag gingen wir über einen alten Friedhof, suchten uns eine schöne Stelle und entschieden uns für einen hellen Stein. Auf dem stehen unsere Namen und unsere Lebensdaten. Wir waren heiter, als wir gingen, wir spürten, wie wichtig es für uns war, zu denken, wer die Trauer hat, soll nicht auch noch alle Arbeit haben.

Es gab Befremden, auch in der Familie. Die Tabus sitzen tief. Bekannte lachten verklemmt, wenn sie beim Spaziergang das Grab zufällig sahen.

Na und?

> *Wir haben gelebt mitten unter euch*
> *und haben uns geliebt, waren*
> *Arboretum, in dem alles wächst,*
> *sich auftut allen*
> *und Geheimnis bleibt.*

Lioba Albus

Was Männer meinen, wenn sie was sagen

❧❧❧

Laß uns heute Nacht zu dir gehen!"

Meine Wohnung ist unordentlich, schmutzig und der Kühlschrank leer!

„Männer sind nicht so emotional!"

Erwarte von mir keine Liebeserklärungen, daß ich mit dir zusammen bin, ist doch Liebesbeweis genug!

Der Job, der Alltag,
die vielen Anforderungen:
Alle Augen blicken auf dich

~~~

D ie Arbeit, die tüchtige, intensive Arbeit,
die einen ganz in Anspruch nimmt mit Hirn und Nerven,
ist doch der größte Genuß im Leben.

Rosa Luxemburg 1898

Michèle Fitoussi

Ist dort Tokio? Der Kleine hat vierzig Grad Fieber

◠◡◠

Das beste Beispiel ist die Geschäftsreise. Nicht das fixe Hin-und-zurück zwischen Paris und Mailand oder Straßburg und Frankfurt, das sich an einem Arbeitstag erledigen läßt, nein – die richtige Geschäftsreise, die uns lange, sehr lange von zu Hause wegführt: bis zu fünf, sechs Tagen. Etwa eine Reise nach Japan, wo jede Superfrau einmal in ihrem Leben hin muß, um ein Geschäft klarzumachen. (Tokio mag mittlerweile größer sein als New York, hat aber schon wieder etwas an Chic eingebüßt gegenüber Peking oder Sydney. Doch was soll's: Nehmen wir Tokio.) Bevor es soweit ist, müssen wir nur zwei oder drei Kleinigkeiten geregelt kriegen, um beruhigt abreisen zu können. Berufliches läßt sich noch am ehesten schaffen, schließlich brauchen wir nur das Pensum von zehn Tagen in drei zu packen. Die laufenden Angelegenheiten müssen fertig und für die Zeit unserer Abwesenheit genaue Instruktionen hinterlassen werden – so was braucht nicht mehr als zwei Stündchen zusätzlich jeden Abend.

Doch das ist nichts gegen das volle Programm, das uns zu Hause erwartet. Erstens gilt es, den Vater unserer Kinder davon zu überzeugen, nicht wie sonst so oft erst um neun nach Hause zu kommen, damit jemand da ist, wenn das Kindermädchen gegangen ist. Ist doch selbstverständlich? Kaum, auch wenn uns hoffentlich der Anfall von Jähzorn erspart bleibt, bei dem er sämtliche Tage unserer Abwesenheit in seinem Kalender markiert und schreit: „Wenn ich jeden Abend um halb sieben zu Hause sein soll, dann brauche ich ja überhaupt nicht mehr arbeiten zu gehen!" Zweitens gilt es, das Haus so zu organisieren, daß die Kinder eine Woche lang ohne Mutter überleben können. Schränke, Tiefkühltruhe und Eisschrank müssen also zum Bersten voll hinterlassen werden, und das Kindermädchen muß noch einen Babysitter zur Seite gestellt bekommen, jemand, der sich abends für den (sehr wahrscheinlichen) Fall bereithält, daß der Neue Vater Lust bekommt, auszugehen. Und wir sollten auch das Wochenende in unsere strategische Planung miteinbeziehen, will heißen, unsere Mutter bitten, aufzupassen. Empfehlenswert ist es überdies, in bestimmten Ecken etwas Bargeld zu hinterlassen.

Wir sollten für alles Listen anfertigen, als ob – uns ausgenommen – das Haus nur von verantwortungslosen Schwachsinnigen bewohnt würde, und die Listen sorgfältig so plazieren, daß sie gut sichtbar sind, ob es die Hausapotheke betrifft („Halstabletten und Aspirin nicht verwechseln") oder die Kleidung, die die Kinder auf jeden Fall oder gerade nicht tragen sollen („bei fünfzehn Grad Kälte ist der rosa Mohair-Pullover angebracht, da es aber September ist und für die Jahreszeit zu warm, wird Marie sicher mit Sweatshirts auskommen"). Ähnliches gilt für die nötigen Mahlzeiten (nicht Pizza, Pfannkuchen, Leberwurst und Pommes frites auf einmal") und für die Abhandlungen über Säuglingspflege, falls Sie ein Baby zurücklassen: „Fläschen Nr. 1 für Milch, Fläschchen Nr. 2 für Tee, Fläschchen Nr. 3 fürs Süppchen" (alles in Riesenbuchstaben, weil es sein könnte, daß jemand noch nichts davon gehört hat, daß es Fläschchen und Sauger für unterschiedliche Zwecke gibt).

Fazit: Wenn Sie erst mal im Flugzeug sitzen, werden Sie erschöpfter sein als nach einem Monat Zwangsarbeit. Nach der Ankunft in Japan im dreiunddreißigsten Stock des Tokioter Hotels Akasaka stehen Sie um drei Uhr früh (sieben Uhr morgens bei uns zu Hause) stille Ängste aus, übernächtigt von der Zeitverschiebung, werfen sich im Bett hin und her, überwältigt von düsteren Gedanken: „Wenn Ruth in der Badewanne ausrutscht und sich die Stirn aufschlägt, ihr Vater aber nicht da ist und meine Mutter einen Ausflug macht und der Arzt unterwegs ist, *wen* kann Augusta dann überhaupt noch anrufen, wo *ich* doch nicht da bin?" Also auf keinen Fall zu Hause anrufen und eher Alpträume in Kauf nehmen, als unseren Mann ans Telefon zu bekommen, der mit aufgesetzter Fröhlichkeit sagt: „Keine Sorge, Schatz, wir kommen ohne dich klar." Pause. „Fast." Am Abend vor unserem Rückreisedatum haben Sie die Nase endgültig voll von tiefen Verbeugungen, von Abendessen mit Sushi, bei denen Sie die einzige Frau unter acht finsteren Japanern sind, die Sie in endlose, unnütze Diskussionen über die unendlich kleinsten Punkte des Vertrags verstricken.

Sie wären gern noch einen Tag länger dageblieben, nur so zum Um-schauen, um mal abseits der Dutyfree-Läden einzukaufen. Wäre da nicht die ersterbende Telefonstimme aus Frankreich: „Die Kinder ha-ben vierzig Grad Fieber, das Kindermädchen ist krank, und ich fühle mich selbst auch nicht besonders. Wenigstens hilft uns deine Mutter." Was tun? Sie fliegen nach Hause, geben innerlich schon die einzigen ruhigen Stunden nach der Rückkehr preis, schließlich können Sie ein Schlafmittel nehmen und auf dem Rückweg schlafen. Sie können doch gar nicht müde sein (und diese Bemerkung bekommen Sie garantiert zu hören), haben Sie nicht gerade acht Tage Ferien gemacht?

Djuna Barnes

Nach Mitternacht amüsiert Coco Chanel überhaupt nichts mehr

❧❧❧

Die Figur ist wichtiger als das Gesicht, und wichtiger als die Figur sind die Mittel, mit denen man sie sich erhält. Wichtiger als alle drei ist die Lebensfreude aufgrund der eigenen Konstitution, und die läßt sich nur durch gute Gesundheit bewahren. Finde heraus, was du gern tust, und dann tu's. Wenn du sagst, du kannst nicht, dann ist das einfach nur das Eingeständnis, daß du deinen Körper nicht soweit in Schuß hast, daß er die Rolle spielen kann, die du für ihn wünschst. Man lebt ja nur einmal, und da kann man ebensogut auch amüsant sein. Wenn man nicht amüsant ist, dann liegt das daran, daß man krank ist, und kranke Menschen betragen sich unhöflich gegen die Natur."

Gabrielle Chanel, die plus grande couturière von Paris mit einem Einkommen von mehreren Millionen, die 2400 Menschen in ihren Ateliers beschäftigt, ja praktisch Besitzerin der Rue Cambon ist, wo ihre Kreationen vorgestellt werden, Herrin etlicher Häuser in Europa – und die die Hand des unermeßlich reichen Herzogs von Westminster ausgeschlagen hat und die Hälfte der großen Namen der Welt zu ihren Freunden zählt, aus bescheidenen ländlichen Verhältnissen in der Auvergne stammend, Gabrielle Chanel, der die Frauen zu Füßen liegen, die gutgekleidet sein wollen – diese Gabrielle Chanel liebt die Einsamkeit, die frische Luft, das Landleben, Sportkleidung, Hunde, Angeln, das Frühaufstehen und das Frühzubettgehen, Geräkel und harte Arbeit, insbesondere harte Arbeit.

Sie ist weltberühmt für zweierlei Parfüm und strenggeschnittene Kostüme – mit anderen Worten, für die Höhe, auf die sie die Verfeinerung des Geruchssinns getrieben und für die Tiefe, aus der heraus sie die geradezu bescheidene Strenge der schicken, schrecklich schicken, Kreationen entwickelt hat. (Die Bauersfrau und die Halbseidene, blitzblank gewaschen und mit einer Schere von Engelshand zurechtgeschnitten, aus dem Zeug scheinen ihre Angebote etwa gemacht.)

Coco Chanel tritt auf als die Verkörperung ihrer eigenen Herkunft, der Erde, und der Erde dankbar verbunden.

Ihre Philosophie ist die Ursache für ihren Erfolg und ihren Ruhm. Sie glaubt an die Natürlichkeit, und wenn sie das Wort ‚natürlich' benutzt, dann benutzt sie es nicht in dem Sinne, wie das üblicherweise geschieht – als Bezeichnung für häßliche, ungehobelte, ungekonnte Dinge. Für sie ist das etwas Natürliches, das am vollständigsten und in sich stimmigsten ist. Wenn jemand erklärt, seine Weise, natürlich zu sein, bestehe darin, bis zum Morgengrauen aufzubleiben, zu trinken, was das Zeug hält, sich auffällig anzuziehen und sich beim Essen ordentlich vollzustopfen, dann wird sie sagen: „Na schön – doch was haben Sie bloß für eine *schlechte* Natur!"

Wie alle Französinnen ist Coco Chanel vernünftig mit diesem Grad von Vernünftigkeit, die wir Bewohner der westlichen Welt als eine Art unheiliges Wohlbehagen im Angesicht der Wunder der Natur betrachten. Selbstverständlich! Coco Chanel ist ja eines der Wunder, gerade deshalb, weil sie natürlich ist. Wir sind selten natürlich, weil wir ungläubig sind. Wir haben Angst vor der Natur, und daher kommt es, behauptet sie, daß wir unsere Übungen als Medizin und nicht als Spiel auffassen.

„Ich bevorzuge an einer Frau charmante Umgangsformen, eine charmante Art zu reden, eine charmante Haltung, eine charmante Art zu tanzen gegenüber der bloß klassischen Schönheit. Klassische Schönheit kann sehr stupide sein, wenn man sich außerhalb des Museums befindet. Ein hübsches Gesicht kann der inneren Verfassung sehr unangemessen sein. Ich mag ein Gesicht, das irgendetwas sagt, das schlicht und zutreffend Auskunft über die Persönlichkeit gibt. Natürlich, wenn man das alles sein kann und gleichzeitig auch noch schön, dann ist man die Zielscheibe göttlicher Freigebigkeit gewesen.

Beobachten Sie doch", sagt sie, „wie die Frau, die alle Blicke auf sich zieht, einen Raum betritt. Wie sie geht, wie sie sich setzt, welche Gesten sie beim Gespräch verwendet. Sie mag nach klassischen Maßstäben schlicht häßlich sein, trotzdem ist an ihrer Figur, ihrer Haltung, an ihren Gesten irgendetwas dran, das Stil hat und ansehnlich ist, weil sie eben kein schmückendes Beiwerk sind, sondern zu ihrem Wesen gehören.

Weshalb ist sie unter fünfzig, hundert anderen die Attraktivste, ob sie nun groß oder klein, dunkelhaarig oder blond, sportlich oder feminin ist? Weil sie weiß, *wie* sie gehen möchte, *warum* sie sich hinsetzen will und *worauf* sich ihre Gesten beziehen. Sie ist sie selbst.

Sie ist mit ihrem Gang auf keine ‚Mode' angewiesen wie etwa den einst beliebten latschigen Gang der Debütantinnen, den ich für äußerst unschön hielt, weil er das war, was ich einen ‚Markengang' nenne – jede Frau ging wie die andere. Man bewahre sich seine Eigenständigkeit, selbst in Belangen der Mode. Eine Frau sollte keine Gliederpuppe sein, was dann der Fall ist, wenn sie der Mode allzu sklavisch und ohne Geschmacksvorlieben folgt.

Wenn eine Frau sich ihre Figur erhalten will, dann muß sie sich beschäftigen, arbeiten können. Dann ist sie glücklich, weniger befangen, und dieser Zustand wird sich in ihrer Figur widerspiegeln. Männer mögen tüchtige Frauen. Sie ist frei von der Angst, die sie empfand, als sie wirtschaftlich abhängig war, und folglich besitzt sie auch mehr echte Schönheit.

Man soll arbeiten, dann spielen, sich entspannen, schwimmen, angeln, eine Runde Golf oder Tennis spielen, ins Freie gehen und sich an Luft und Sonne freuen. Und hier möchte ich unterscheiden zwischen Gymnastikübungen und Sport. Gymnastik ist ein Ersatz für Sport. Solche Übungen sind sehr gut, wenn man weder Zeit noch Lust zu etwas anderem hat, doch ich stehe auf dem Standpunkt, daß straffe Gymnastikübungen sich zu den natürlichen Sportarten – wie Schwimmen, Wandern, Reiten – verhalten wie Lebensmittelkonserven zu frischen Erzeugnissen aus dem Garten. Wenn man seinem Körper nichts Besseres bieten kann, dann sind Konditionsübungen brauchbar, wenn man aber eine bezaubernde Figur und Geschmeidigkeit bekommen und auf Dauer behalten will, dann muß man Freude an der Bewegung im Freien, an frischer Luft, an Sport haben.

Was ist denn eigentlich eine schlechte Figur? Das ist eine Figur, die bis in die einzelnen Glieder hinein ängstlich ist. Eine solche Ängstlichkeit in der Haltung kommt daher, daß man seinem Körper nicht gegeben hat, was ihm zusteht. Ein Mädchen, das sich schämt, weil es seine Schulaufgaben nicht gemacht hat, hat denselben Ausdruck wie der Körper einer Frau, die nicht gelernt hat, was Natur ist.

Man kann nicht gleichzeitig zwei Schicksale haben, das des Narren und Maßlosen und das des Weisen und Maßvollen. Man kann kein Nachtleben durchhalten und tagsüber noch etwas zuwegebringen. Man kann sich nicht Nahrungsmittel und alkoholische Getränke genehmigen, die den Körper zerstören, und immer noch hoffen, daß man einen Körper hat, der mit einem Minimum an Selbstzerstörung funktioniert. Eine Kerze, die an beiden Enden brennt, mag zwar helleres Licht verbreiten, doch die Dunkelheit, die dann folgt, währt länger.

Was nun die Frage angeht, welcher Diät man folgen soll, um sich seine vollkommene Figur zu erhalten, so kann ich nur wiederholen, was ich über alle anderen Lebensfunktionen gesagt habe – mäßig sein, einfach sein, redlich sein. Ein redlicher Appetit wird auch einfach sein, und ein einfacher Appetit bescheiden. Weniger essen, als man Lust zu haben meint, mit der Intelligenz essen, nicht mit dem Magen. Niemals vom Tisch aufstehen und sich insgeheim dafür entschuldigen müssen, daß man ein Vielfraß ist; das ist eine Beleidigung für die Tafel.

Gut schlafen, sieben bis acht Stunden, wenn man es braucht; bei geöffneten Fenstern schlafen. Früh aufstehen, hart arbeiten, sehr hart. Das tut einem nicht weh, denn es sorgt für einen regen Geist, und der Geist wiederum sorgt für die Anteilnahme des Körpers. Das klingt komisch, doch wenn Sie darüber nachdenken, werden Sie feststellen, daß es gar nicht komisch ist. Nicht bis spätnachts aufbleiben. Schließlich, was ist denn an dem sogenannten gesellschaftlichen Leben dermaßen Wertvolles dran, daß Sie die Kissen verschmähen, um bis zum frühen Morgen daran teilhaben zu können? Schlechte Luft, schlechtes Essen, schlechte Getränke, häßliche Umgebung, die das Herz nicht erfreuen, dumme Menschen, die Nacht für Nacht dieselben endlosen histoires wiederholen – die histoires solcher Leben, die nur gelebt worden sind, um erzählt werden zu können und aus diesem Grund der Erzählung nicht wert sind. Schonen Sie sich um Ihrer selbst willen. Schonen Sie Ihre Ohren, schonen Sie ihre Augen, schonen Sie Ihre Gedanken, schonen Sie Ihre Nerven. Was haben Sie denn nach Mitternacht schon gehört, das Sie für wertvoller halten als Ihren Nachtschlaf? Es ist doch nur das, was Sie sowieso schon gehört haben, und zwar hundertmal, und das, was Sie morgen wieder hören werden, es sei denn, Sie hören auf mit diesem Unfug.

Mich persönlich amüsiert nach zwölf Uhr überhaupt nichts mehr!"

Sylvia Curruca

Wie frau an deutschen Hochschulen *keine* Stelle bekommt!

Erfahrungen aus achtzehn Bewerbungen in zehn Jahren

ᴖᴖᴖ

Bewerbung 1: Schüchterner Versuch

Meine Promotion ist über die Bühne gegangen. Die Schrunden auf der Seele ein bißchen vernarbt. Meine Stelle läuft aus, ich muß sehen, daß ich Land gewinne, d. h. zu einer festen Stelle komme.

Ich bewerbe mich in A. an einer Fachhochschule: C-2-Professur. 43 Bewerbungen gehen ein. Fünf Leute werden eingeladen. Ich auch.

Das Thema der Vorlesung stellen sie mir frei – aus meinem derzeitigen Forschungsgebiet möchten sie etwas hören. Und anschließend bitte ein Seminar mit den Studenten. Und: Sie freuen sich!

Ich freue mich auch! Hätte ich damals schon gewußt, was ich zehn Jahre später wußte, hätte mich das „Freuen" geradezu begierig auf diese Stelle gemacht.

In A. angekommen, werde ich herzlich begrüßt von der Sekretärin, die sofort den Vorsitzenden herbeitelefoniert. Er bittet sie, einen Kaffee zu kochen, und setzt sich zu einem kleinen Gespräch mit mir zusammen.

Der Seminarraum ist proppenvoll. Der Vortrag kommt gut an. Die Studenten sind sehr interessiert. Die Diskussion läuft – getragen von einer Welle von Sympathie!

Das gefällt mir! Also: Bewerben ist gar nicht schlimm! Ganz im Gegenteil! Ich bin happy, gucke mich in der Stadt um, wo wir wohnen könnten, und fahre beglückt nach Hause.

Ich bin auf den zweiten Platz gekommen. Die Stelle wurde eingefroren. Nach einem Jahr wurde sie gestrichen. Der nette Mensch im Ministerium erlaubte mir, ihn einmal pro Quartal anzurufen, um mich nach dem Stand der Dinge zu erkundigen. Und am Ende war er genauso traurig wie ich, als er mir die Todesmeldung durchgeben mußte.

Zweiter Versuch: Geballtes Desinteresse

Die Erfahrung in A. war so erfreulich und ermunternd, daß ich mich gleich darauf in B. in der Fachhochschule bewerbe. Wieder C-2.

38 Bewerber.

Ich werde wieder eingeladen.

Neben Datum und Uhrzeit steht das Thema fest. Es ist nicht eigentlich „meines" – aber ich arbeite mich von meinem Gebiet aus ein.

Ich fahre hin. Es ist einer der heißesten Tage des Sommers – und es ist dort die letzte Semesterwoche.

Ich melde mich bei der Sekretärin. Sie weiß von nichts. Ich soll warten. Sie tut nichts, wartet wohl auch. Als meine Uhrzeit fast erreicht ist, wage ich sie noch mal anzusprechen. Das macht sie mürrisch.

Dennoch ruft sie einer vorbeigehenden Frau zu, wohin ich eigentlich solle. Die nimmt mich mit – ohne sich vorzustellen. Liefert mich im Raum ab. Dort sitzen ganze acht Figuren. Alles Studenten. Nichts Lehrendes!

Es dauert und dauert. Die Zeit läuft. Lange sollte ich reden.

Da schlumpft es so langsam heran: eine und noch eine und noch eine und dann noch ein Mann. Das ist die Kommission. Zwei nicken mir zu, eine reicht mir schlaff die Hand. Es ist die Vorsitzende. Ob ich anfangen will. Ja, aber ich bräuchte dringend ein Glas Wasser. Ich sei ja auch schon über sechs Stunden unterwegs gewesen.

Sie geht raus. Es dauert ewig. Sie kommt wieder rein, fragt, ob jemand wisse, wo es Wasser gäbe (!). Niemand weiß. Dann geht sie wieder raus und kommt mit lauwarmem Leitungswasser wieder. Es schmeckt so, wie ich es mir für diese Stadt vorgestellt habe: mindestens siebenmal durch die Nieren der Bevölkerung geflossen.

Ich halte meinen Vortrag. Zwei, drei Fragen tröpfeln. Es besteht kein Interesse. Von den Kommissionsmitgliedern meldet sich niemand. Die Stunde ist um.

Die Vorsitzende kommt nach vorne, bedankt sich ... nicht, sondern sagt nur: „Sie hören wieder von uns!"

Das war's! Was ich höre, ist, daß diese Stelle schon lange besetzt ist. Sie war es schon vor der Ausschreibung. Die Vorsitzende wollte ihre Freundin darauf wissen. Und die sitzt natürlich nun auch darauf.

Ich war nur Spielball. Masse. Schließlich braucht man „Auswahl", um die Richtige herausfischen zu können. Und um begründen zu können, warum man diese eine, diese Beste aus der Masse der Nichtkönner gewählt hat.

Dritter Versuch: Gute oder schlechte Nachricht zuerst?

Bewerbung in E. Eine C-2-Stelle wiederum. Postwendend werde ich „eingeladen". Die Einladung sieht so aus, daß ich sofort weiß: Nicht ums Verrecken. Schäbiges Papier (nicht Öko, sondern nur billig! Durchschlag!). Keine Unterschrift. Und der Gag: Es sind sechs Leute eingeladen, und alle reden über dasselbe vorgeschriebene Thema. Ich liege irgendwo in der Mitte.

Keine Frage, ob ich dieses Thema beherrsche (meine Schuld), und erst recht keine Frage, wie die Kommission und die Studis sechsmal dasselbe aushalten sollen. Außerdem sind sie blöd: Vorstellungsvorträge sind (fast) immer sehr gut – damit kann man schließlich seine Ausbildung erheblich bereichern.

Nun ja, wenn sie's denn nicht verstehen!

Ich schreibe, daß wenn ich vom Stil des Briefes auf den Stil des Hauses schlösse, ich dort nicht arbeiten möchte und deswegen meine Bewerbung zurückzöge.

Am nächsten Tag ist die Antwort da: fernmündlich. So jemanden wie mich bräuchte man dort! Ich hätte richtig geschlossen, der Stil des Hauses sei unter aller Kritik, aber der würde sich nicht ändern, wenn nicht Leute wie ich ... und die Studenten hätten auch gesagt ... und bitte, bitte ...

Ich fahre also, nachdem ich wieder einen schönen Vortrag ausgearbeitet habe, der wieder meinem Thema nicht entspricht.

Es dauert ein paar Monate (das bin ich gewohnt), dann kommt ein Anruf:

„Möchten Sie erst die gute oder erst die schlechte Nachricht?"

„Erst die gute, bitte!"

„Sie sind auf Platz eins gekommen!"

„Dann kann die schlechte ja so schlecht auch nicht mehr sein!"

„Doch! Die Stelle ist vom Ministerium gestrichen!"

Vierter Versuch: Verschlossene Umschläge

„Meine" Stelle ist zwar gestrichen, aber nämliche Fachhochschule hat noch Besseres zu bieten: eine C-3. Für mein eigentliches Fach! Ich solle mich doch bewerben, läßt der vorangegangene Vorsitzende vermelden. Leider gehöre er diesmal der Kommission nicht an, aber er werde tun, was er kann.

Ich bewerbe mich. Ich fühle mich richtig gut – schließlich kennen die mich dort und hatten mich schon auf ihren Schild gehoben. Und das Fach, das „ich" vertreten soll, es ist mein Leib-und-Magen-Fach!

Und dann kommt die übliche Pause (schließlich passiert in den Semesterferien nirgends was!) – aber diesmal ist sie lang und länger.

Schließlich rufe ich meinen Informanten an. Er kann es sich nicht erklären, hat die Übersicht über diese neue Stelle verloren. Er wird mal lauschen.

Er hat gelauscht.

Es ist ihm sehr peinlich.

Gleichzeitig ist er wütend.

Ich auch: Die Sache ist lange „gelaufen"! Und meine Bewerbung hat er auch gefunden. Irgendwo, wo sie nicht hingehört. Der Umschlag war noch nicht mal geöffnet!

Wie das? Das geht doch nicht! Und wer die Stelle denn nun bekommen wird?

Die Stelle wird jemand bekommen, der weit unter meinem Qualifikationsniveau liegt. Aber er hat Besseres zu bieten: Er kommt aus der vorgesetzten Behörde. Und man war ihm noch was schuldig.

Fünfter Versuch: Sadismus pur

Langsam steht mir das Wasser bis zum Halse. In ein paar Monaten ist Schluß für mich, dann bin ich draußen. Meine Stelle ist schon weg. Ich schwebe sozusagen nur noch stuhllos.

Todesmutig bewerbe ich mich in C. Universität – C-4! Nach dem Motto: Mehr als schiefgehen kann es nicht – aber vielleicht klappt es.

Mehrere Monate nach meiner Bewerbung – wir haben den 22. Dezember und sitzen gerade auf gepackter Reisetasche – ruft der Kommissionsvorsitzende an. Bis morgen (!) solle ich ihm telefonisch drei Themen zur Auswahl durchgeben, zu denen ich sprechen könnte. Ich gehöre zu den Auserwählten, die gleich Anfang Januar vorsingen sollen. Man habe es nicht mehr geschafft, die Einladungen schriftlich rauszugeben.

Morgen!

Ich werfe noch einen halben Zentner Fachliteratur ins Auto, und dann starten wir. Thema Nr. 1 „Weihnachten" ist vom Tisch – nicht für die Familie – aber für mich. Bis morgen muß ich wissen, was ich nicht weiß.

Im Urlaubsort angekommen, sitze ich in Klausur. Die Familie wird um Rücksicht und Ruhe gebeten, die Nacht geht drauf. Zwei Themen habe ich ausformuliert. Mehr fallen mir nicht ein. Zumal es zu jedem Thema drei Unteraufgaben gibt, die mir durchs Telefon kundgemacht wurden.

Langsam in Panik rufe ich meinen Dauerretter in der Not an – meinen ehemals „Zweiten". Er beruhigt, redet gut zu, macht keine Vorwürfe, immerhin ist es 24 Stunden vor Heiligabend, erinnert an Arbeiten, die ich geschrieben habe, macht konstruktive Vorschläge. Dann hilft er noch beim Durchstrukturieren – und wünscht „schöne Weihnachten – auch an die Familie".

Ich rufe vereinbarungsgemäß den Vorsitzenden zu Hause an. Ich sage ihm die drei Themen durch. Er schreibt mit – langsam und umständlich. Dabei meint er gleich, etwas abprüfen zu müssen. Welches mir denn das liebste Thema wäre, fragte er zum Schluß.

Ich sage ihm: in der Reihenfolge 1–2–3. Wenn es sich vermeiden ließe, würde ich das dritte nicht so gerne nehmen, darin wäre ich am unsichersten. Er notiert auch das. Ich würde wieder von ihm hören – noch vor (!) oder sofort nach den Feiertagen. Er müsse nun erst mal seine weiteren sieben (!) Kommissionsmitglieder anrufen und sich mit ihnen abstimmen.

Nach genau 45 Minuten ruft er in unserem Urlaubsort an. Er habe sich abgestimmt. Er habe alle Kollegen erreicht (einen Tag vor Weihnachten! Mitten in den Ferien! Abends um 20 Uhr! Ein wundersames Team!) – und man habe beschlossen, daß ich zum *dritten* Thema sprechen solle.

Am 9. Januar.

Um 9 Uhr morgens.

Als ich auf die weite Zugentfernung hinweise, zeigt er zum ersten Mal sein wahres Gesicht: Er blafft mich an, ob ich schon mal was von Hotels gehört hätte.

Weihnachten ist gelaufen.

Am 24. stehe ich sehr früh auf und rufe daheim meine Buchhandlung an, die an mir schon Tausende verdient hat. Es bedarf dieses Hinweises aber nicht – sie sind alle sehr lieb, suchen Literatur zusammen . . . und setzen einen Mitarbeiter ins Auto, sie mir zu bringen!

Nach der Bescherung und dem Gutenachtkuß geht es ans Werk!

Die Ferien sind dahin! Die drei Unteraufgaben in Kombination mit dem Thema erweisen sich als höllisch. Aber ich schaffe es. Die Familie macht Urlaub ohne mich – und geht auf Zehenspitzen. Zu den Mahlzeiten schleiche ich heran. Die Nächte sind kurz.

Pünktlich stehe ich auf der Matte. Nach teurer Hotelübernachtung. Viel Publikum. Die Studenten sind interessiert. Der Vorsitzende führt mich mit ein paar verqueren Fragen vor. Dann ist Zusammenkunft mit der Kommission. Auffallend: es sind acht Männer. Die Studentenschaft besteht zu mehr als 50 Prozent aus Frauen. Was tut's?

Der Vorsitzende eröffnet das Gespräch mit der Weisung, ich solle mal den Begriff „Struktur" definieren. Mir fällt fast der Unterkiefer aus dem Gesicht. Ich bin versucht zu fragen, ob ich mich in eine Vordiplom-Prüfung verirrt hätte. Aber ich lasse diese Frechheit. Schließlich bin ich Abhängige, und ich stehe daheim auf der Abschußliste.

Wieder höre ich lange nichts – und dann: „Das Verfahren ist abgebrochen. Wir hatten Sie auf der Liste. Aber wir schreiben noch mal aus.

Wenn Sie weiterhin Interesse haben, dann brauchen Sie sich nicht noch mal zu bewerben, sondern lassen Sie uns lediglich ein formloses Schreiben zukommen."

Und im übrigen wären meine Chancen ungleich höher, wenn ich die Habilitation hätte. Soooo könne man für nichts garantieren. Schließlich sei es das Höchste: eine C-4 an einer Uni. (Wenn ich recht informiert bin, hatte der C-4-Vorsitzende dieses qualifizierende Papier auch nicht! Egal, geht mich nichts an, die Zeiten sind eben härter geworden!)

Ich lasse ein formloses Schreiben los.

Ich leite das Habil-Verfahren ein (siehe dort!).

Ich warte wieder.

Es dauert lange.

Es dauert so lange, daß ich der Uni in C. inzwischen mitteilen kann, daß meine Habilitation vollzogen sei.

Dann bekomme ich Bescheid: unter der Hand natürlich nur. Dafür um so differenzierter. Die Rangliste ist erstellt. Auf Platz eins sitzt ein Mann, der sich gar nicht beworben hatte. Den hatte man erst aufgefordert, ein solches zu tun, weil man ihn haben wollte. Platz zwei soll ähnlich aussehen. Platz drei: auch ein Mann.

Dann wieder lange Pause. Und dann hat der Vorsitzende offenbar meine Telefonnummer zu später Stunde entdeckt und weint sich bei mir aus. Der Erstplazierte will wohl kommen, aber erst in ca. anderthalb Jahren! Und nun habe man doch ohnehin schon zwei vakante Professuren und er müsse die ganze Arbeit für diese mitmachen.

Es tut mir gar nicht leid! „Sehen Sie", sage ich: „Sie hätten mich nehmen sollen. Ich hätte sofort gekonnt, und ich wäre Ihnen sogar dankbar gewesen für den Rest meines Lebens!" „Ich hätte Sie ja auch so gerne gehabt", jammert er. „Aber ich habe mich nicht durchsetzen können! Sie wissen doch, wie ich mich für Sie eingesetzt habe . . ."

O ja, das weiß ich. Ich erinnere mich genau an unsere Telefonate und an seine Gemeinheiten. Und ich weiß inzwischen auch, wie sehr er sich gegen mich eingesetzt hat in der Kommission.

So ganz kann ich es ihm nicht ersparen. Ich lasse unmißverständliche Andeutungen los, daß ich informiert sei. Auch über sein perverses Gutachterwesen (bis denn endlich einer was Schlechtes schreibt), und ich sage ihm auch, *was* der geschrieben hat und wer es war und was die anderen alle von sich gegeben haben.

Er ist einem Tobsuchtsanfall nahe. Er will sofort wissen, wer die schwache Stelle in seiner Kommission ist und wer sich solche Ungeheuerlichkeiten erlaube.

Ich genieße meinen winzig kleinen Triumph und sage: Das sei doch piepegal. Es sei doch sowieso alles gelaufen!

Nach mehr als einem weiteren Jahr ist das Fiasko in C. endlich abgeschlossen. Die Nr. eins hat dankend verzichtet, weil sie (er!) sich daheim hochgehangelt hat. „Bleibeverhandlungen führen", nennt man das.

Wie man dann zu einer erneuten Dreierliste kam, ist mir unbekannt. Jedenfalls sah sie so aus:

1. Platz: männlich. Keine Habilitation.

2. Platz: männlich. Keine Habilitation.

3. Platz: männlich. Keine Habilitation.

4. Platz (den es aber offiziell nicht gibt): ich, weiblich, Habilitation.

Die Erklärung für diese Sauerei? Die Uni C. liegt in einem Bundesland, das die Quote der Frauen an Universitäten unbedingt erhöhen will! Und deswegen kann man sich keine Frau auf der Dreierliste erlauben – nicht einmal auf Platz 3 – denn es bestünde die akute Gefahr, daß diese trotz der schlechten Plazierung genommen würde. Zumal wenn sie die formal Höchstqualifizierte ist – wo Frauen wegen ihres zu kleinen Hirns doch nur so selten in der Lage sind, angemessen Leistungen zu erbringen.

Sechster Versuch: Da capo

Noch einmal meldet sich die Fachhochschule in E. bei mir. Irgendwie kommen sie von mir nicht los. Irgendwie wollen sie ihr Schicksal mit meinem verknüpfen.

Also bewerbe ich mich ein drittes Mal. Schließlich können die Kollegen dort ja nichts dafür, wenn die erste Stelle gestrichen wurde, die zweite einem Abhängigen vergeben werden mußte ...

116

Es ist wieder eine C-3-Stelle. Diesmal sind es 28 Bewerber/-innen. Vier werden eingeladen. Ich lande auf Platz zwei. Einen dritten Platz gibt es nicht, weil alle anderen weit unterqualifiziert sind.

Und ich? Ich bin weit überqualifiziert.

Es ist der Hohn des Schicksals, daß ich ein Jahr nach meiner Habilitation diese Stelle *nicht* bekomme, *weil* ich habilitiert bin.

Das ist denen zu dolle!

Wo doch das Gros der dort weilenden Profs (männlich) nicht habilitiert und viele noch nicht einmal promoviert sind! Mich kann man sich dort nicht leisten.

Im übrigen bestand die Kommission aus sieben Männern und einer Frau. Die Frau war gegen mich. Die Abstimmung lautete 4 : 4. Der Vorsitzende entschied.

Gegen mich.

Und daß ich auch noch die Frauenbeauftragte eingeschaltet hatte, das war das Letzte. Das Allerletzte! Das hatte man mir besonders übel genommen.

Und überhaupt ...

Daß der Mann, den sie dann in ihren Reihen aufnahmen, kaum Zeit für seinen Job hatte, war *meine* kleine Genugtuung.

Siebter Versuch: Falsche Konfession

In meiner Heimatstadt schreibt die Fachhochschule eine Stelle aus. Sie liest sich, als hätten sie mich damit angepeilt. Mein Herz schlägt höher.

Nun ist das allerdings eine Konfession, der ich nicht angehöre – aber hier geht es doch um mehr!

Oder?

Ich rufe den Dekan an. Wir kennen uns seit Dezennien. Als nebenamtliche Lehrkraft hat er mich lange beschäftigt und immer wieder angefordert.

„Ich habe schon so an Sie gedacht", sagte er. „Das wäre *die* Stelle für Sie! Aber Sie wissen doch, wir müssen Leute aus unserer Religionsgemeinschaft nehmen!"

Ja, ich weiß. Aber ob sich da nicht irgendwas machen ließe, schließlich habe ich dieser Institution ja trotz falscher Konfession mehrere Jahre gedient, und niemand ist vom Glauben abgefallen.

„Nein", sage er. „Wir brauchen es erst gar nicht zu versuchen. Wir haben strikte Weisungen!"

Pause.

„Es sei denn, Sie konvertieren noch schnell!"

„Würden Sie mich dann nehmen?"

„Ja, sofort!"

„Aber das fiele doch auf – so kurzfristig!"

„Darum geht es doch nicht! Sie würden dann unserer Kirche angehören, und das ist es doch, was sie will!"

Ich bedanke mich! So schnell bin ich nicht. Und schließlich leben wir nicht mehr im alten Frankreich!

Achter Versuch: Falsche Familie

Und noch einmal! Diesmal bei meiner eigenen Konfession. Fachhochschule. C-3.

Alles läuft wie geschmiert. Auch hier habe ich wieder jemanden, der mich (heimlich und verbotenerweise) instruiert, mich auf dem laufenden hält.

Alles geht gut. Man hat sich mich ausgeguckt.

Aber vor den Erfolg haben die Bischöfe die Personalien gesetzt.

Ich erhalte den Personalfragebogen.

Name, Vorname, bei Frauen Mädchenname

geboren am, in

Adresse

bis hierhin ist alles unverfänglich. Und dann geht's los:

Tag der standesamtlichen Trauung

Tag der kirchlichen Trauung

Anzahl der Kinder

Geburtsdatum der Kinder . . .

Das ist das Aus!

Nix kirchliche Trauung. Und selbst, wenn wir sie noch nachholen würden – den Nachwuchs können wir nicht ungeschehen machen, der „in Sünde gezeugt" wurde.

Dennoch: ich schicke den Bogen ein – vier lange Seiten voller intimster Informationen über mich und meinen Werdegang. Nur nach meinem Beerdigungsunternehmer haben sie nicht gefragt, sonst ist alles aufgenommen (vorausgenommene Volkszählung!).

Und dann ruft mich mein Informant an. Heiße Gefechte habe es gegeben. Gesiegt haben die Konservativen, die Bischofstreuen, die Sünde-Gegner. Man hat sich für einen Mann entschieden, der saubere Personalien aufzuweisen hatte – in der richtigen Reihenfolge – und immer lagen schön neun Monate dazwischen, wie es sich gehört!

Neunter Versuch: Lieb, aber Klüngel

Universität, C-3. Ein paar freundliche Telefonkontakte, eine persönliche Einladung, ein reserviertes (!) Hotelzimmer in Uni-Nähe, eine großzügige Spesenabrechnung, ein liebevoller Vorsitzender, eine zugewandte Kommission, ein engagierter Referent (der für mich zuständig war), eine Atmosphäre, in der ich mich hätte wohl fühlen können (sieht man einmal von den monströsen Mietpreisen dieser Stadt ab, die jeden Pfennig Mehrverdienst verschlungen hätten).

Noch bei keiner Bewerbung – außer der ersten vor neun Jahren! – habe ich soviel warmherziges Interesse gespürt. Qualifizierte Leute, die über die Landes- und Bundesgrenzen bekannt sind, bei denen man das Gefühl hat, dort noch etwas lernen zu können, wenn man mit ihnen zusammenarbeitet ...

Aber es hat nicht sollen sein. Platz zwei für mich. Dann warten. Der Erstplazierte sagt ab – mein Herz setzt einen Moment aus – aber, aber ... man kann doch nicht mit einer Zweierliste durch die Instanzen gehen!

Und so wird diese aufgefüllt. Nicht ganz legal, aber immerhin. Dann ist Platz eins wieder fein besetzt, die Liste geht durch (mit einigen Querelen) – und dann bekommt Nr. eins die Stelle und nimmt sie auch an.

Das war's.

Dennoch: Danke für die gute Behandlung. Sie war geradezu unge-
wöhnlich. Es war (fast) das erste Mal, daß ich mich nach einem Verfahren nicht besudelt gefühlt habe.

Zehnter Versuch: Heimat!

Und noch einmal hebe ich an. Obwohl ich nicht mehr will und nicht
mehr mag. Meine Heimatstadt winkt mit einer Stelle.

Es war umsonst. Ich hätte es mir denken können. Ich habe eine mi-
nimale Forderung nicht erfüllt – so eine dazwischengeschobene, die
nicht unbedingt reingehört. Von der man nur vermuten kann ...

Lang ist's her – ich weiß es nur vom Hochschulklatsch. Ich weiß,
wer auf welchem Platz sitzt – von der Hochschule selber habe ich noch
keinen Mucks vernommen.

Warum auch?

Wir sind doch alle nur Spielmaterial. Masse.

Elfter Versuch: „Nach drieben machen?"

Wenn ich mir meine Berufsaussichten ansehe, dann frage ich mich, ob
ich es nicht doch noch einmal, ein letztes Mal versuchen soll.

Noch fast zwanzig Jahre auf demselben Stuhl, bis ich Rentnerin
bin? Und immer nur einer der hinterletzten Leute sein? Oder auch ins
Nischendasein abdriften? Schafe züchten? Sekten gründen? Mich dem
Alk ergeben? Ein Museum einrichten oder eine eigene Fortbildungs-
stätte? Oder noch einen Titel erwerben?

„Nach drieben machen" – ist die Parole. In der Zone blüht neues Leben aus den Ruinen. Mit mir? Ich habe noch vierzehn Tage Zeit, mir
zu überlegen, ob ich ins Land der Sachsen will.

Aber eigentlich: Ich bin es leid, diese elenden Bewerbungen, in denen man runtergemacht wird, in denen ich als Frau doch nur Chancen
habe, wenn alle Männer einer Seuche zum Opfer gefallen sein werden.
Wer weiß, was für ein Parteibuch ich dort haben muß. Oder welche
Konfession. Oder für wen dieser Posten nun schon reserviert ist. Oder

wieweit ich mich auch noch mit dem Ex-Stasi befassen muß (obwohl im Westen die Uni-Stasi nur einen anderen Namen hat!).

Bewerbungen 12–18: Wo sind sie geblieben?

Zwei von denen, die noch fehlen, waren Gehversuche außerhalb der Alma mater.

Und die restlichen fünf nahmen alle ein trauriges Schicksal: Ich habe nie mehr von ihnen gehört. In zwei Fällen habe ich noch nicht mal meine Unterlagen zurückbekommen.

Aber vielleicht kommt das ja noch? Das ist erst etwa fünf Jahre her – und bei einer Kollegin ging kürzlich die Anfrage ein, ob sie noch Interesse an der Bewerbung hätte, die sie vor fünf Jahren eingereicht hatte.

Also kann ich noch guter Hoffnung sein.

Nur in einem Fall – das muß ich zur Ehrenrettung universitären Geistes sagen – rief mich der Vorsitzende vorher an und sagte: „Machen Sie sich nicht die Mühe, wir wissen, wen wir wollen. Legen Sie sich lieber ins Bett, und lesen Sie einen Krimi, statt die Unterlagen zusammenzutragen!"

Ich habe es getan!

Claudia Harss / Karin Maier

Andrea – eine Superfrau?

☙❧

Von außen betrachtet ist Andrea zu beneiden. Sie hat alles, wovon man als Frau träumen kann: Im Beruf gelang ihr, scheinbar mühelos, ein rascher Aufstieg. Heute verdient sie 100 000,– DM im Jahr – nächstes Jahr vielleicht noch mehr. Ihr Chef schätzt sie als zuverlässige Mitarbeiterin. Andrea sieht gut aus: schlank, schick mit einer pfiffigen Kurzhaarfrisur und stets perfekt „gedreßt". Ihren Freund, mit dem sie seit etwa zwei Jahren zusammenlebt, wird sie wohl demnächst heiraten. Wer bei Andrea eingeladen ist, fühlt sich in der gepflegten, geschmackvoll eingerichteten Wohnung sofort wohl. So auch der heutige Gast. Das Abendessen, das Andrea bereitet hat, schmeckt exquisit. In einem Silberkübel stehen frische Tulpen, farblich passend zur lila Tischdekoration. Andrea sprüht wie eine Wunderkerze, erzählt, lacht und hört geduldig zu. Der Gast verläßt gegen 24.00 Uhr beeindruckt, beglückt und wahrscheinlich auch ein wenig neidisch Andreas Wohnung.

So weit der äußere Anschein. Welch ein Ideal! Auch Andrea ist an diesem Abend mit sich zufrieden: „Termin Abendessen mit XY erfolgreich abgewickelt", wird im Filofax vermerkt. Andrea führt seit einer Woche, als Ergebnis eines Fortbildungsseminars, „Zeittagebuch". Ihr heutiger Tagesablauf liest sich so:

6.30 Uhr:
Der Wecker schrillt erbarmungslos und reißt mich aus dem Schlaf. Das darf nicht wahr sein – bitte noch nicht! Bin völlig übernächtigt. Letzte Nacht gegen drei Uhr aufgewacht. Konnte erst wieder einschlafen, als es draußen bereits zu dämmern begann. Qualvoll sind die eineinhalb Stunden des Wachliegens gewesen. Unaufhörlich kreiste eine Gedankenspirale in meinem Kopf: „Oh Gott, morgen muß ich unbe-

dingt erstens ... zweitens ... drittens. Plötzlich fiel mir ein unangenehmes Gespräch mit meiner Kollegin wieder ein. Wurde wütend, als ich an eine Gesprächssequenz dachte: So eine Frechheit – eigentlich hätte ich sagen sollen ... Und zwischendurch immer wieder der Gedanke: „Schon vier Uhr! – Ich muß jetzt endlich schlafen, sonst wird es morgen unerträglich!" 6.35 Uhr: Schleppe mich ins Bad und betrachte mein Spiegelbild. „Das hast Du jetzt davon!" Die Augen sind verquollen. Viele kleine Fältchen sind offenbar noch tiefer geworden, die Haare sehen aus wie ein störrischer Mob. Einen kurzen Anflug von Selbstmitleid verwerfe ich sofort: „Reiß' Dich zusammen!" Haare waschen, fönen, Make-up, Seidenbluse, Kostüm – ab gehts!

7.45 Uhr:

Bin viel zu spät dran. Wenigstens die Betten hätte ich noch machen, die Küche noch aufräumen und die Zahnpastaflecken aus dem Waschbecken wischen sollen. Abends todmüde in eine unaufgeräumte Wohnung zu kommen, ist gräßlich! Außerdem kommt abends Besuch. Und mein Freund mault: „Wenn wir uns schon heute abend nicht sehen, könntest Du wenigstens eine Tasse Kaffee mit mir trinken, statt überall in der Wohnung herumzupusseln!" Er hat gut reden – sein Dienst beginnt erst um neun!

8.00 Uhr

Stehe an einer roten Ampel im dichten Berufsverkehr. „Heute komme ich zu spät!" denke ich verzweifelt. „Fahr' zu, du Trottel da vorn!" zische ich mit zusammengebissenen Zähnen. Mein Herz rast.

8.25 Uhr

Sperre das Büro im zweiten Stock auf. Ein Kollege scherzt: „Es ist acht Uhr und 25 Minuten, Frau Müller!" Rechtfertige mich beleidigt (Warum eigentlich?): „Sonst bin ich immer die erste."

8.30 Uhr:

Auf dem Schreibtisch liegt der angefangene Bericht über das Projekt Xerxes. Bin gestern an einer schwierigen Stelle steckengeblieben. Spüre heute Hilflosigkeit und Abscheu, wenn ich den Bericht nur anschaue. Je tiefer man sich hineindenkt, desto komplexer und unlösbarer erscheint die Aufgabe. Außerdem muß schließlich die normale Routinearbeit weiterlaufen. Greife nach einem Antragsformular für Gerätebestellungen, das bereits seit vierzehn Tagen auf meinem Schreibtisch liegt. Außerdem ist um 10.00 Uhr eine Sitzung angesetzt. Es lohnt sich nicht, vorher etwas Ernsthaftes anzufangen! Und die Blumen auf dem Fensterbrett müssen dringend gegossen werden ...

10.45 Uhr:

Sitze seit 30 Minuten in einer Besprechung. Blicke immer wieder verstohlen auf die Uhr. Zwei Abteilungsleiter haben sich in eine fruchtlose Debatte um ein Problem verstrickt. Dabei war dieses Thema doch letzten Montag in einer zähen, zweieinhalbstündigen Sitzung (scheinbar) geklärt worden! Die Zeit läuft. Der Sitzungsraum ist eng und zu stark geheizt. Fühle mich elend. Sitze wie auf Kohlen. Wann soll ich nur meinen Bericht fertigschreiben? Warum unterbricht keiner die beiden „Kampfhähne", die sich auf Kosten aller profilieren müssen? Wäre am liebsten aufgestanden und gegangen. „Meine Herren, wenn Sie sich ausgetobt haben, wissen Sie ja, wo Sie mich finden!" Aber das kann man sich natürlich nicht erlauben ...

11.30 Uhr:

Die Sitzung ist (endlich!) beendet. Hetze in mein Zimmer. Zwei wichtige Kunden haben angerufen und erbitten dringend meinen Rückruf, sagt die Sekretärin. Auf dem Schreibtisch sitzend, telefoniere ich mit einem der beiden Anrufer. Der andere ist bereits aus dem Hause – Sch ... Notiere, welche Unterlagen der Kunde wohin geschickt haben möchte, und verspreche freundlich, mich noch heute (wann eigentlich?) darum zu kümmern. Ein netter Kollege steckt den Kopf zur Türe herein und fragt, ob ich mit zum Essen in die Kantine kommen möchte. „Nein, tut mir leid, ich habe wirklich keine Zeit – bin total im Streß!"

12.00 Uhr

Verlasse im Laufschritt das Bürogebäude und steuere den nächstgelegenen Supermarkt an. Für das Abendessen brauche ich dringend noch frisches Obst und Gemüse und das Duschgel ist auch alle. Morgen fürs Frühstück muß auch noch einiges besorgt werden ... Mit zwei riesigen, schweren Einkaufstüten verlasse ich den Supermarkt. Nebenan kaufe ich noch einen Blumenstrauß, den ich mir unter den Arm klemme.

13.00 Uhr:

Gerade mein Make-up aufgefrischt und einige vertrocknete Kekse mit zwei Tassen Kaffee heruntergespült. Endlich Zeit zum Arbeiten! Und gerade jetzt kann ich mich kaum konzentrieren. Zeile um Zeile des Berichts wird zu Papier gequält. Zwischendurch klingelt dauernd das Telefon – die Sekretärin stellt mir in letzter Zeit wirklich jeden Anrufer durch.

17.30 Uhr:

Stehe vom Schreibtisch auf. Habe kalte Hände und Rückenschmerzen. Immerhin, ein wichtiges Kapitel im Bericht ist geschafft! Jetzt nichts wie heim! Für den Besuch heute abend muß noch viel vorbereitet werden.

18.00 Uhr:

Stehe im dichten Berufsverkehr an einer roten Ampel (siehe oben).

18.30 Uhr:

Endlich zuhause. Die Privatpost öffne ich im Lift: Einige Rechnungen, Prospekte und eine Karte von Freunden (laß' endlich wieder von Dir hören!). Blumen ins Wasser, Tüten auspacken, Anrufbeantworter abhören, Frühstücksgeschirr wegräumen, staubsaugen, duschen, fönen, umziehen, kochen ... es klingelt. Strahlend öffne ich dem Besucher. P. S.: Nachts gegen drei Uhr fällt mir ein, daß ich vergessen habe, den zweiten Kunden zurückzurufen. Ein Gedanke, der mir buchstäblich auf den Magen schlägt!

125

Ruth Pfau

Für weniger hätte ich das Leben nicht gelebt

◡◡◡

Vertrag mit Sonderklausel

Das „alles oder nichts" war wohl schon in meinem Charakter grundgelegt. In meiner Konversion zur katholischen Kirche lag vermutlich schon die Entscheidung zum Ordensstand. Einmal fragte ich den Jesuiten, der mich in die Kirche aufgenommen hatte, ob er meine, ich hätte eine Berufung zum Ordensstand? Er erwiderte, ausschließen könne er es nicht – ich solle aber doch erst mal versuchen, ob ich ohne Freund auskäme. Ich hielt nicht viel vom langen Warten. „Noch ein Jahr", sagte ich, „und wenn mir dann der Mann meiner Träume nicht über den Weg gelaufen ist, kann ich es dann als bewiesen ansehen, daß ich eine Berufung habe?" Pater K. meinte, es sei nicht unbedingt der eleganteste Vertrag, aber auch nicht unbedingt abzulehnen. Also: ich sollte es ein Jahr lang versuchen.

Wir standen beide in der Tür, als ich ihm sagte: „Ich habe mein Herz immer wie auf einem Tablett vor mir hergetragen, weil es nirgendwo Genüge fand. Ich glaube, dort würde es Genüge finden." Er darauf, noch einmal: Er würde doch ganz gerne den geschichtlichen Beweis dafür haben.

Ein Jahr also.

Der Gedanke, daß ich dann Gewißheit haben würde, beschwingte mich. Und dann setzte ich heimlich dem Vertrag noch eine Sonderklausel zu: ... und wenn ich aber in dem Jahr dem Mann meiner Träume begegnen würde, und mich dann trotzdem zum Ordensstand entscheiden würde, wäre das nicht noch mal besser – ?!

Wie immer es ausgeht

Es war das Jahr, in dem ich G. begegnete. Ich entsinne mich an die Zeit, an das schöne Gefühl: Wie immer es ausgeht, es wird in Fülle enden. Das hat mich in kritischen Situationen sehr bestärkt, daß ich das Gefühl hatte: Es hat sich entschieden. Ich habe immer das Gefühl gehabt, daß es keine willkürliche Entscheidung gewesen ist. Ich machte meine Medizinal-Praktikantenzeit in Winterberg, er studierte noch in Mainz. Er kam jedes Wochenende.

G. war mir geistig sehr ähnlich. Mit einem anderen hätte ich diese Phase wohl nicht durchgestanden. Anfänglich war ich unsicher, wie ich das Verhältnis gestalten sollte, um beide Freiheiten offenzuhalten. Ich sagte mir dann aber: „Das ist nicht die Frage, daß ich ihn zuwenig oder zuviel liebe. Es ist die Frage: Bist du fähig, jeden genauso intensiv zu lieben wie ihn?" Von daher ist mir die Beziehung zu ihm immer Maßstab gewesen. Auch im Verhältnis zu meinen Mitarbeitern und zu den Patienten. Oft, wenn mich jemand nachts rausholte, habe ich mich gefragt: „Wie würdest du reagieren, wenn G. es wäre?" Als ich so dachte, konnte ich auch die Intensität meiner Liebe zu G. steigern. Ich liebte ihn auch deswegen, weil ich mich durch ihn nicht in Besitz genommen fühlte. Das hatte ich vorher bei keinem erlebt: daß er fähig war, um seiner Liebe willen von sich selbst abzusehen, den anderen als Person zu wollen.

Es war nicht so, daß ich völlig gradlinig und ohne jeglichen Zweifel gelebt hätte. Ein ganzes Jahr lebte ich mit einem Bein hier und einem zweiten Bein da. Einmal, beim Abschied, sagte G.: „Du hast ein Lächeln, das verunsichert mich. Es ist doppeldeutig-grundlos. Oder es hat seinen Grund außerhalb unser beider Zuneigung."

Er hatte mehr gespürt, als ich ihm sagen konnte. Ich wußte nicht, wohin mein Leben trieb – welche Entscheidung würde Er treffen? Galt der Vertrag, oder galt die Geheimklausel zwischen uns?

Dann kam der Abend, an dem G. mich fragte. Und ich mich fern und fremd und mit unerwarteter Gewißheit sagen hörte, ich würde ja gern – ich wollte *wirklich* – aber ich könnte nicht – ich hätte eine Berufung, und mir bliebe nichts übrig, als ihr zu folgen. Und er: irgendwie hätte er das wohl gewußt. Diese gläserne Wand zwischen uns –.

Wir liefen Stunden durch den nächtlichen Wald. Am Morgen war die Gewißheit unumstößlich: Die Geheimklausel hatte gegolten. Und ich habe nie, nie daran gezweifelt, daß die Entscheidung richtig war. Als er mich gegen fünf Uhr früh an die Bahn brachte, erzählte ich ihm die Geschichte mit der Klausel.

Mein Orden

Als ich mich grundsätzlich entschieden hatte, in einen Orden einzutreten, sagte mir mein geistlicher Berater etwas, was ich nicht vergessen habe: „Es ist wichtig, in den richtigen Orden zu gehen. Mindestens so wichtig wie die Entscheidung, welchen Mann Sie heiraten, wenn Sie eine Ehe schließen."

Ich habe mich für die „Töchter vom Herzen Mariä" entschieden, eine Gemeinschaft, die nach den ignatianischen Regeln lebt. Ein Orden, der zur Zeit der Französischen Revolution als eine Art religiöse Untergrundbewegung gegründet worden war, von einem Jesuiten und einer bretonischen Adeligen, die in einen Orden eingetreten und wieder ausgetreten war, weil er ihr zu kleinkariert schien. Der Gedanke, daß Frauen allein, ohne Klausur und ohne Tracht, als Ordensfrauen in einer säkularen Umgebung leben könnten, war in der Kirche von damals nicht existent. Mir schien dies eine spannende Möglichkeit: Im Beruf stehen. Sich engagieren wo Not ist, mitten in der Welt. Ganz in der Nachfolge Christi leben, und doch Rückhalt finden in einer Gemeinschaft.

Einen weiteren Dienst erwies mir mein geistlicher Führer, als er sagte: „Wenn Sie jetzt ins Noviziat gehen, dann halten Sie diese Entscheidung für endgültig. Und sagen Sie dem Herrgott: ‚Wenn du mich raus haben willst, dann mußt du schon mit Kanonen schießen'." Das war wichtig. Denn wenn man einmal „drin" ist, dann stößt man selbstverständlich auf die Kleinkariertheiten, mit denen man bei seinen großartigen Visionen nicht gerechnet hat. Und dann war es für jemand wie mich ja nicht ganz einfach, in einer Frauengemeinschaft zu sein. Da hatte ich zunächst auch Probleme.

Ein Jahr in Paris

Ich habe ein kanonisches Jahr in Paris gemacht, im geschlossenen Konvent. (Ich ging noch als Novizin nach Karachi.) Das Noviziat dauert drei Jahre. Wir sind ansonsten in Zivil und im Beruf. Ich habe also für ein Jahr den Beruf ausgesetzt und bin ins Generalnoviziat. Eine schöne Zeit, in der ich viel lesen konnte. Es gibt ja in der französischen Kirche eine sehr progressive Richtung, aber auch eine sehr konservative. Meine Pariser Mitschwestern gehörten damals eher zur konservativen. Ich wollte z. B. den Abbé Pierre besuchen, den Lumpensammler von Paris, einfach um zu sehen, was der macht. Die Erlaubnis dazu habe ich nie erhalten. Der war viel zu sehr am Rand der Kirche. Französisch verstand ich so wenig, daß ich von den Instruktionen nicht sehr viel mitbekam. Ich hatte aber eine wunderbare flämische Novizenmeisterin. Mein Herz hat sie gewonnen, als sie einmal von ihrer Berufungsgeschichte erzählte. Sie war eine gutaussehende Frau, wenn es aber ernst wurde, blieb sie dabei: „Je suis déjà prise. – Ich bin schon vergeben." Plötzlich sagte sie, ganz versunken: „Aber Gérard. Der ißt noch heute im Gasthaus." Da wußte ich, diesen Gérard mußte sie sehr geliebt haben. Wenn ihr das so nahegeht, daß er noch heute im Gasthaus ißt. Aber sonst: Man durfte keine Partikularfreundschaften haben, niemanden auf dem Zimmer besuchen. Es war meist kalt, man heizte nur ganz wenig. Wir hatten Plumeaus, und ich setzte mich morgens damit in die Frühlingssonne. Das schien ein Weltwunder. Es gab eine Riesenaufregung.

Ich bin erst viele Jahre später wieder nach Paris zurückgekommen. Nach 26 Jahren. Da waren noch die gleichen knarrenden Dielen, die Eisenbetten mit den dicken Plumeaus, die verschnörkelten Stühle. Nichts von dem, was mir so spießig und bürgerlich vorgekommen war, hatte sich verändert. Jetzt schien es sogar alternativ.

Für weniger hätte ich das Leben nicht gelebt

Was das Ordensleben für mich bedeutet? Die verrückte, totale, grenzenlose, unsinnige, verschwenderische Hingabe an eine ebenso, nein: alles übersteigende verrückte, grenzenlose, unsinnige, verschwenderische Liebe. Für weniger als das hätte ich mein Leben nicht gelebt, sondern wäre ausgestiegen, endgültig und für immer.

Ob man die Evangelischen Räte heute leben kann? Sie *werden* gelebt, das ist ihr stärkstes Argument. Gehorsam, Armut, Keuschheit werden gelebt in suchender, weinender, aufrührerischer, tapferer Liebe. Hundert- und tausendfach in allen Ecken der Welt, eine trotzige Liebe gegen und inmitten aller Mittelmäßigkeit und Anpassung. Wie sie zu leben sind? Darauf gibt es wohl heute keine fertige Antwort. Die hat es wohl nie gegeben – so wie die Liebe immer ein Geheimnis gewesen ist, das sich allen fertigen Antworten widersetzte. So wie wir keine Antwort hatten und haben, wie eine Ehe gelebt werden soll. Und ich glaube, beides ist geheimnisvoll verbunden: die Frage nach der ehelichen Liebe und Treue und die nach der Hingabe im Ordensstand.

Wie ich sie gelebt habe und lebe? Recht und schlecht, tastend und suchend, mal im jauchzenden Zugriff, mal im trotzigen Dennoch. Wie das konkret ausgesehen hat? Die Aufnahme ins Postulat, die Probezeit im Orden, war noch vor dem Zweiten Vatikanischen Konzil. Man kniete nieder und küßte den Boden.

Wie stand es doch geschrieben in der „Frau aus Andros", dem Buch, das mir G. zum Abschied geschenkt hatte? „. . . und er fiel nieder und küßte die Erde – diese Erde, die uns teuer ist über alle Maßen" –.

Ich konnte mich im Glas einer Vitrine sehen und dachte amüsiert: „Das also bis du. Und dann: das Kleid steht dir gut –."

Das Noviziat war voll dieser kleinen sinnigen, unsinnigen Gesten, über vieles mußte man einfach schmunzeln. Geheimsprache unseres Flirts, ich hatte ja so viel Verrücktes schon vorher getan, unter dem Zeichen einer Liebe, die bei weitem nicht die Ausschließlichkeit der jetzigen Liebe hatte –.

Aber auch jenen Satz trage ich aus der Noviziatszeit in meinem Herzen: „Ce n'est pas pour rire, moi, que t'aime. Es ist gar nicht zum Lachen, ich liebe dich."

Das Keuschheitsgelübde ist für mich immer das zentrale Gelübde gewesen. Die Totalhingabe, deren Geborgenheit und Freiheit es uns ermöglichen, uns wehrlos und mit ungeschütztem Herzen und allen Verwundungen der Liebe auszusetzen –.

Das Armutsgelübde war mir ein ganzes Leben lang Last und Aufgabe. Ich habe es immer im Zusammenhang mit der Solidarität gesehen. Bei meinem Entschluß, in die Dritte Welt zu gehen, hat es wesentlich mitgespielt. Im Geheimnis der „Entäußerung" reicht es tief in die geistliche Dimension. Hier hängt es auch zusammen mit Keuschheit und Gehorsam.

Das Gehorsamsgelübde schließlich: Vielleicht muß es in vielen Leben, in Konfliktsituationen und im Alltag gelebt werden, ehe wir wieder eine neue gültige Formulierung finden. Wie es nicht mehr gelebt werden kann, das wissen wir alle. Wie es gelebt werden kann, entdecken wir alle Tage neu – daß es gelebt werden kann und wert ist, gelebt zu werden, würde wohl keiner von uns ableugnen.

Ein paar Dinge können gewiß schon heute gesagt werden: Es kann nur im Gespräch miteinander gelebt werden – im gemeinsamen Suchen nach Gottes Willen; es setzt Humor voraus: man muß wissen, wo und warum man wichtig ist und wo man sich gar nicht so wichtig nehmen soll; es kann nur in Freiheit und Reife gelebt werden: im inneren Abstandnehmen von ich-zentrierten Wünschen und den Träumen von eigener Geborgenheit; Dienst und Verfügbarkeit sind Werte, die wir heute fraglos unterschreiben, und sie prägen ganz wesentlich diesen Gehorsam. Aggressionen, die das Wort „Gehorsam" hervorruft, müssen noch lange nichts mit der Sache zu tun haben.

Was also ist mir mein Gehorsamsgelübde wert? Wie sollte es heute gelebt werden? Sicher hat es mich toleranter gemacht. Warum sollte man um Dinge streiten, die es nicht wert sind? Sicher hat es mich auch (beglückt-beglückend) gelehrt, daß man mit Konflikten leben und sich trotzdem gegenseitig annehmen kann; daß Frieden in Spannung gelebt und als Frieden erfahren werden kann. Daß jedes Sich-Loslassen zu einem Zuwachs an Freiheit führt. – Gelebte Freiheit. Das hat mich auch an anderen immer wieder fasziniert.

Was einem das Herz zerreißt

Ich zerbreche mir zum hundertsten Male den Kopf, wie man eine Lösung finden könnte, den vielen hilfesuchenden Patienten gerecht zu werden und die Lepraarbeit weiterzuführen – ein seit Jahren ungelöster Konflikt. – Nein, es sind nicht die Felspfade und nicht die schwankenden Brücken, nicht die Nächte in den Berghütten und nicht die kargen zwei Mahlzeiten am Tage, die das Leben hier draußen hart machen für uns – es ist die unendliche Not, in der wir allein nicht helfen können, die uns immer und überall begegnet, die das Herz zerreißt und zermürbt.

Einmal kamen wir in über dreitausend Metern Höhe in ein Himalaja-Dorf. Ein Patient lief uns entgegen: „Meine Tochter hat eben entbunden. Aber die Nachgeburt kommt nicht heraus." Ich ging zu seiner Hütte und konnte den Befund zunächst auch nicht interpretieren. Es war ein kaum beleuchtetes, höhlenmäßiges Zimmer. Dann entdeckte ich: Die Mutter hatte die Tochter entbunden und dabei die gesamte Gebärmutter herausgedrückt. In der Meinung, das sei die Nachgeburt, hatten sie versucht, sie herauszuholen. Wir waren zu Fuß unterwegs und hatten kaum etwas dabei. Es gab keine Möglichkeit, eine Narkose zu geben oder sterile Instrumente zu verwenden. Aber irgend etwas mußte gemacht werden. Ich sagte: „Wenn Mohammed Ali hier nicht herein darf, dann mache ich überhaupt nichts." Da ließen sie schließlich unseren Lepraassistenten in den Raum. Ich hatte tatsächlich nur zwei Aspirin und eine noch nicht geöffnete Tempo-Taschentuch-Packung. Das war das Sterilste. Dann wusch ich die Hände im Bach, erklärte ihr, daß wir sie nicht ins Krankenhaus schaffen könnten, weil sie den Transport nicht überleben würde. Die Frau hat so tapfer mitgearbeitet. Wir waren beide total naßgeschwitzt, bis ich die Reposition gemacht habe. Wir mußten dann höher ins Tal. Als wir nach fünf Tagen zurückkamen, ging es ihr gut.

Ich sage mir: Hier ist man zufällig einmal vorbeigekommen. Was passiert in den anderen Fällen?

2
Blicke auf das Leben: Grenzgänge in der Zeit

✿✿✿

Mit 15: Der Blick nach vorn

Poem

Ich möchte leben.
Schau, das Leben ist so bunt.
Es sind so viele schöne Bälle drin.
Und viele Lippen warten, lachen, glühn
und tuen ihre Freude kund.
Sieh nur die Straße, wie sie steigt:
so breit und hell, als warte sie auf mich.
Und ferne, irgendwo, da schluchzt und geigt
die Sehnsucht, die sich zieht durch mich und dich.
Der Wind rauscht rufend durch den Wald,
er sagt mir, daß das Leben singt.
Die Luft ist leise, zart und kalt,
die ferne Pappel winkt und winkt.

Ich möchte leben.
Ich möchte lachen und Lasten heben
und möchte kämpfen und lieben und hassen
und möchte den Himmel mit Händen fassen
und möchte frei sein und atmen und schrein.
Ich will nicht sterben. Nein!
Nein.
Das Leben ist rot,
Das Leben ist mein.
Mein und dein.
Mein.

Selma Meerbaum-Eichinger

Simone de Beauvoir

Ich begann mich dafür zu interessieren, wie ich künftig sein würde

ೞೞೞ

Ein Wort kehrte oft in den Reden der Erwachsenen wieder: ‚Das ist ungehörig.' Der Inhalt dieses Adjektivs blieb etwas in der Schwebe. Zuerst hatte ich ihm einen mehr oder weniger skatologischen Sinn beigelegt. In *Les Vascances* von Madame de Ségu erzählte eine der darin auftretenden Personen eine Geschichte von einem Gespenst, einem Nachtmahr, einem schmutzigen Bettuch, die mich ebensosehr wie meine Eltern schockierte; damals verband sich für mich der Begriff der Unanständigkeit mit den niedrigen Funktionen des Körpers; später erfuhr ich, daß dieser in seiner Gesamtheit durch deren Roheit gezeichnet war: man hatte ihn zu verbergen; seine Unterkleidung oder seine Haut sehen zu lassen – außer an einigen genau festgelegten Stellen – wurde als höchst unpassend angesehen. Gewisse Einzelheiten der Kleidung, gewisse Stellungen waren ebenso tadelnswert wie indiskutierbar. Entblößung. Diese Verbote betrafen besonders das weibliche Geschlecht; eine Dame, die wußte, was sich gehört, durfte weder zu weit dekolletiert noch mit zu kurzen Röckchen erscheinen, ihr Haar weder färben noch kurz schneiden, sich nicht schminken, sich nicht auf einem Diwan räkeln noch ihren Mann in den Schächten der Metro küssen; überschritt sie diese Regeln, so war sie eine ‚gewöhnliche' Person. Ungehörigkeit war nicht ganz dasselbe wie Sünde, rief aber strengeren Tadel hervor als bloße Lächerlichkeit. Wir verspürten beide, meine Schwester und ich, daß sich unter ihrer harmlosen Außenseite etwas Wichtiges verbarg, und um uns gegen dieses Geheimnis zu schützen, waren wir eifrig bestrebt, es ins Lächerliche zu wenden. Im Luxembourggarten stießen wir beide einander mit dem Ellbogen an, wenn wir an einem verliebten Paar vorübergingen. Die Ungehörigkeit hatte in meinem Bewußtsein einen – wenn auch äußerst vagen – Zusammenhang mit einem anderen Geheimnis: den verbotenen Büchern. Manchmal steckte Mama, bevor sie mir ein Werk übergab, ein paar Blätter zusammen; in Wells' *The War of the Worlds* stieß ich so auf ein ganzes Kapitel, dessen Lektüre mir verboten war. Niemals zog ich die Nadeln heraus, aber ich fragte mich oft: wovon ist da die Rede? Es war sonderbar. Die Erwachsenen redeten frei in meiner Gegenwart; ich bewegte mich in der Welt, ohne auf irgendwelche Hindernisse zu stoßen; dennoch verbarg sich etwas hinter all dieser Transparenz; aber was? und wo steckte es? Vergebens durchforschte mein Blick den Horizont auf der Suche nach der geheimen Zone, die durch keine Zwischenwand vor mir verborgen wurde, aber gleichwohl unsichtbar blieb.

Eines Tages, als ich an Papas Schreibtisch saß und arbeitete, lag in Reichweite ein Buch mit gelbem Umschlag: *Cosmopolis*. Müde, mit leerem Kopf, schlug ich es mechanisch auf; ich hatte nicht die Absicht, darin zu lesen, aber es kam mir vor, als würde ein Blick ins Innere dieses Bandes, selbst wenn ich nicht einmal so weit kam, daß aus den Wörtern sich Sätze gestalteten, mir etwas von seinem Geheimnis preisgegeben. Auf einmal stand Mama hinter mir. „Was tust du da?" Ich stotterte irgend etwas. „Das darfst du nicht!" sagte sie. „Nie darfst du Bücher anrühren, die nicht für dich bestimmt sind." Ihre Stimme hatte etwas Beschwörendes, und ihr Gesicht trug den Ausdruck einer Beunruhigung, die überzeugender als ein Vorwurf war; zwischen den Seiten von *Cosmopolis* schien auf mich eine große Gefahr zu lauern. Ich erging mich in Versprechungen. In meinem Gedächtnis ist diese Episode unauflöslich mit einem noch älteren Vorgang verknüpft: als ich noch ganz klein war, hatte ich, auf einem Sessel sitzend, meinen Finger in das schwarze Loch einer elektrischen Steckdose gebohrt; der Schlag, den ich erhielt, bewirkte, daß ich vor Schreck und Schmerz laut schrie. Habe ich, während meine Mutter sprach, auf das schwarze Rund in der Porzellanplatte geblickt, oder haben sich die beiden Dinge erst später in meinem Bewußtsein so eng zusammengeschoben? Auf alle Fälle hatte ich den Eindruck, daß ein Kontakt mit den Zola- oder Bourgetbänden des Bücherschranks in mir einen unvorhersehbaren, zu Boden schmetternden Schlag hervorbringen würde. Und wie das Schienensystem der Metro, das mich faszinierte, weil das Auge über seine blanke Oberfläche hinglitt, ohne die darin ruhende mörderische Kraft zu entdecken, flößten diese alten Bände mit dem lose gewordenen Rücken mir um so ärgere Furcht ein, als nichts ihre unheilvolle Macht nach außen hin spürbar machte.

Während der Anleitungen zur Sammlung, die meiner feierlichen ersten Kommunion vorausgingen, erzählte uns der Pfarrer, um uns gegen die Versuchung der Neugier zu wappnen, eine Geschichte, durch die die Spannung auf die Spitze getrieben wurde. Ein erstaunlich gescheites, frühreifes kleines Mädchen, das jedoch von wenig wachsamen Eltern erzogen worden war, hatte sich ihm eines Tages anvertraut: sie hatte so viele schlechte Bücher gelesen, daß sie den Glauben verloren hatte und vor dem Leben Grauen empfand. Er versuchte, ihr die Hoffnung zurückzugeben, aber die Verheerung in ihrem Innern war schon zu weit vorgeschritten; kurze Zeit darauf hörte er, daß sie sich umgebracht habe. Meine erste Regung war eifersüchtige Bewunderung für das kleine Mädchen, das nur ein Jahr älter als ich und doch schon so viel besser unterrichtet gewesen war. Dann versank ich in Ratlosigkeit. Der Glaube war meine Versicherung gegen die Hölle: ich fürchtete sie zu sehr, um eine Todsünde zu begehen; wenn man aber zu glauben aufhörte, taten sich alle Abgründe auf; konnte einen unverdient so furchtbares Unglück treffen? Die kleine Selbstmörderin hatte nicht einmal durch Ungehorsam gesündigt; sie hatte sich nur durch Mangel an Vorsicht den dunklen Mächten anheimgegeben, die ihre Seele verwüsteten; weshalb hatte Gott ihr denn da nicht geholfen? Und wie können von Menschen zusammengefügte Worte die Wahrheiten aus dem Jenseits zunichte machen? Am wenigsten vermochte ich zu begreifen, daß Erkenntnis zur Verzweiflung führen kann. Der Pfarrer hatte nicht gesagt, daß schlechte Bücher das Leben falsch darstellten; in diesem Falle hätte er sie ja leichthin als verlogen abtun können; das Drama des Kindes, das er nicht hatte retten können, bestand darin, daß es das wahre Antlitz der Wirklichkeit vor der Zeit aufgedeckt hatte. Auf alle Fälle, sagte ich mir, würde ich es eines Tages selbst erblicken und darum nicht sterben: die Vorstellung, daß es ein Alter gibt, in dem die Wahrheit tötet, widerstand meiner rationalistischen Art.

Das Alter im übrigen spielte nicht allein eine Rolle; Tante Lili durfte nur Bücher ‚für junge Mädchen' lesen; Mama hatte Louise *Claudine à l'École* aus den Händen gerissen und am Abend zu Papa darüber folgende Bemerkung gemacht: „Zum Glück hat sie nichts verstanden." Die Heirat war das Gegengift, das einem gestattete, gefahrlos die Früchte vom Baume des Wissens zu kosten: ich konnte mir nicht erklären wieso. Ich kam nie auf den Gedanken, diese Probleme mit meinen Kameradinnen zu erörtern. Eine Schülerin war aus dem Unterricht verwiesen worden, weil sie ‚häßliche Gespräche' geführt hatte; ich sagte mir mit gutem Gewissen, daß ich, hätte sie versucht, mich als Partnerin zu wählen, darauf nicht eingegangen wäre.

[...]

Ich begann mich dafür zu interessieren, wie ich künftig sein würde. Außer ernsthaften Werken und den Abenteuergeschichten, die ich aus der Leihbibliothek entlehnte, las ich auch die Romane der ‚Bibliothèque de ma fille', mit denen sich schon meine Mutter in ihrer Jugend unterhalten hatte und die ein ganzes Fach in meinem Schrank einnahmen; in La Grillère standen mir die *Veillées des Chaumières* und die Bände der ‚Stella' zur Verfügung, an denen Madeleine sich ergötzte; Delly, Guy Chantepleure, *La Neuvaine de Colette, Mon oncle et mon curé*, solche und ähnliche tugendhaften Idyllen unterhielten mich freilich nur mit Maßen; ich fand die Heldinnen dumm, ihre Anbeter fade. Aber es gab ein Buch, in dem ich mich selbst und mein Geschick zu erkennen glaubte: *Little Women* von Louisa Alcott. Die kleinen Marschschwestern waren Protestantinnen, ihr Vater war Pastor, und als Lektüre vor dem Schlafengehen hatte ihnen ihre Mutter nicht die *Nachfolge Christi* gegeben, sondern Bunyans *Pilgerreise zur seligen Ewigkeit*; an diesem Abstand ermaß ich nur um so besser die Züge, die uns gemeinsam waren. Ich war tief gerührt, wenn ich las, wie Meg und Jo ihre armseligen haselnußbraunen Popelinekleider anzogen, um eine Matinee zu besuchen, bei der alle anderen Kinder in Seide gekleidet waren; man lehrte sie wie mich, daß Bildung und gute Sitten mehr wert seien als Reichtum; ihr bescheidenes Heim hatte wie das meine irgend etwas Besonderes. Ich identifizierte mich leidenschaftlich mit Jo, der Intellektuellen. Jäh in ihren Bewegungen, anmutlos, suchte Jo zum Lesen die Wipfel der Bäume auf; sie war fast bubenhafter und unternehmender als ich selbst; aber ich teilte ihr Grauen vor Nähen und Hausarbeit sowie ihre Liebe zu Büchern. Sie schrieb: um es ihr nachzutun, knüpfte ich von neuem an meine Vergangenheit an und verfaßte zwei oder drei Novellen. Ich weiß nicht, ob ich davon träumte, meine alte Freundschaft mit Jacques wiederzubeleben, oder ob ich mir in unbestimmterer Weise nur wünschte, daß die Schranke fiele, die mir die Welt der Buben verschloß, jedenfalls sprachen die Beziehungen zwischen Jo und Laurie mich ganz besonders an. Ich zweifelte nicht daran, daß sie später einander heiraten würden; es war also möglich, daß die Zeit der Reife die Versprechungen der Kindheit hielt, anstatt sie zu verleugnen: diese Idee ließ mich hoffen. Was mich aber besonders entzückte, war die entschiedene Voreingenommenheit Louisa Alcotts für Jo. Ich haßte, wie ich schon früher sagte, das herablassende Getue der Erwachsenen, mit dem sie die Kindheit nivellierten. Die Vorzüge und Fehler, welche die Schriftsteller ihren jungen Helden anerkannten, schienen gewöhnlich Beiwerk ohne weitere Folgen zu sein; wenn sie erst groß wären, würden sie alle einmal rechtschaffene Leute werden; im übrigen unterschieden sie sich voneinander nur durch ihr moralisches Verhalten, nicht durch ihre Intelligenz; man hätte immer meinen können, daß unter diesem Gesichtspunkt das Alter sie alle einander gleichmachte. Jo hingegen war ihren Schwestern, die ihrerseits tugendhafter oder hübscher waren, durch ihren Wissensdrang und ihren scharfen Verstand weit voraus; diese Überlegenheit, die ebenso hervorstechend war wie die gewisser Erwachsener, sicherte ihr ein außergewöhnliches Geschick; sie war gleichsam gezeichnet. Auch ich glaubte berechtigt zu sein, meine Neigung zu Büchern, meine Schulerfolge als Unterpfand einer Höherwertigkeit zu betrachten, die durch meine Zukunft Bestätigung finden würde. Ich wurde in meinen eigenen Augen eine Romanfigur. Da jede Romanintrige Schwierigkeiten und Niederlagen erfordert, erfand ich solche für mich. Eines Nachmittags spielte ich Krocket mit Poupette, Jeanne und Madeleine. Wir trugen Überschürzen aus beigefarbenem Leinen, die rot auslanguettiert und mit Kirschen bestickt waren. Die Lorbeerbüsche glänzten in der Sonne, die Erde roch gut. Plötzlich stutzte ich: ich war gerade dabei, das erste Kapitel eines Buches zu leben, dessen Heldin ich war; diese hatte noch kaum ihre Kindheit hinter sich gebracht; aber wir würden wachsen; hübscher, anmutiger und sanfter als ich, würden meine Schwester und meine Kusinen besser als ich gefallen; sie würden Männer finden, ich nicht. Ich aber würde deswegen keine Bitterkeit verspüren, sondern ganz richtig finden, daß man ihnen vor mir den Vorzug gab; etwas jedoch würde kommen, was mich über jede Bevorzugung hinaus erhöbe, ich wußte noch nicht, in welcher Gestalt und durch wen, aber eines Tages würde ich erkannt werden. Ich bildete mir ein, daß ein Blick bereits auf diesem Krocketplatz und den vier Mädchen in Leinenschürzen ruhe, er machte bei mir halt, und eine Stimme raunte: „Diese ist den anderen nicht gleich." Es war geradezu lachhaft, mich allen Ernstes mit einer Schwester oder Kusinen zu vergleichen, die gar nichts Höheres im Sinne hatten. Mit ihnen hatte ich gewissermaßen alle meinesgleichen vor Augen; das bestärkte mich darin, daß ich ein Ausnahmegeschöpf sein würde.

Übrigens gab ich mich diesem stolzen Anspruch nur ziemlich selten hin: die Beachtung, die ich ohnehin fand, machte es überflüssig. Und wenn ich mich zuweilen als etwas Exzeptionelles erachtete, ging ich doch niemals mehr so weit, mich für einzigartig zu halten. Fortan war meine Arroganz durch die Gefühle gemildert, die eine andere in mir weckte. Ich hatte das Glück gehabt, der Freundschaft zu begegnen.

Elfriede Jelinek

am beispiel paula

ᎧᎧᎧ

am beispiel paula. paula ist vom lande. das landleben hat sie bis jetzt in schach gehalten – ebenso wie ihre schwestern erika und renate, die verheiratet sind. die beiden kann man schon abschreiben, es ist genauso, als ob sie nicht auf der welt wären. mit paula ist das anders. sie ist die jüngste von ihnen und noch richtig auf der welt. sie ist 15 jahre alt. sie ist jetzt alt genug, um sich überlegen zu dürfen, was sie einmal werden möchte: hausfrau oder verkäuferin. verkäuferin oder hausfrau. in ihrem alter sind alle mädchen, die so alt sind wie sie alt genug, um sich zu überlegen, was sie einmal werden wollen. die hauptschule ist beendet. die männer im dorf sind entweder holzarbeiter oder sie werden tischler, elektriker, spengler, maurer oder sie gehen in die fabrik oder sie versuchen tischler, elektriker, spengler, maurer oder fabrikarbeiter und gehen dann doch in den wald und werden holzarbeiter. die mädchen werden ihre frauen. der jäger ist ein besserer beruf, er wird von auswärts importiert. lehrer und pfarrer gibt es nicht, das dorf hat keine kirche und keine schule. auch der intelligenzberuf des konsum-filialleiters wird von auswärts importiert, unter ihm arbeiten immer drei frauen und mädchen aus dem dorf und ein lehrmädchen aus dem dorf. die frauen bleiben bis zu ihrer heirat verkäuferin oder hilfsverkäuferin, wenn sie geheiratet worden sind, ist es aus mit dem verkaufen, dann sind sie selbst verkauft, und die nächste verkäuferin darf an ihre stelle rücken und weiterverkaufen. der wechsel geht fliegend vor sich.

so ist im laufe der jahre ein natürlicher kreislauf zustandegekommen: geburt und einsteigen und geheiratet werden und wieder aussteigen und die tochter kriegen, die hausfrau oder verkäuferin, meist hausfrau. tochter steigt ein, mutter kratzt ab, tochter wird geheiratet, steigt aus, springt ab vom trittbrett, kriegt selber die nächste tochter, der konsumladen ist die drehscheibe des natürlichen kreislaufs der natur, in seinem obst und gemüse spiegeln sich die jahreszeiten, spiegelt sich das menschliche leben in seinen vielen ausdrucksformen, in seiner einzigen auslagenscheibe spiegeln sich die aufmerksamen gesichter seiner verkäuferinnen, die hier zusammengekommen sind, um auf die heirat und das leben zu warten. die heirat kommt aber immer allein, ohne das leben. so gut wie nie arbeitet eine verheiratete frau im geschäft, außer der mann ist gerade arbeitslos oder schwerverletzt. alkoholiker ist er immer.

als holzarbeiter hat er einen schweren und gefährlichen beruf, von dem schon oft einer nie mehr zurückgekommen ist. daher genießen sie ihr leben unheimlich, solange sie jung sind, ab 13 ist kein mädchen mehr sicher vor ihnen, das allgemeine wettrennen beginnt, und die hörner werden abgestoßen, von welchem vorgang das ganze dorf widerhallt. der vorgang hallt durchs tal.

am ende ihrer jugend holen sich die jungmänner eine tüchtige, sparsame frau ins haus. ende der jugend. anfang des alters.

für die frau ende des lebens und anfang des kinderkriegens. während die männer schön reifen und zu altern beginnen und dem alkohol zusprechen, er soll sie stark und ohne krebs erhalten, dauert der todeskampf ihrer frauen oft jahre und jahre, oft auch noch so lang, daß sie dem todeskampf ihrer töchter beiwohnen können. die frauen beginnen ihre töchter zu hassen und wollen sie möglichst schnell auch so sterben lassen wie sie selber einmal gestorben sind. daher: ein mann muß her.

manchmal möchte eine tochter nicht so schnell sterben wie sie soll, sondern lieber noch ein zwei jahre verkäuferin bleiben und leben! ja leben! sie möchte in seltenen fällen sogar verkäuferin in der kreisstadt werden, wo es noch andre berufe gibt, solche wie pfarrer, lehrer, fabrikarbeiter, spengler, tischler, schlosser, aber auch uhrmacher, bäcker, fleischhauer! und selcher! und noch viel mehr. noch viel mehr versprechen für ein leben in einer schöneren zukunft.

doch es ist gar nicht so leicht, einen mann mit einer schöneren zukunft festhalten zu können, die besseren berufe haben auch besseres zu bieten, daher dürfen sie gleich verlangen, daß man es macht, trotzdem darf man es nicht machen, weil sonst will der bessere beruf gleich etwas noch besseres, und aus. ein holzknecht wartet manchmal, ein besserer beruf wartet nie. kaum eine ist davon jemals zurückgekommen, außer auf besuch und mit einem bankert ohne vatter.

der verschwindend kleine rest kommt auch manchmal auf besuch nach hause, um der mutter und dem vatter die kinder zu zeigen, wie gut sie es haben, und der mann ist brav und gibt das ganze geld her und säuft nur wenig, und die küche ist ganz neu und der staubsauger ist neu und die vorhänge sind neu und der ecktisch detto und der fernseher ist neu, und die neue couch ist neu und der neue herd ist zwar gebraucht, aber wie neu, und der fußboden ist zwar abgetreten aber geputzt wie neu, und die tochter ist noch wie neu, wird aber bald verkäuferin werden und rapide altern und gebraucht werden. aber warum soll die tochter nicht verbraucht werden, wenn die mutter auch verbraucht worden ist? die tochter soll bald gebraucht werden, sie braucht es schon nötig, und her damit mit dem neuen besseren, als da sind pfarrer, lehrer, fabrikarbeiter, spengler, tischler, schlosser, uhrmacher, fleischhauer! und selcher! und viele andre, u. v. a. und alle brauchen sie ununterbrochen frauen und verwenden sie auch, aber selber wollen sie auf keinen fall eine schon gebrauchte frau kaufen und weiterverbrauchen. nein. das wird dann schwierig. weil wo nimmt man ungebrauchte frauen her, wenn frauen dauernd verbraucht werden? es gibt keine prostitution, es gibt aber eine menge unehelicher kinder, die, die hätte es nicht machen dürfen, sie hat es aber gemacht, dabei hat man es ihr gemacht, man hat es ihr gründlich besorgt, und jetzt steht sie da und muß selber die arbeit machen, auch die arbeit, die sonst der mann macht, und das kind bleibt bei der haßaufmutterundkinderfüllten oma. gebrauchte frauen werden selten und wenn, dann vom erstverbraucher genommen. dann müssen sie sich ihr leben lang anhören: wenn ich dich nicht genommen hätte, hätte dich kein andrer mehr genommen, und du hättest schauen müssen, wo du das geld fürs kind hernimmst, so habe ich dich im letzten moment doch noch genommen, und du kannst jetzt das geld von mir nehmen, nachdem ich mir das geld für den alkohol vorher genommen habe, und dann kann ich dich ohne schwierigkeiten dafür nehmen so oft ich will, aber, daß unsere tochter keiner widerrechtlich nimmt und benützt, da paß ich auf, daß sie nicht so eine wie ihre mutter wird, die sich schon VORHER hat nehmen lassen.

sie soll warten, bis sie wer nimmt, aber nachher, und sich dann nehmen lassen, aber erst nachher. wenn sie sich nämlich, so wie du, vorher nehmen läßt, dann kann sie nachher froh sein, wenn sie überhaupt noch einer nimmt. und unsre tochter kann froh sein, daß sie so einen vatter hat.

schrecklich dieses langsame sterben. und die männer und die frauen sterben gemeinsam dahin. der mann hat dabei noch etwas abwechslung, er bewacht seine frau wie ein hofhund von draußen, er bewacht sie beim sterben. und die frau bewacht von drinnen den mann, die weiblichen sommergäste, ihre tochter und das wirtschaftsgeld, das nicht versoffen werden soll, und der mann bewacht von draußen seine frau, die männlichen sommergäste, die tochter und das wirtschaftsgeld, damit er was abzweigen kann zum saufen. und so sterben sie sich gegenseitig an. und die tochter kann es gar nicht mehr erwarten, endlich auch sterben zu dürfen, und die eltern kaufen für den tod der tochter noch ein: leintücher und handtücher und geschirrtücher und einen gebrauchten kühlschrank, da bleibt sie wenigstens tot aber frisch.

und was wird aus paula? verkäuferin oder hausfrau? über dem allen nur paula nicht vergessen! um die es hier geht. was wird aus paula? später sterben oder früher? oder gar nicht erst mit dem leben anfangen? gleich sterben? nicht warten können, und dann ist es zu spät, und das Kind ist da und die mutter stirbt gleich anstatt erst nach der hochzeit? NEIN! paula möchte nämlich schneiderin lernen. das hat es im dorf überhaupt noch nie gegeben, daß eine was LERNEN möchte. das kann nicht gut gehn. die mutter fragt: paula, willst du nicht doch verkäuferin werden, wo du jemand kennenlernen kannst oder hausfrau wo du schon jemand kennengelernt hast?

die mutter sagt: paula, du MUSST verkäuferin werden oder hausfrau. paula antwortet: mutter, es ist gerade keine lehrstelle als verkäuferin frei. die mutter sagt: dann bleib zuhause, paula, und werde hausfrau und hilf mir bei der hausarbeit und im stall und bediene deinen vatter so wie ich ihn bediene und bediene auch deinen bruder, wenn er aus dem holz kommt. warum sollst du es besser haben als ich, ich war nie etwas besseres als meine mutter, die hausfrau war, denn damals hat es noch keine verkäuferinnen gegeben bei uns, und mein vatter hätte mich erschlagen, wenn es sie gegeben hätte.

und er hat gesagt, ich soll zuhause bleiben und der mutta helfen und ihn bedienen, wenn er aus der arbeit kommt und das bier holen vom wirten, das dauert 8 minuten hin und zurück, und wenn es länger dauert, dann brech ich dir das kreuz. und warum sollst du, meine tochter, es besser haben? bleib lieber zu haus und hilf mir, wenn dein vatter und dein bruder gerald nach hause kommen. und vielleicht brechen wir, ich und dein vatter und dein bruder gerald dir einmal wirklich das kreuz. HALLO!

paula sagt jedoch, mutter ich will aber nicht, ich will schneiderei lernen. und wenn ich die schneiderei fertiggelernt habe, will ich auch etwas von meinem leben haben, nach italien fahren und für mein selbstverdientes ins kino gehen, und nachdem ich etwas von meinem leben gehabt haben werde, will ich noch einmal, ein letztes mal, nach italien fahren, und für mein selbstverdientes noch einmal, ein allerletztes mal, ins kino gehen, und dann will ich mir einen braven mann suchen, oder einen weniger braven, wie man sie im kino jetzt immer öfter sieht, und dann will ich heiraten und kinder bekommen. und alle miteinander und auch noch zugleich lieben, ja, lieben! und es sollen zwei sein, ein bub und ein mädel. und dann möchte ich auch noch die pille nehmen, damit es nur zwei bleiben, ein bub und ein mädel, und alles immer sauber und rein. und nur mehr für die kinder und mich nähen müssen, und ein einfamilenhaus, selber bauen, mit fleißigem mann.

und für die kinder und mich nähe ich alles selber, das spart viel geld, für fremde leute muß ich dann nicht mehr nähen, das wird er mir nicht erlauben, nein. mutta, bitte ich möchte schneiderei lernen.

die mutta sagt, daß sie es dem vatter sagt und dem gerald. sie war höchstens 3 mal im leben im kino, und es hat ihr nicht gefallen und sie nicht interessiert, und sie war froh, wie sie wieder zuhause war. in italien war ich überhaupt nicht, noch nie, und der fernseher ist viel interessanter, da sieht man die ganze welt, ohne, daß man gleich in ihr drinnen sein möchte oder müßte. wie mein vatter noch gelebt hat, hab ich für ihn geschuftet, und dann hab ich für deinen vatter weitergeschuftet und für den gerald, und jetzt, wo du alt genug bist, um mit mir zu schuften, willst du plötzlich nicht mehr sondern die saubere schneiderei lernen. warum und für was hab ich mein leben lang geschuftet, wenn nicht für den vatter und den gerald, und jetzt, wo du

endlich mitschuften könntest, willst du nicht. schlag dir das aus dem
kopf! bevor es dir der vatter und der gerald rausschlagen. gleich sag
ich es dem vatter und dem gerald. gleich!

der vatter und der gerald sind der meinung, daß paula sich nicht
mit der leichten sauberen schneiderei drücken könne, wenn sie selber
die schwere schmutzige holzarbeit machen. sie soll nur nicht glauben,
daß sie vatters haß entkommen könne, mit einer sauberen arbeit, wo
der vatter doch die mutter wegen ihr hat heiraten müssen. na, nicht
wegen ihr aber wegen ihrer ältesten schwester, die jetzt schon verheiratet und unangreifbar ist. haben wir also schon deine mutta gehaßt, weil sie die saubere hausarbeit hat machen dürfen, während wir
die dreckige schwere arbeit machen müssen. haben wir also schon
deine mutta im rausch oft und oft halbtot geprügelt, haben wir also
schon deiner mutta die dreckigen stiefel ins gesicht und die dreckigen
hosen auf die bank geschmissen, die dreckigen arbeitshosen auf die
damals neue polsterbank. wollen wir also auch dir ausgiebig die
dreckigen stiefel ins gesicht und die dreckigen hosen auf die bank
schmeißen, was du dann wegputzen mußt. haben wir unsren ehrlichen
sauberen haß auf euch auch nur einen augenblick vergessen? nein.
sieht du! außer im augenblick eines geburtstages, eines heiligabends
oder eines schweren unfalls. und da willst du schneiderei lernen!

aber paula sieht sich weiterhin das bessere leben an, wo sie es zu
fassen kriegt, egal wo, im kino oder beim sommergast. aber immer ist
es nur das bessere leben von andren, nie das eigene.

sie sagt auch manchmal: das lehrlingsgeld könnt ihr doch brauchen,
und verkäuferin muß man schließlich auch lernen, und mein brautkleid,
denkt euch, mein brautkleid kann ich mir dann selber nähen!!! und der
mutta nähe ich auch was, und der tante und der oma und allen, allen.
und das spart wiederum geld, und ich sehe oft saubere leute dabei, und
dann bin ich auch eine von den sauberen leuten, weil ich mir selbst auch
neue kleider nähe, was einem besseren mann gefallen kann.

und alle werden sagen ich bin sauber, und vielleicht heiratet mich
dann sogar ein tischler, maurer, spengler, fleischer! oder selcher!

und die ganze zeit schaut paula sich das bessere leben an wie etwas, das ihr auch mal gehören kann, obwohl es nicht für sie gemacht
ist.

und weil sie die viele beschäftigung gar nicht wert ist, und weil der vatta am abend seine ruhe haben möchte, und weil er sie ja nicht erschlagen kann, so gern er es auch möchte, weil er einfach zu müde ist, als daß er einen zweiten zornausbruch riskieren könnte, und weil er sie ja nicht umbringen kann, so gern er es auch möchte, und weil es im grunde ja wurscht ist, und weil die paula tausend sachen versprochen hat unter andrem, daß sie der mutter am abend im stall helfen wird, und weil geld geld ist, darf die paula endlich doch die schneiderei lernen.

und von diesem augenblick an sieht paula das bessere leben mit ganz andren augen, wie etwas, das man sich vielleicht sogar nehmen kann, obwohl man erst den saum kürzer und die taille enger machen muß.

im schlechteren leben beginnen also paulas lehrjahre, im besseren sollen sie enden. hoffentlich enden sie nicht schon, bevor sie überhaupt noch richtig begonnen haben.

und hoffentlich gehört das bessere leben nicht schon jemand andrem, jemand, dem es mit engerer taille und kürzerem rock vielleicht nicht mehr passen könnte!

Fatima Mernissi

Der Harem in uns

Unser Harem in Fès war von hohen Mauern umgeben, und mit Ausnahme des kleinen quadratischen Fleckchens Himmel, das man unten vom Hof aus sehen konnte, gab es keine Natur. Wenn man natürlich wie ein Pfeil hinauf auf die Terrasse schoß, konnte man sehen, daß der Himmel größer war als das Haus, größer als alles andere, aber vom Hof aus betrachtet wirkte die Natur belanglos. An ihre Stelle waren geometrische Formen und Blumenmuster getreten, die man auf den Fliesen, den Holz- und Stuckarbeiten und den Stoffen bewundern konnte. Tatsächlich waren die einzigen Blumen in unserem Haus die auf den farbenprächtigen Brokatstoffen, mit denen die Sofas bedeckt waren, und natürlich die gestickten Blüten auf den Seidenvorhängen, die vor Türen und Fenstern hingen. Man konnte beispielsweise nicht einfach einen Fensterladen öffnen, um hinauszublicken, wenn einem der Sinn danach stand zu entfliehen. Alle Fenster öffneten sich zum Hof hin. Von keinem einzigen aus konnte man auf die Straße sehen. Einmal im Jahr, und zwar im Frühling, fuhren wir zu einer *nzaha*, einem Picknick auf dem Hof meines Onkels in Oued Fès, zehn Kilometer von der Stadt entfernt. Die wichtigeren Erwachsenen legten den Weg in Wagen zurück, während die Kinder, die geschiedenen Tanten und anderen Verwandten auf zwei große Lastwagen, die man eigens für diese Gelegenheit gemietet hatte, verladen wurden. Tante Habiba und Chama nahmen immer ihre Tambourins mit und veranstalteten während der Fahrt einen höllischen Lärm, daß der Lastwagenfahrer schließlich die Nerven verlor: „Wenn ihr Damen da hinten nicht sofort aufhört", rief er, „fahre ich an den Straßenrand und werfe euch alle hinunter ins Tal." Aber seine Drohungen waren nicht von Erfolg gekrönt, weil seine Stimme im Getöse der Tambourins und des rhythmischen Klatschens unterging.

Am Picknicktag erwachten alle schon im Morgengrauen, und im Hof ging es genauso lebhaft zu wie an religiösen Festen – kleine

Grüppchen organisierten das Essen hier, die Getränke dort und kümmerten sich woanders um Vorhänge und Teppiche. Chama und Mutter sorgten für die Schaukeln: „Wie kann man denn ein Picknick ohne Schaukeln machen?" wandten sie ein, wenn Vater dann vorschlug, sie doch ein einziges Mal zu Hause zu lassen. Er fand, daß es immer zu lange dauerte, die Laken sicher zwischen zwei großen Bäumen zu befestigen. „Außerdem", fügte er dann noch hinzu, nur um Mutter zu provozieren, „sind Schaukeln ja gut und schön für Kinder, aber bei schweren Erwachsenen könnten die armen Bäume Schaden nehmen." Nach dieser Bemerkung trieb Vater sich noch eine Weile in Mutters Nähe herum und hoffte darauf, irgendwelche Anzeichen von Ärger bei ihr zu entdecken. Sie beschäftigte sich jedoch weiter mit den Laken und den Seilen, die sie später zum Schaukeln benötigen würde. Chama begann laut zu singen: „Wenn die Männer die Schaukeln nicht festmachen können / dann werden es eben die Frauen tun / lalalalala", wobei sie die hohe Melodie der Nationalhymne „*Maghribuna watanuna*" („Unser Maghreb, unser Vaterland)* imitierte. Währenddessen suchten Samir und ich fieberhaft nach unseren Espadrilles, denn von Mutter, die zu sehr mit ihren eigenen Angelegenheiten beschäftigt war, hatten wir keine Hilfe zu erwarten. Lalla Mani ihrerseits zählte die Gläser und Teller. „Nur, um den Schaden zu überschlagen und festzustellen, wieviel davon am Ende des Tages zerbrochen sein wird." Sie hätte auf das Picknick ohne weiteres verzichten können, und, was seine Tradition betraf, hielt sie die Ursprünge ohnehin für zweifelhaft. „Im Hadith finden sich keine Belege dafür. Wer weiß, vielleicht wird es am Tag des jüngsten Gerichts sogar zu den Sünden gezählt werden."**

Am Vormittag kamen wir schließlich, ausgestattet mit Dutzenden von Teppichen, leichten Sofas und *kanouns**** auf dem Hof an.

---

* Maghrib ist die arabische Bezeichnung für Marokko, das Land der untergehenden Sonne, abgeleitet von gharb, Westen.
** Der Hadith ist eine Sammlung der Taten und Aussprüche des Propheten. Der Hadith, der nach dem Tod des Propheten schriftlich niedergelegt wurde, gilt als eine der primären Quellen des Islam, deren erste der Koran ist, das Buch, das Allah selbst seinem Propheten offenbart hat.
*** *Kanouns* sind tragbare Behälter für Holzkohlenfeuer, das marokkanische Pendant zum Grill. *Kanouns* bestehen aus Steingut oder Metall.

Zunächst wurden die Teppiche ausgerollt, dann die Sofas darauf verteilt und die Holzkohlenfeuer entzündet, bevor wir unsere Kebabspieße grillen konnten. Die Teekessel sangen mit den Vögeln um die Wette. Nach dem Mittagessen liefen dann einige der Frauen hinaus in die Wälder und Felder, um nach Blumen, Kräutern und anderen Pflanzen zu suchen, die sie für ihre Schönheitskuren benötigten. Ander zogen es vor, abzuwarten, bis sie wieder auf die Schaukel durften. Erst nach Sonnenuntergang kehrten wir nach Hause zurück, und das Tor schloß sich wieder hinter uns. Noch Tage danach fühlte Mutter sich furchtbar elend. „Wenn man einen ganzen Tag zwischen Bäumen verbracht hat", sagte sie, „wird es geradezu unerträglich, zu erwachen und als einzigen Horizont nur Mauern zu sehen."

Man konnte nur durch das Haupttor in unser Haus gelangen, und das wurde von Ahmed, dem Torhüter, kontrolliert. Um hinauszukommen, gab es jedoch noch eine zweite Möglichkeit, nämlich über die Terrasse. Von unserer Terrasse aus konnte man auf das Grundstück nebenan springen, und von dort aus gelangte man auf die Straße. Offiziell befand sich unser Terrassenschlüssel in Lalla Manis Besitz, und Ahmed sorgte dafür, daß nach Sonnenuntergang die Treppenbeleuchtung abgestellt wurde. Da aber die Terrasse beständig für alle möglichen häuslichen Aktivitäten benutzt wurde – angefangen mit den Oliven, die für eine monatelange Lagerzeit in große Krüge gestopft werden mußten, bis hin zum Waschen und Trocknen von Kleidern –, überließ man den Schlüssel sehr häufig Tante Habiba, die in einem Zimmer direkt neben der Terrasse wohnte.

Der Ausgang über die Terrasse wurde nur selten bewacht – aus dem einfachen Grund, daß es ausgesprochen schwierig war, von dort aus auf die Straße zu gelangen. Man mußte drei verschiedene Fertigkeiten gleichermaßen gut beherrschen: Klettern, Springen und geschicktes Landen. Die meisten Frauen konnten ziemlich gut klettern und springen, aber nur wenige waren in der Lage, anmutig zu landen. Von Zeit zu Zeit sah man also eine Frau mit einem bandagierten Knöchel hereinkommen, und dann wußten alle, was los war. Als ich das erste Mal mit blutenden Knien von der Terrasse heruntergekommen war, erklärte Mutter mir, daß es zu den wichtigsten Dingen im Leben einer Frau gehöre, herauszufinden, wie man sicher landet: „Was auch immer du unternimmst", sagte sie, „du mußt über die Landung nachdenken. Nicht darüber, wie man abhebt. Wann immer dir also danach ist zu fliegen, denk vorher darüber nach, wo du enden wirst."

Aber es gab noch einen anderen und weit ernsteren Grund, warum Frauen wie Chama und Mutter eine Flucht über die Terrasse nicht als echte Alternative zum Haupttor betrachteten. Der Weg über die Terrasse besaß eine heimliche und verborgene Dimension, die ihren heftigsten Abscheu erweckte. Sie setzten sich für die prinzipielle Bewegungsfreiheit der Frauen ein – also war die Konfrontation mit Ahmed ein heroischer Akt. Das war die Flucht über die Terrasse nicht. Und sie besaß auch nicht jene wilde und zerstörerische Flamme der Befreiung.

Aber auf Yasminas Hof war das Tor kaum von Bedeutung, denn es gab keine Mauern. Und um in einem Harem zu sein, ist eine Schranke, eine Grenze, notwendig. Als ich in diesem Sommer Yasmina besuchte, erzählte ich ihr, was Chama über den Ursprung des Harems gesagt hatte. Ich beschloß, mit all meinen historischen Kenntnissen zu protzen und begann, über die Römer und ihre Harems zu sprechen und darüber, wie die Araber dank der tausend Frauen von Kalif Harun ar-Raschid zu Sultanen der Welt geworden waren. Schließlich informierte ich sie auch über die Christen, die die Araber überlistet hatten, indem sie einfach die Regeln änderten, während diese schliefen. Yasmina mußte immer wieder lachen, als sie die Geschichte hörte, und meinte schließlich, daß sie zu ungebildet sei, um die historischen Fakten zu beurteilen, daß das Ganze jedoch sehr amüsant und zudem logisch klinge. Dann fragte ich sie, ob das, was Chama erzählt hatte, wahr oder falsch sei, und Yasmina erwiderte, daß ich diese ganze Sache mit richtig und falsch viel zu verkrampft sehe. Ihrer Meinung nach gab es Dinge, die beides sein konnten, und andererseits solche, die weder das eine noch das andere waren. „Worte sind wie Zwiebeln", sagte sie, „je mehr Häute du abschälst, um so mehr Bedeutungen findest du. Und wenn du erst beginnst, etwas über die Vielfalt der Bedeutungen herauszufinden, dann werde richtig und falsch unwichtig. All diese Fragen, die du und Samir über den Harem stellt, sind ja schön und gut, aber es wird immer noch mehr für euch zu entdecken geben." Dann fuhr sie fort: „Aber jetzt werde ich noch eine Haut für dich abschälen. Aber denk daran, es ist nur eine unter vielen."

Das Wort „Harem" sagte sie, sei eine leichte Abwandlung des Wortes *haram*, dem Verbotenen, dem Geächteten. Es sei das Gegenteil des Erlaubten: *halal*. Ein Harem ist der Ort, an dem ein Mann seine Familie beherbergt, seine Frau oder seine Frauen, seine Kinder und Verwandten. Es kann ein Haus sein oder ein Zelt, und es bezieht sich sowohl auf den Ort als auch auf die Menschen, die dort leben. Man sagt „Herrn Soundsos Harem" und meint damit sowohl seine Familie als auch sein materielles Heim. Etwas, das mir half, klarer zu sehen, war Yasminas Erklärung, daß Mekka, die heilige Stadt, auch „Haram" genannt wurde. Mekka ist ein Ort, wo das Verhalten strikten Regeln unterliegt. In dem Augenblick, in dem man es betritt, ist man von vielen Gesetzen und Vorschriften gebunden. Die Menschen, die nach Mekka gehen, müssen rein sein, und sie müssen zuvor bestimmte Reinheitsrituale vollziehen, sie müssen sich jeglicher Lüge enthalten, dürfen nicht betrügen und auch sonst nichts Schlechtes tun. Denn dieser Ort gehört Allah, und man muß seiner *shari'a*, seinem heiligen Gesetz, gehorchen, wenn man sein Gebiet betritt. Dasselbe gilt für einen Harem; es ist ein Haus, das einem bestimmten Mann gehört. Kein anderer Mann darf es betreten ohne Zustimmung des Besitzers. Ein Harem hat etwas mit einem bestimmten Ort zu tun und mit den Regeln, die das Leben dort bestimmen. Außerdem, fügte Yasmina hinzu, muß er nicht unbedingt von Mauern umgeben sein. Sobald man weiß, was verboten ist, trägt man den Harem in sich. Man hat ihn im Kopf, „eingemeißelt unter der Stirn und unter der Haut." Diese Vorstellung von einem unsichtbaren Harem, einem ins Gehirn eingemeißelten Gesetz, hatte für mich etwas furchtbar Beunruhigendes. Das Ganze gefiel mir überhaupt nicht, und ich verlangte von Yasmina, mir die Sache näher zu erklären.

Der Hof sei ein Harem, meinte Yasmina, obwohl er keine Mauern hat: „Man braucht Mauern, sobald Straßen da sind!" Aber wenn man, wie Großvater, beschloß, auf dem Lande zu leben, dann brauchte man keine Tore mehr, weil ringsherum nur Felder waren, keine Straßen, und damit auch keine Leute, die zufällig vorbeikommen. Die Frauen können ungehindert hinaus aufs Feld gehen, denn es treiben sich dort keine fremden Männer herum, die sie verstohlen betrachten könnten. Sie können einen ganzen Tag lang herumlaufen oder reiten, ohne eine Menschenseele zu treffen. Falls aber doch einmal wider Erwarten ein Bauer des Weges kommen sollte und er sieht, daß sie unverschleiert sind, würde er sich die Kapuze seiner *djellaba* tief in die Stirn ziehen, um zu zeigen, daß er nicht hinsieht. In diesem Fall sei der Harem im Kopf des Bauern, eingemeißelt unter seiner Stirn, erklärte mir Yasmina. Er weiß genau, daß die Frauen auf dem Hof Tazi gehören und daß er kein Recht hat, sie zu betrachten.

Diese Sache mit der Grenze im Kopf beunruhigte mich, und ich legte verstohlen die Hand auf meine Stirn, um sicherzugehen, daß sie glatt war. Aber dann wurden Yasminas Erklärungen sogar noch beunruhigender, weil sie hinzufügte, daß jeder Ort, den man betritt, seine eigenen unsichtbaren Regeln hat, Regeln, die man erst herausfinden muß: „Und wenn ich von einem Ort spreche, dann meine ich damit jeden Ort, einen Hof, eine Terrasse oder ein Zimmer, ja sogar die Straße, was das betrifft. Überall, wo es Menschen gibt, gibt es auch eine *qa'ida,* eine unsichtbare Regel. Wenn man sich an die *qa'ida* hält, kann einem nichts Böses widerfahren." Auf arabisch, so erinnerte sie mich, hatte das Wort *qa'ida* verschiedene Bedeutungen, die alle demselben Ursprung entsprangen. Ein mathematisches Gesetz oder ein Rechtssystem waren eine *qa'ida.* Außerdem bezeichnet es die Grundlegung eines Hauses in der Architektur und gleichzeitig die Sitten, den Verhaltenskodex. Die *qa'ida* war überall. Und dann fügte sie noch etwas hinzu, das mir wirklich Angst machte: „Unglücklicherweise ist die *qa'ida* meistens gegen die Frauen."

„Warum?" fragte ich. „Das ist doch nicht fair, oder?" Ich schmiegte mich näher an sie, um nur ja kein Wort von ihrer Antwort zu verpassen. Die Welt, so sagte sie, kümmere sich nicht darum, gegen Frauen fair zu sein. Die Regeln sind so gemacht, daß sie die Frauen auf die eine oder andere Art immer benachteiligen. „So arbeiten beispielsweise sowohl Männer als auch Frauen vom Morgengrauen bis in die Nacht hinein", meinte sie. Aber die Männer bekämen Geld dafür, und die Frauen nicht. Das sei eine der unsichtbaren Regeln. Und wenn eine Frau hart arbeitet, ohne Geld dafür zu bekommen, sitzt sie in einem Harem fest, selbst wenn sie seine Mauern nicht sehen kann. „Vielleicht sind die Re-

geln deshalb so grausam, weil sie nicht von Frauen gemacht wurden",
war ihre Schlußbemerkung. „Aber warum werden sie nicht von Frauen
gemacht?" frage ich. „Sobald die Frauen den Mut aufbringen, genau
diese Frage zu stellen", erwiderte sie, „statt die ganze Zeit pflicht-
schuldigst zu kochen und zu waschen, werden sie auch einen Weg finden, die Regeln zu verändern und auf der ganzen Welt das unterste
zuoberst zu kehren." „Wie lange wird das noch dauern?" fragte ich,
und Yasmina antwortete: „Noch sehr lange."

Schließlich bat ich sie, mir zu erklären, woran ich die *qa'ida*, die unsichtbare Regel, erkennen könne, wenn ich einen fremden Ort betrat.
Gab es irgendwelche Signale, irgend etwas Greifbares, nach dem ich
Ausschau halten konnte? „Nein", sagte sie, „unglücklicherweise nicht."
Es gebe keine Hinweise, außer vielleicht der Gewalttätigkeit, die mir
nach einem Fehler begegnen würde. Sobald ich nämlich eine unsichtbare Regel übertreten würde, würde ich verletzt werden. Viele der
Dinge, die die Menschen am liebsten tun, so wie Herumlaufen, die Welt
entdecken, Singen, Tanzen und seine eigene Meinung sagen, tauchen
jedoch häufig in der streng verbotenen Kategorie auf. Ja, die *qa'ida*
oder die unsichtbaren Regeln seien oft sogar viel schlimmer als Mauern und Tore. Bei Mauern und Toren weiß man wenigstens, woran
man ist.

Bei diesen Worten wünschte ich beinahe, daß sich alle Regeln plötzlich direkt vor meinen Augen in Grenzen und sichtbare Mauern ver-
wandeln würden. Aber dann kam mir ein weiterer unangenehmer Gedanke. Wenn Yasminas Hof trotz der Tatsache, daß er keine Mauern
hatte, ein Harem war, was bedeutete dann *hurriya*, Freiheit? Yasmina
wirkte sehr beunruhigt, als ich sie dies fragte. Ihr wäre es lieber, so
meinte sie, ich würde spielen wie die anderen Kinder und aufhören,
mir Gedanken zu machen über Mauern, Regeln, Zwänge und die Bedeutung von *hurriya*. „Es wird dir viel Glück entgehen, wenn du zu viel
über Mauern und Regeln nachdenkst, mein liebes Kind", sagte sie.
„Das höchste Ziel im Leben einer Frau ist Glück. Also verbring nicht
deine ganze Zeit damit, nach Mauern Ausschau zu halten und dir den
Kopf daran zu stoßen." Und um mich zum Lachen zu bringen, sprang
Yasmina auf, lief zu einer Mauer hinüber und tat so, als stieße sie mit
dem Kopf dagegen. *„Aii, aii!"* Die Mauer tut mir weh! Die Mauer ist

mein Feind!" rief sie. Ich explodierte vor Lachen, erleichtert darüber, daß die Glückseligkeit trotz alledem immer noch in meiner Reichweite war, und Yasmina sah mich an und legte sich einen Finger auf die Schläfe: „Du verstehst, was ich meine?"

Natürlich verstand ich, was sie meinte, und das Glück schien mir etwas durchaus Mögliches zu sein, trotz aller Harems, sowohl der sichtbaren wie auch der unsichtbaren, und ich lief zu ihr hinüber, um sie zu umarmen. Dann, während sie mich festhielt und ich mit ihren rosafarbenen Perlen spielte, flüsterte ich ihr ins Ohr: „Ich habe dich lieb, Yasmina, wirklich. Glaubst du, ich werde eine glückliche Frau?"

„Natürlich wirst du glücklich sein!" rief sie aus. „Du wirst eine moderne, eine gebildete Dame sein. Du wirst den Traum der Nationalisten verwirklichen. Du wirst fremde Sprachen lernen, einen Paß haben. Bücher verschlingen und sprechen wie eine religiöse Autorität. Und zumindest wirst du besser dran sein als deine Mutter. Denk dran, daß selbst ich, ungebildet und von der Tradition gebunden, es geschafft habe, aus diesem verdammten Leben ein klein wenig Glück herauszupressen. Das ist auch der Grund, warum ich nicht will, daß du dich die ganze Zeit über mit Grenzen und Schranken beschäftigst. Du sollst deine ganze Aufmerksamkeit auf das Vergnügen richten, auf Lachen und Glück. Das ist jedenfalls ein gutes Vorhaben für eine ehrgeizige junge Dame."

Mutter werden?
Wichtige Augenblicke

❦❦❦

Langsam bin ich wie die Welt. Durchkreise
Sehr geduldig meine Zeit. Sonnen
Auch Sterne achten auf mich.
Der Mond neigt sich mir teilnahmsvoller zu:
Vergehend, erstehend im ammenweißen Schimmer.
Mondamme, bedauert sie was kommt?
Wohl nicht. Fruchtbarkeit verwundert sie schlicht.

Sylvia Plath

Indianische Frauen erzählen:

Schwanger oder nicht, das ist keine große Sache

***

Es macht nichts, wenn ein Paar einfach zusammenlebt und nicht heiratet. Für uns ist Schwangerschaft nicht so wichtig. Wenn wir schwanger werden, gut. Wenn nicht, auch gut.

Für Nicht-Indianer ist das eine große Sache. Wir nehmen es, wie es kommt.

Genauso ist es mit dem Älterwerden. Wenn die Leute vierzig werden, machen sie so ein Aufhebens davon. Für mich kam und ging mein vierzigstes Jahr. Ich habe mir nichts weiter dabei gedacht. Und jetzt gehe ich rasch auf die Fünfzig zu und mache mir auch darüber keine großen Gedanken.

Wenn unsere Kinder schwanger werden, machen wir kein Aufheben darum. Sollen sie abtreiben oder nicht? So wie wir denken, gibt es darauf nur eine Antwort – das Baby zu bekommen.

Wie bei Thomas, als ich schwanger mit ihm wurde, war ich 36 und ging zum Arzt. Er fragte mich, ob ich eine Ultraschalluntersuchung machen wolle. Er wollte das machen, um zu sehen, ob mit dem Baby alles stimmt. Ich bin noch nicht einmal auf die Idee gekommen, es könne mit ihm etwas nicht stimmen.

Ich sagte: „Nein, mir ist egal, wie alt ich bin. Ich würde das nicht machen lassen, denn was der Schöpfer mir gibt, das nehme ich an." Das habe ich ihm gesagt. Er sagte: „Gut."

Jetzt habe ich einen kleinen hübschen Dreizehnjährigen. Ich nehme an, das ist der Unterschied zwischen ihnen und uns, denn das sind unwichtige Dinge. Wenn ein Mädchen schwanger wird, dann wird sie eben schwanger. Sie bekommt das Baby, ob der Vater nun dazukommt oder nicht. So sind wir erzogen worden. Deswegen sind wir hier.

Silke Baumgarten

Von jetzt an beginnt eine neue Zeitrechnung

꼬ꝏꝏ

Als Marie geboren wurde, war ich 33. Bis dahin hatte ich mein Leben fest im Griff: Abi, Studium, Job, ein bißchen Karriere, lange Beziehungen, viel Spaß. Ich arbeitete gern, machte aber auch mal eine Nacht durch und gönnte mir ein Wochenende im Bett, wenn es mir nicht so gut ging.

Holger und ich kannten uns erst ein paar Monate, als ich schwanger wurde. Der Zeitpunkt paßte eigentlich überhaupt nicht, aber schnell wurde klar: Wir wollen das Kind. Wir freuen uns drauf.

Freunde, die schon Kinder hatten, sagten: „Na, dann genießt das Leben noch mal richtig, bevor ihr Eltern werdet." Ich wußte gar nicht, wovon die reden. Wir bekommen ein Kind. Na und? Das Leben geht doch weiter. Die Hormonschwemme während der Schwangerschaft versetzte mich auf Wolke sieben. Ich genoß diesen eigentümlichen Höhenflug und fühlte mich unendlich weiblich. Dann kam die Ernüchterung. Statt sanfter Hausgeburt – Kaiserschnitt. Ich war völlig fertig. Ich heulte und machte mir wegen meiner Weinerlichkeit auch noch Vorwürfe: „Du hältst ein kerngesundes Kind im Arm und bist nur am Flennen." So kannte ich mich nicht, so verstand ich mich nicht. Heute glaube ich, daß ich damals so deprimiert war, weil mein Leben eine Eigendynamik entwickelte, ich nicht mehr allein bestimmen konnte, wo es langgeht. Etwas anderes traf für mich die Entscheidung. Und das verunsicherte mich.

Jeder, der selber Kinder hat, kann ein Lied davon singen, Nicht-Eltern kann man es kaum erklären: Rund um die Uhr, 24 Stunden am Tag, ist man fremd-, das heißt kindbestimmt. Schlafen, essen, duschen: Alles muß sich nach dem Rhythmus des Kindes richten. Genüßlich kochen, in Ruhe lesen, Freunde treffen, mal ausruhen oder mit dem Partner reden, was gerade in dieser neuen Situation so wichtig wäre – ein Luxus.

Gleich nach der Geburt kam der nächste Hammer. Ich wollte stillen, bekam aber eine Brustentzündung nach der nächsten. Immer wieder 40 Fieber, Wadenwickel, Abpumpen ... Holger war völlig überfordert. Marie versorgen, mich betreuen, Essen kochen, einkaufen, Wäsche waschen. So ging's nicht weiter. Zum ersten Mal in meinem Leben mußte ich um Hilfe bitten. Das hat mich ganz schön Überwindung gekostet. Aber die Erfahrung war gut. Meine Mutter, Holgers Schwester, die selbst vier Kinder hat, und meine eigenen Schwestern – alle freuten sich, uns helfen zu können. Und ich lernte: Es ist gar nicht so schlimm, etwas nicht allein zu schaffen. Niemand hält mich deshalb für eine Versagerin.

Auch das Verhältnis zu meinen Eltern hat sich sehr verbessert, seit ich selber eine Tochter habe. Ich gehe heute viel liebevoller mit ihnen um. Es klingt vielleicht paradox: Aber mit der Geburt von Marie wurde mir die Sterblichkeit meiner Eltern bewußt. Wenn ich daran denke, daß sie Marie vielleicht nicht mehr als erwachsene Frau erleben, dann bekomme ich ein mulmiges Gefühl.

An eine Szene erinnere ich mich ganz genau. Marie schlief, meine Mutter bügelte unsere Wäsche, ich lag auf dem Sofa und erholte mich gerade mal wieder von einem Fieberschub und fragte sie: „Wie ging es dir eigentlich, als ich geboren wurde?" Sie erzählte. Von der schweren Geburt und von meinem Vater, der danach nur kurz anrief und gratulierte („Das war früher nun mal so"), von den Sorgen um das ältere, todkranke Kind, von der Ofenheizung, dem Arzt, der Stillen für schädlich hielt. Bis dahin hatte ich vor allem die Fehler gesehen, die meine Mutter mit ihren Kindern gemacht hatte. Jetzt sah ich sie als eine Frau, die auch unsicher gewesen war, die versucht hatte, alles richtig zu machen, genau wie ich. Meine Vorwürfe zerrannen. Ich begriff: Sie hat genauso liebevoll für ihre Kinder gesorgt wie ich jetzt für Marie. Und dabei Fehler gemacht. So wie ich Fehler machen werde, unweigerlich.

Ich glaube, ich bin weicher, mitfühlender geworden, seitdem ich ein Kind habe. Aber auch eindeutiger, radikaler, was kein Widerspruch ist. Früher habe ich immer morgens beim Zähneputzen Nachrichten gehört. Erdbeben, Kriege, Verkehrstote – „schrecklich", habe ich gedacht, doch richtig angerührt hat es mich nicht. Als ich aber das erste

Mal nach der Geburt die „Tagesthemen" sah, kamen mir die Tränen. Bilder von Müttern, die ihre Kinder unter Trümmern suchten. So viel Leid und so ein Irrsinn! Ein Foto von einem verhungernden Kind in Somalia – es hat mir das Herz zusammengezogen. Ich kann die Ungerechtigkeiten kaum noch ertragen. Früher drehte sich die Welt um mich, heute denke ich, daß ich auch meinen Beitrag leisten muß, damit Marie eine lebenswerte Zukunft hat. Ich habe mir vorgenommen, politisch aktiv zu werden.

Andererseits rege ich mich über Kleinigkeiten nicht mehr so auf: Die Bahn ist drei Minuten zu spät, der Chef hat schief geguckt – so etwas nehme ich heute gelassen. Marie ist mein Maßstab. Was für sie (und für andere Kinder) gut ist, ist richtig, alles andere falsch – in unserem persönlichen Verhalten, bei der Arbeit, in der Politik. Eine verspätete Bahn ist kein Drama, ein rasender Autofahrer sehr wohl. Ganz einfach. Und doch schwer. Denn unser Leben richtet sich nun einmal nicht nach Kindern. Und Eltern mit diesen Maßstäben ecken oft an. Dabei liebe ich eigentlich Harmonie. Doch für mein Kind muß ich eindeutige Positionen beziehen. Wenn ich früher nur einen Streit ahnte, kratzte ich die Kurve. Kinder aber legen es oft darauf an, ein klares Nein zu hören. Sie brauchen eindeutige Aussagen und wollen sich ausprobieren. Da gibt es als Mutter kein Entrinnen. Und, ehrlich gesagt: Ich komme mit der Bereitschaft, auch mal in Clinch zu gehen, jetzt viel besser durchs Leben.

Es gilt auch für das Verhältnis zu meinem Mann. Holger und ich hatten in den ersten Monaten nach Maries Geburt viel Streß. Wir stritten oft. Unsere Verliebtheit war wie weggeblasen. Die Hebamme sagte: „Nach 14 Tagen wollen sich alle scheiden lassen." Nicht gerade ermutigend.

Mein größtes Problem war Vertrauen. Einerseits erwartete ich von Holger, daß er sich benahm wie ein emanzipierter Vater. Also: daß er die vollen Windeln wechselt, Marie badet, beruhigt, wenn sie schreit. Andererseits bekam ich Stielaugen und Elefantenohren, wenn er sich um sie kümmerte. Machte er auch alles richtig? War die Flasche fürs Baby nicht zu kalt, die Jacke nicht zu warm? Ich habe ihn furchtbar genervt. Es hat lange gedauert, bis ich einsah, daß er manches eben anders machte, aber deswegen nicht falsch. Ich mußte lernen zu vertrauen, wieder ein Stück Kontrolle abzugeben. Erst seitdem ich drei Tage in der Woche arbeite und Holger – genau wie ich – zwei Tage mit Marie allein ist, ist das kein Thema mehr. Den beiden geht es nämlich prima miteinander. Und ich bin entlastet und buckle mir nicht mehr allein die ganze Verantwortung auf.

Trotzdem war ich häufig gereizt und wußte eigentlich gar nicht, warum. Erst allmählich kam ich dahinter, was mich störte. Noch nie in meinem Leben war ich auf einen Mann angewiesen gewesen. Für mich war es selbstverständlich: „Wenn's mir zu dumm wird, kann ich ja gehen." Jetzt gab es diese Hintertür nicht mehr. Ich stand zwar fest zu meiner Familie, fühlte mich aber genau dadurch wie festgenagelt. Dieses Gefühl verpestete meine Laune und unsere Zweisamkeit.

Eines Nachts bekam ich endlich Klarheit. Marie war wieder einmal aufgewacht und quälte sich mit ihren Zähnen. Ich stand schlaftrunken im dunklen Zimmer und wiegte sie in meinen Armen, dieses kleine Bündel, das mich so nerven konnte und das ich dennoch so liebte. „Immer, egal, was passiert und was du machst, wirst du meine Tochter bleiben, solange ich lebe, solange du lebst", ging es mir durch den Kopf. „Und genauso ist es mit Holger. Er bleibt immer ihr Vater, immer mein Mann – egal, was passiert." Klingt vielleicht pathetisch. Aber in dieser Nacht wußte ich, daß ich mich genauso um Holger bemühen will wie um Marie. Genauso für ihn und uns kämpfen wie für sie. Was für ein gutes Gefühl!

„Liebe beginnt, wo Verständnis aufhört", hat ein schlauer Kopf mal gesagt. In dieser Lebensweisheit fand ich die Lösung meines Problems. Seitdem ich das Hintertürchen zugeschlagen habe, fühle ich mich viel wohler, weil ich mich eindeutig zu etwas bekannt habe. Ich bin zwar nicht mehr unabhängig. Aber in meiner neuen Verbindlichkeit liegen Chancen. Unsere Beziehung ist viel inniger geworden.

Mit einem anderen Thema bin ich noch nicht so weit. Ich bin atheistisch erzogen. Für mich gab es nie einen liebevollen Beschützer, einen Aufpasser, einen Schöpfer. Heute empfinde ich das als Mangel. Wenn meine kleine, quietschfidele Marie gerade mal wieder haarscharf an einem spitzen Stein vorbeisegelt, dann bin ich unendlich dankbar – aber ich weiß noch nicht, wem.

Elfie Böttger-Bohlen

Die Hebamme war eine robuste Frau

G erda F., 75 Jahre: Ich habe alle meine Kinder zu Hause gekriegt. Die Hebamme war eine robuste Frau und hieß Frau Pfennig. Sie hat immer dafür gesorgt, daß die Kinder meinen Zustand nicht bemerkten. Nach der Geburt hat sie mir jedesmal einen Lappen um das Bein gewickelt und den Kindern gesagt: „Schaut mal, da hat der Klapperstorch der Mutti ins Bein gebissen."

Paula S., 73 Jahre: Als ich meinen Sohn bekam, wäre ich fast gestorben. Er war eine Steißlage und wollte nicht raus. Mein Pech war, daß die Kuh auch krank war. Alle waren bei der Kuh im Stall und ich wäre oben im Zimmer fast verreckt. Heute ist mir klar, die Kuh war wertvoll, die hatte Geld gekostet. Mich hatten sie ja umsonst gekriegt.

Martha P., 84 Jahre: Können Sie mir das mal erklären? Ich habe acht Kinder geboren und nie einen Orgasmus gehabt. Das verstehe ich bis heute nicht.

Helene Z., 81 Jahre: Nach der Geburt von unserem Harald bin ich aufs Amt gegangen und hab nach einem Bezugsschein für Babysachen gefragt. Den gab es nicht, aber das Mutterkreuz sollte ich kriegen. Das könnt ihr euch in den A . . . stecken, hab ich denen gesagt.

Regine Schneider

Will ich wirklich ein Kind –
eine schwierige Entscheidung

Ich war 36, als ich schwanger wurde. Ich lebte in loser Partnerschaft – ich in Hamburg, mein Freund im Ruhrgebiet – ich hatte gerade eine neue Stelle angetreten, als „es" passiert war. Die Situation war so, daß es unpassender für ein Kind nicht hätte sein können. Hätte ich damals nur meinen Kopf befragt, ich hätte das Kind nicht bekommen dürfen. Doch irgendwie überwog mein Bauch. Schließlich tickte die biologische Uhr. Ich hatte Angst, wenn ich dieses Kind nicht bekomme, vielleicht bekomme ich dann keins mehr. Und die Befürchtung, ohne Kind alt zu werden, war stärker, als alle verstandesmäßigen Argumente gegen ein Kind in dieser Situation. Nachdem ich zwei schlaflose Nächte verbracht hatte, fühlte ich: Dieses Kind werde ich bekommen, komme was wolle.

Ich teilte es seinem Vater mit und überließ ihm die Entscheidung, ob er mit uns eine Familie gründen wollte. Er sagte: Es ist unser Kind, ich werde die Verantwortung mittragen und zog bald zu mir.

Heute ist meine Tochter fünf Jahre alt. Ich habe, seit sie auf der Welt ist, viele Krisen, Höhen und Tiefen durch sie, mit ihr, mit ihrem Vater durchlebt. Damals konnte ich gar nicht ermessen, wie sehr ein Kind das Leben verändert, wie schwierig es auch phasenweise ist, ein Kind zu erziehen. Ich weiß heute, wovon ich spreche, wenn ich über das Leben mit Kind in einer kinderfeindlichen und mütterfeindlichen Umwelt rede. Ich sage mir auch: Ein zweites Kind, unter diesen Umständen, auf keinen Fall. Das scheitert schon daran, daß ich mir die Kosten der Kinderbetreuung für ein zweites Kind nicht leisten kann. Und ich weiß, daß ich ohne Berufstätigkeit todunglücklich wäre. Aber trotz aller Probleme und Krisen, die meine Tochter ausgelöst hat, empfinde ich sie als großes Geschenk und bin immer wieder dankbar, daß ich sie bekommen habe.

Obwohl ich durch meine eigene Mutter nie ermutigt wurde, ein

Kind zu bekommen, gehörte zu meinem Lebensentwurf ein Kind dazu. Das habe ich intuitiv richtig gespürt, als ich schwanger war. Mir würde ohne meine Tochter viel fehlen. Sie hat mein Leben bereichert. Aber ich kann genausogut Frauen verstehen, wenn sie sagen, ich möchte kein Kind. Kinder zu haben, unter den heutigen Bedingungen, ist aus verschiedenen Gründen für Frauen sehr hart. Und es ist kein purer Egoismus, wenn Frauen sehr genau überlegen, ob ein Leben mit Kind für sie das richtige ist.

Aus gutem Grund müssen sich Paare, die Kinder bekommen, viele Fragen beantworten. Kann man es verantworten, in diese Welt noch Kinder zu setzen? Können Eltern es schaffen, Kinder vor den Bedrohungen unserer Umwelt zu schützen? Können wir uns ein Kind überhaupt leisten? Wer soll aufhören zu arbeiten? Oder schaffen wir es, uns die Alltagsarbeit zu teilen? Was ist mit der Kinderbetreuung? Was ist, wenn wir ein Kind bekommen, das uns sehr fordert oder häufig krank ist? Frauen fragen sich: Bekomme ich Kind und Beruf unter einen Hut? Oder möchte ich ein paar Jahre Hausfrau sein? Bin ich trotz Berufstätigkeit eine gute Mutter? Und was ist, wenn mein Partner und ich uns trennen? Traue ich mir zu, mein Kind allein zu erziehen?

Wir leben tatsächlich in einer Zeit und unter solchen Anforderungen, daß es weder Mann noch Frau erspart bleibt, zumindest in gewisser Weise ein Kind zu „planen".

Jahrhundertelang gab es für Frauen nur einen Lebenssinn und eine Bestimmung: die Mutterschaft. Mutterschaft war durch das Fehlen von modernen Verhütungsmethoden für fast alle Frauen unausweichlich.

Wenn verheiratete Frauen früher Mütter von Söhnen wurden, verhalf ihnen das zu neuem gesellschaftlichen Ansehen. Zumindest Söhne bedeuteten eine wirtschaftliche Investition in die Zukunft. Ein Sohn bot für das Alter Sicherheit und Versorgung. Für den Mann bedeutete ein Sohn, daß sein Name weitergetragen wurde. Und er konnte die Früchte seiner Arbeit vererben. Weitere Kinder konnten im Haus und im Handwerk mithelfen. Sie ersetzten auch die Kinder, die an Unterernährung und Krankheit gestorben waren. Mutterschaft war für die Frau eine Lebensaufgabe, die sich lohnte und von ihrer Geschlechtsreife bis zum Tode gültig war.

Heute ist Kinder zu bekommen kein Naturereignis mehr. Kinderkriegen hat seine Selbstverständlichkeit verloren. Weder sichern Kinder die Weiterexistenz von Familien noch gehören sie wie selbstverständlich zum Leben dazu, ohne daß man sich Gedanken darüber machen würde. Eher im Gegenteil. Wer sich heute für Kinder entscheidet, muß Nachteile in Kauf nehmen, Opfer bringen. Frauen heutzutage unterliegen wenig Normen, können frei entscheiden, wie und mit wem sie in welcher Lebensform zusammenleben wollen. Kaum ein Beruf ist ihnen noch verschlossen.

Trotzdem gilt Mutterschaft immer noch als höchste Erfüllung im Leben einer Frau. Und wird deshalb von vielen Frauen angestrebt, nachdem sie sich im Leben ausprobiert haben.

Gerade diese Entscheidungsfreiheit und daß Kinder nicht mehr direkt für die Familie als Wirtschaftsfaktor benötigt werden, das Kinderkriegen also Selbstzweck geworden ist und keine Notwendigkeit mehr, macht eine klare Entscheidung für oder gegen ein Kind so schwer.

Denn genausogut können Frauen auch ohne Kind in ihrem Beruf bleiben. Oder sie können probieren, Kind und Beruf unter einen Hut zu bringen.

Kinder sind statt Altersversorgung „fast schon ein Luxus", formulierte der Kinderschutzbund aufgrund einer Untersuchung der Nationalkommission für das „Internationale Jahr der Familie 1994".

Die gesellschaftlichen Bedingungen für Mütter und Kinder sind schlecht. Der Kinderschutzbund sieht sich sogar gezwungen, Alarm zu schlagen: „Obwohl wir in einem reichen Land leben, führen Kinder immer häufiger zu einem sozialen Abstieg der Familie", sagte der Vorsitzende des Landesverbandes Hamburg, Wulf Rauer. Denn „mittlerweile liegen die monatlichen Kosten für ein Kind ohne Einkommen zwischen 800 und 900 Mark." (MoPo 2.6.94)

Die Zahl der alleinerziehenden Mütter steigt. Alleinerziehend zu sein, ist fast schon alltäglich. Es stellt sich also oft die berechtigte Frage: Würde ich es schaffen, im Zweifelsfall auch ohne Partner mit einem Kind zurecht zu kommen? Wenn nicht, landet die Mutter vielleicht bei den „neuen Armen". Besonders „dramatisch" sei die Situation für alleinerziehende Mütter und Väter, hat der Kinderschutzbund festgestellt. Auch Haushalte mit zwei oder mehr Kindern seien immer häufiger von Armut bedroht. Wulf Rauer: „Der Kinderschutzbund ist darüber extrem besorgt." Kein Wunder, daß Frauen sich dreimal überlegen und ausrechnen, ob sie sich ein Kind leisten können.

Es ist also nicht purer Egoismus, wenn Frauen sich angesichts solcher Situation fragen: Will ich wirklich ein Kind? Will ich auch allein ein Kind? Und schaffe ich bei solchen Aussichten, eine gute Mutter zu sein?

Bis heute haben Staat und Gesellschaft nicht berücksichtigt, daß Frauen anders leben wollen. Daß viele Frauen einen Beruf haben wollen. Daß sich Lebensziele und Bedürfnisse von Frauen verändert haben. Kinderaufzucht ist wie vor hundert Jahren Frauensache geblieben.

Eine Frau mit Kinderwunsch hat viele Fragen zu ihrer persönlichen Lebensperspektive. Auch wenn sie kaum Erfahrungen mit Kindern hat, ahnt sie, daß ein Kind ihr Leben völlig verändern wird. Der Zeitgeist jedoch drückt sich in dem Wunsch vieler Frauen aus, sich selbst zu verwirklichen, ein selbstbestimmtes autonomes Leben zu führen. Für viele Frauen gehört dazu einfach der Beruf. Beruf und Kind aber sind schwer unter einen Hut zu bringen. Weder gibt es genug Kinderbetreuungsplätze noch ist es selbstverständlich möglich, daß Mann und Frau teilzeit arbeiten und sich den Haushalt und die Familienarbeit teilen. Die Frage heißt also nach wie vor: Beruf oder Kind? Beruf und Kind? Wer den Beruf aufgibt, stellt sich die Frage: Bereue ich es vielleicht, meine Karriere einem Kind geopfert zu haben? Frauen, die sich trotz aller Probleme für beides entscheiden, bezahlen mit Streß und schlechtem Gewissen, weil eines immer zu kurz kommt.

In unserer Gesellschaft passen Babys, Windeln und Geschrei nicht in die Alltäglichkeit. Und sie passen schon gar nicht zum Berufsalltag. Firmen, Krankenhäuser, Verlage, Behörden verlangen Kräfte, die bereit sind, sich ununterbrochen acht Stunden täglich der verlangten Arbeit zu widmen. Wollen Frauen Karriere machen, wird eine fortwährende gedankliche Bindung und innere Auseinandersetzung mit der Arbeit verlangt. Überstunden selbstverständlich inbegriffen. Da bedeutet ein Kind Störung. Es raubt Zeit. Die Frau ahnt, daß ihr die Berufswelt, die sie liebt, als Mutter verschlossen wäre. Oder sie müßte ihr Kind in fremde Hände geben und mit Schuldgefühlen bezahlen.

Der Berufsalltag bietet Kontakt zu vielen Menschen. Diesen Kontakt verliert die Frau, die Mutter wird. Denn Kinder werden in Einzelarbeit im eigenen Haushalt versorgt. Es gibt keine Großfamilien und keine ähnlichen Lebensgemeinschaften mehr. Und das bedeutet Isolation. Zudem werden Frauen andererseits immer stärker mit der realen Möglichkeit konfrontiert, arbeitslos zu werden.

Warum sich also für ein Kind entscheiden? Fruchtbarkeit und Mutterschaft zählen zwar zum Frausein, haben aber in unserer Gesellschaft eine starke Abwertung erfahren.

Es hat eine gewisse Exklusivität erlangt, schwanger zu sein. Es wird schon fast wie ein privates Vergnügen gesehen: Das Kind dient heute vor allem der eigenen Sinnfindung.

Wenn kinderlose Frauen Mütter beobachten, dann sind sie häufig gleichzeitig angezogen und abgestoßen. Angezogen wohl, weil sie vielleicht das Gefühl haben, daß sie eine ganz wichtige Erfahrung ihres Lebens versäumen. Weil sie glauben, nur ein Kind macht sie zur „richtigen" Frau. Abgestoßen fühlen sie sich, weil die Frau als Mutter, im Zuge der allgemeinen Abwertung der Mutterschaft, als weniger kompetent und qualifiziert gilt. Die kinderlose Frau möchte keine minderwertige Mutter werden, sondern lieber mit beiden Beinen auf der Erde stehen und Anerkennung für ihre Arbeit bekommen.

Zudem leben wir in einer Welt der Überbevölkerung und massiven Umweltverschmutzung. Die Frage: Will ich mein Kind dieser bedrohten Umwelt aussetzen? Sonne, früher Inbegriff von Fröhlichkeit und Lebensfreude, wird immer gefährlicher. Die Nahrung ist vergiftet und verstrahlt. In unseren Gewässern können unsere Kinder kaum noch fröhlich plantschen. Täglich hören und lesen wir Horrormeldungen. Die kranke Umwelt ist in jedem von uns. Eine Frau um 30 ist seit drei Jahrzehnten Strahlungen, Abgasen, Giften ausgesetzt. Sie wird geröntgt und hat Medikamente eingenommen. Vielleicht wurden ihre Erbanlagen bereits geschädigt. Die Gefahr, ein Kind mit Behinderungen zu gebären, wird immer realer. Und ein behindertes Kind hat nach gesellschaftlichen Normen überhaupt keinen Wert, es hat nicht die Chance, jemals außergewöhnlich leistungsfähig zu werden. Man müßte es einfach nur lieben, und das hat in unserer Gesellschaft keinen Wert.

Wohnungsnot und eine kinderfeindliche Umwelt, die keineswegs dazu einlädt, Kinder in sie hineinzusetzen, tun ihr übriges. Der Kinderwunsch ist zwiespältiger und emotionsgeladener als je zuvor. Die Kinderfrage stürzt viele Frauen in große Zweifel und Konflikte. Nie war ein Leben ohne Kinder eine so reale Alternative. Die Vielfalt der Lebensentwürfe war noch nie so groß wie in der heutigen Zeit.

Fast scheint dann der Egoismus, dennoch ein Kind in die Welt zu setzen, grenzenlos. Eine Frau ahnt, daß wenn sie ihrem Kinderwunsch nachgibt, dieses Kind zumindest außergewöhnlich werden muß. Einzigartig. Und eine kinderlose Frau weiß nicht, ob sie das leisten kann. Ob sie die Fähigkeit hat, aus einem Kind einen intelligenten, leistungsfähigen, fröhlichen, starken Menschen zu machen. Sie weiß, wenn sie es nicht schafft, wird alle Welt mit dem Finger auf sie zeigen. Denn, so lesen Frauen in Zeitschriften, Ratgebern, von namhaften Psychologen, Geburtsvorbereitern und Pädagogen, Mütter sind für alles verantwortlich. Für Persönlichkeitsprobleme, für den Charakter, für den geraden Weg, die Leistung, die Stimmung und natürlich, ob das Kind auf die schiefe Bahn gerät, drogenabhängig, kriminell oder gewalttätig wird. Immer ist die Mutter schuld.

Und wir wissen heute, daß es die Kinder, die wir bekommen, nicht mehr so gut haben werden wie wir. Wir leben in einer Zeit des nachhaltigen wirtschaftlichen Abschwungs, Krisen und Kriege häufen sich in der Welt. Die Zeiten haben sich verschlechtert und es sieht so aus, als würde das noch eine ganze Weile lang weitergehen, statt besser zu werden.

Die Welt der Kinderlosen und der Eltern klafft weit auseinander. Es sind zwei unvereinbare sich fremde Welten geworden, Eltern haben mit karriereorientierten, beruflich erfolgreichen Singles nichts gemein. Die Freizeitinteressen und Lebensgewohnheiten berühren sich nicht und oftmals fehlt das Verständnis füreinander.

Freizeitinteressen aber bestimmen unseren Freundeskreis. Freunde haben oft die Funktion übernommen, die früher Verwandte hatten. Sie bedeuten Nähe und sozialen Kontakt. Wenn eine Frau Mutter wird und sich ihre Lebensgewohnheiten und Interessen ändern, verliert sie aber häufig ihre alten Freunde.

Das alles ahnt die Frau, die sich ein Kind wünscht. Und sie kann nicht abschätzen, ob es sich lohnt, den Sprung in eine völlig andere Welt zu machen. In dieses neue Leben gehört obendrein noch eine völlig neue Perspektive des Frauseins. Bis jetzt stand die Frau mit Kinderwunsch „ihren Mann" im Arbeitsleben. Sie mußte sich keine großen Gedanken um den Haushalt machen, denn sie mußte sich mit dem Begriff Hausfrau nicht identifizieren. Es wurde von aller Welt großzügig über ihre Unlust zu bügeln oder ihre Unfähigkeit zu kochen hinweggesehen.

Wird eine Frau Mutter, wird von ihr erwartet, daß sie auch Hausfrau wird. Sie, die sich nie um eine warme Mittagsmahlzeit scherte, geschweige denn richtig kochte, muß nun fast von einem Tag zum anderen die perfekte Hausfrau sein, die dem Kind mindestens dreimal am Tag gesundes und schmackhaftes Essen bereitet. Elternzeitschriften empfehlen sogar drei Gänge pro Mahlzeit.

Schaut man sich die Werbung in Zeitschriften oder im Fernsehen an, stellt man fest, daß Mütter automatisch Hausfrauen sind. Sie machen sich nicht nur Gedanken, ob die Wäsche flauschig weich, der Orangensaft voller Vitamine und die Nudeln vollwertig sind. Als Familienmutter sorgen sie sich auch darum, ob der Kaffee gut schmeckt und die Fenster streifenlos glänzen. Wenn nicht, hat die Mutter als Hausfrau versagt. Eine schlechte Hausfrau aber kann nach gesellschaftlichem Verständnis keine gute Mutter sein. Eine berufstätige Frau wird immer eine „schlechte" Hausfrau sein.

Kinderlose berufstätige Frauen fragen sich, ob sie in diese Welt eintauchen möchten. Und wenn ihnen das keinen Spaß macht, ob ihnen der Spagat zwischen Schreibtisch und Kinderzimmer gelingen könnte. Vom Staat haben sie keine Unterstützung zu erwarten. Anders als in vielen anderen Industriestaaten fühlt sich in Deutschland kein einflußreicher Politiker für das Werden der Kinder mitverantwortlich. Das Gedeihen von Kindern liegt bei uns ausschließlich in den Händen der Mütter. Sie werden für Erfolg und Mißerfolg verantwortlich gemacht.

Auch die Partnerschaft ist großen Belastungen ausgesetzt. „Viele Ehen zerbrechen daran, daß Paare es nicht schaffen, aus der Zweiereine Dreierbeziehung zu machen", weiß der Autor und Pädagoge Hermann Bullinger. Hilfe bietet für dieses Problem kaum jemand an. Meist

170

suchen die Paare die Schuld bei sich und haben das Gefühl des individuellen Versagens.

Vielleicht ist die Frau auch bereits Anfang 40. Sie weiß, daß es für
ein Kind bald zu spät ist.

Die Verwirklichung des Kinderwunsches ist zu einem Rechenexempel geworden. Eine Sache, die es abzuwägen gilt. Die Frage, die
Frauen und auch Männer sich stellen, lautet vor allem: Bereichert ein
Kind mein Leben? Wird mein Leben durch ein Kind glücklicher, schöner, gefühlvoller und angenehmer? Bekommt es mehr Sinn?

Oder macht ein Kind mein Leben beschwerlicher, lästiger, unbe-
quemer? Letztendlich spitzt es sich auf die Frage zu: Habe ich durch
ein Kind eine bessere Chance, persönlich zu wachsen, glücklich zu werden, mich zu entwickeln? Lohnt sich ein Kind für mich? Oder ist ein
Kind mir bei meiner Entwicklung im Wege? Das ist allerdings eine
reine Kosten-Nutzen-Analyse: Lohnt der Output den Input?

Natürlich beeinflussen äußere Gegebenheiten eine Entscheidung
maßgeblich. Doch Entscheidungen werden nie allein mit dem Verstand
gefällt. Einen weitaus größeren Einfluß haben Gefühle, frühere Erfahrungen, die meist nicht mehr bewußt sind, oder tiefe verborgene
Wünsche und Bedürfnisse, die nie gelebt wurden.

So kann es eine tiefe Wirkung haben, wenn eine Mutter ihrer Tochter immer vorgelebt und geraten hat: Schaff' dir bloß keine Kinder an.
Oder wenn eine Mutter ständig unter ihrer Bürde gestöhnt hat, immer
unzufrieden oder unglücklich war. Oder wenn die Tochter in der Familie die Mutterrolle übernehmen mußte, für die Geschwister sorgen
mußte, weil die Mutter krank oder nie zu Hause war.

Durch solche Erfahrungen können sich Botschaften ins Unterbe-
wußtsein einprägen, wie: Für einen anderen Menschen verantwortlich
zu sein, bedeutet Überforderung. Oder: Kinder machen das Leben
schwer.

Es ist also auf jeden Fall sinnvoll, bei sich auf Motivforschung zu gehen. Selbst hinter dem scheinbar rationalen Grund, es ist verantwor-
tungslos, in diese Welt Kinder zu setzen, können sich unbewußte
Zweifel und Ängste verbergen, die eine erwachsene Entscheidung
blockieren. Immerhin ist es trotz der Ängste möglich zu entscheiden:
Ich wage es trotzdem, ein Kind zu bekommen. Ich kann es ganz an-

ders handhaben als meine Mutter. Ich muß mein Kind nicht genauso zwingend als Last empfinden.

Andererseits kann auch eine tiefe Unzufriedenheit mit der augenblicklichen Lebenssituation einen Kinderwunsch auslösen. Auch dann ist es sinnvoll, Motivforschung zu betreiben. Unbefriedigte Bedürfnisse können und sollten häufig auf anderem Wege besser befriedigt werden: Etwa den Freundeskreis intensivieren, im Beruf für neuen Schwung sorgen, neue Hobbys entdecken, Ideen entwickeln, die die Partnerschaft wieder beleben. Das alles kann ein Kind nicht leisten.

Ein weiterer Bereich, der beim Kinderwunsch berücksichtigt werden sollte, sind deshalb auch falsche Erwartungen – häufig auch unbewußte – an ein Kind. Denn wenn ein Kind sie nicht erfüllt, wird es der Leidtragende sein. Es wird von den Eltern dann vielleicht als mißraten empfunden. Kinderlose haben oft eine romantische Vorstellung davon, wie das Leben mit Kindern aussieht. Die Probleme sind dann vorprogrammiert. Wie es abgelehnten Kindern von überforderten Müttern ergeht, erfahren wir regelmäßig in den Schlagzeilen. Der Kinderschutzbund veröffentlicht von Zeit zu Zeit erschreckende Zahlen: 300 000 Kinder werden jährlich mißhandelt.

Unerwünschte ungeliebte Kinder tragen lebenslang an ihren seelischen Schäden. Sie entwickeln Verhaltensstörungen und -auffälligkeiten, sind intellektuell benachteiligt, tun sich schwer in zwischenmenschlichen Beziehungen und greifen schlimmstenfalls zu Drogen oder werden kriminell. Weil die Folgen für Kinder und Mütter schlimm sein können, ist es eine wichtige Aufgabe dieses Buches, den Kinderwunsch zu entmystifizieren und zu entglorifizieren. Es soll Müttern bei einer realistischen Entscheidung helfen. Es soll helfen, auf die eigene Spurensuche zu gehen. Es soll Überlegungen anregen, die eine reifere Selbsteinschätzung ermöglichen.

Das ist besonders wichtig für Frauen, die sich entschließen, weil sie auf natürlichem Wege kein Baby (mehr) empfangen können, eine Kinderwunschsprechstunde aufzusuchen und ein Baby mit Hilfe eines Arztes zu zeugen. Gerade da zeigt sich, wie Fachleute übereinstimmend sagen, daß mit dem eigenen Kind oftmals übergroße Erwartungen verbunden sind. Eine Invitro-Fertilisation aber ist nur in fünf bis zehn Prozent aller Fälle erfolgreich. Das bedeutet, mindestens 90 Prozent aller Paare müssen sich früher oder später damit abfinden, kein gemeinsames Baby empfangen zu können. Und oft stellen Paare dann in einer Nachsorgetherapie fest, daß in ihr Leben tatsächlich kein Kind gepaßt hätte. Aus den verschiedensten Gründen.

Deshalb kommt die Leserin nicht umhin, ihre Erwartungen in Bezug auf ihre Lebensgestaltung (Beruf, Hobbys, Partner und an das Kind selbst) zu umkreisen. Diese führen ins Zentrum des eigenen Lebensentwurfes. Hinter der Frage nach dem Kinderwunsch steht immer: was will ich selbst von meinem Leben?

Es ist wichtig für Frauen, sie so realistisch wie möglich zu beantworten, denn eine Partnerschaft kann man auf Probe eingehen, den Beruf kann man wechseln, ein Studium kann man aufgeben: Alles läßt sich rückgängig machen, wenn es sich als falsch herausstellt. Nur die Entscheidung für ein Kind ist unwiderruflich. Man kann es nicht zurückgeben und nicht umtauschen. Man hat es ein Leben lang. Frauen müssen die Entscheidung für etwas Endgültiges treffen, ohne daß sie es vorher testen können. Für die wenigsten Frauen gibt es in der heutigen Zeit die Möglichkeit, ein Leben mit Kind auszuprobieren. So bleibt nur die Kraft der Phantasie, um sich ein Leben mit Kind vorzustellen.

Wir haben die Berichte der Frauen, die in diesem Buch zu Wort kommen, nicht kommentiert und nicht zensiert. Sie geben die Situation vieler Frauen wieder, sind aber ganz individuell.

Letztendlich ist ein Kind kein Rechenexempel, sondern eine Herzensangelegenheit. Ein Kind kann eine große Bereicherung im Leben darstellen, wenn es aus einem tiefe inneren Wunsch heraus empfangen wird. Wenn nicht zu viele Erwartungen und Forderungen an es gebunden werden, sondern wenn Offenheit, Neugier und Sich-an-ihm-Erfreuen im Vordergrund stehen. Ein Kind kann – auch wenn das Leben der Eltern oder der Mutter nicht leicht ist – als großes Geschenk empfunden werden. Es bringt Spontaneität und Kreativität ins Leben.

Margriet de Moor

Schwangerschaft und Geburt verliefen normal

Schwangerschaft und Geburt verliefen in jeder Hinsicht normal. Im Juni bemerkte sie, daß die Blutung zum zweiten Mal ausblieb. Sie kam vom Strand und ging ins Schlafzimmer, um sich im Spiegel in aller Ruhe anzusehen, wie die Farbe ihrer Arme, Beine und Schultern mit dem Bereich kontrastierte, der durch den Schnitt ihres Badeanzuges ausgespart war. Bleiche Haut, die im Lichteinfall des Sommernachmittages glänzte, Nabel, Brüste, man konnte noch nichts sehen. Sie legte die Hände auf ihren Bauch, dachte daran, was sich darunter in gesetzmäßigem Tempo teilte und vervielfachte, und fing ein bißchen ungenau an, im Kopf nachzurechnen.

„Januar", sagte sie leise. „Januar, Ende Januar."

Dann die Mutterliebe. Ihre Mutterliebe fing nicht wie bei manchen Frauen schon bei der Idee der Zeugung an oder wie bei den meisten, ungefähr einen Tag nach der Geburt. Nellie fing an, sich etwas aus ihrem Kind zu machen, als sie gedankenlos in ein Brötchen biß und einen kleinen Zitteraal in ihrem Inneren zappeln fühlte. Sie hielt den Atem an – da war es wieder – und brach in schallendes Gelächter aus. Auf dieses Ereignis, das regelgerecht im vierten Monat stattfand, folgten schon bald eine Reihe gutartiger Körperveränderungen. Dicker Bauch, große Brüste, was ist dagegen einzuwenden? Nellie, die nicht mehr rauchte, kaum noch trank und zweimal in der Woche zusammen mit zehn anderen Schwangeren in schwarzen Trikots in einem kleinen Saal ihre Beckenmuskulatur trainierte, hatte sich noch nie so gut gefühlt. Kleine Nickipullover, Moltons, geblümte Tücher, allmählich wurde es Herbst, der Winter kam näher. Wenn sie in einem weiten Mantel durch den Regen oder mit unbewegtem Gesicht durch den Schnee ging, dachte sie gerne darüber nach, wie das Ungeborene dort unten in der Tiefe, in ihrer vom Schambein bis zum Brustkorb ausgedehnten Gebärmutter sein Leben führte, wie es jetzt, da ihr verstärkter Herzschlag das Blut mit voller Energie schneller denn je durch ihren Körper pumpte, bestens zum Zuge kam. Ein kleiner hölzerner Behälter wurde vor ihre Bauchwand gestellt, ein Arzt schüttelte den Kopf und lächelte. Salzarm ist nicht nötig. Er wies die zukünftige Mutter auf ihre schlanken Hand- und Fußgelenke hin.

In einer Nacht im Januar legt Nellie ihre Hände gegen die Innenseiten ihrer hochgezogenen und weit gespreizten Schenkel. Sie krallt sich fest. Nachdem sie den ganzen Abend Gäste gehabt hat, mit Sahne und Kuchengabeln hin- und hergelaufen ist und sich glücklich geschätzt hat, daß sich Erik und Robert unterhalten haben und die neue Freundin kein Wort Niederländisch verstand, hat sie sich auf dem Rücken aufs Bett gelegt. Hinter den Fenstern wirbelt ein Schneesturm, aber durch die kleine Villa schwebt der Geruch von glühendem Holz. Nachdem sie gehorsam Stunde um Stunde über sich hat ergehen lassen, eine Krankenschwester und einen Arzt mit Schneeflocken auf den Haaren begrüßt, die Hand ihres Mannes akzeptiert und mit einem unterdrückten Protest gegen einen Schmerz, von dem sie hinterher gesagt hätte: Der war ja nur halb so schlimm!, Augen und Kehle zusammengekniffen hat, macht sie den Rücken krumm und legt los. Dann begreift sie, daß ihr Kind geboren ist.

Erstaunt schaut sie auf die kleinen Händchen.

„Aber diese Händchen . . .", brachte sie hervor.

Sie hatten ihr das Baby in die Armbeuge gelegt. Sie hatten den verschmierten kleinen Leib abgewischt, in ein Tuch gewickelt und ihr gebracht: ein Sohn, ein tolles Kind, das kräftig geweint hatte und über zehn kleine Zehen und Finger verfügte.

Die Schwester drehte sich mit einer Waschschüssel in den Händen halb um. „Na", sagte sie, „das habe ich wirklich noch nie gesehen, daß das einer gemacht hat." Sie machte ein gerührtes Gesicht.

Nellie suchte die Augen ihres Mannes.

„Erik . . .?"

Erik saß auf einem Stuhl neben dem Bett. Seinem verlorenen Blick entnahm sie, daß die vergangenen Stunden noch nicht hinter ihm lagen. Sie selbst war ganz und gar da. Während der Arzt zwischen ihren Beinen mit dem letzten Faden beschäftigt war und sie nicht mehr den geringsten Schmerz verspürte, auch keine Erschöpfung, bemerkte sie überrascht, daß das ruhig schlafende Baby die Hände mit solcher Kraft ineinander verschlungen hielt, daß die Finger vom zusammengepreßten Blut schon ganz blau geworden waren. „Erik?" wiederholte sie.

Er stand auf. Unbeholfen und wie aus einem Traum erwacht, reckte er sich und schnaubte kurz, sie wußte, daß er sich sammelte. Dann beugte er sich vor und fing an, die kleinen Finger seines Sohnes zu entwirren und jeden einzelnen so zu biegen, daß sich die Händchen voneinander lösen und er sie in seine Hände nehmen und so lange reiben und kneten konnte, bis sie die normale grauweiße Babyfarbe hatten.

„So ist es besser", sagte er und legte die Händchen auf die Umschlagwindel zurück. „So ist es viel besser, findest du nicht auch, kleiner Mann?"

Für einige Augenblicke schauten Nellie und er auf die gespreizten Seesterne. Doch bevor sie es richtig begriffen, sahen sie sie wieder hochkommen, einander kurz suchen, sich mit der Kraft von Magneten finden und einklinken.

„Damit hört er in den nächsten Tagen bestimmt auf", sagte der Arzt, der seine Arbeit beendet hatte und sich den sonderbaren Fall kurz ansah.

Aber er hörte nicht damit auf. Das Baby, kräftig, dunkelhaarig und so süß wie ein Engel, der sogar beim Baden durchschlief, ließ sich nicht aus seinem Halt befreien. Nachts nicht, tagsüber nicht, auf der Waage nicht, während des Fütterns nicht; wenn er es beim Anziehen doch ertragen mußte, daß die Kette mit sich selbst für einen Augenblick unterbrochen wurde, bog er den Kopf zurück und drückte das Rückgrat durch. Er verkrampfte sich auch, als er nach einem Tag an die Brust gelegt wurde. Er verweigerte oder verstand es nicht. Schwitzend und zunehmend mutloser drückte Nellie das Kind an sich, die Milch fing an zu rinnen. Wir versuchen es mit der Flasche, beschloß sie nach zwei Tagen. Er lag neben ihr, lag getrennt von ihr, sie drückte seine Lippen auf, er nahm den großen steifen Sauger mit Gummigeruch an, trank aber nicht. Sie vergrößerte die Sauglöcher. Bleich vor Erleichterung sah sie, daß er begriffen hatte, daß er jetzt trinken konnte, daß er die gesäuerte Kuhmilch, die ganz von allein in seinen Mund lief, herunterschlucken konnte. Jetzt geht alles gut, dachte sie, jetzt fängt das

Wachsen, jetzt fängt sein Leben an. Sie wickelte stramm ein Tuch um ihre Brüste, und es gelang ihr, sechs-, fünfmal am Tag das Trinken des Babys, das blaue Badehandtuch, den Pudergeruch, das Winterlicht und die selige Hast zu genießen, mit der es schluckte, während es seine dunklen, glasigen Augen unbeweglich auf einen festen Punkt über ihrem Kopf gerichtet hielt. „Ob er vielleicht blind ist", flüsterte sie eines Tages zu ihrem Mann.

Erik – er glaubte nicht daran – untersuchte auf ihr Drängen hin die Augen. Er legte das Baby auf die Kommode und konstatierte, daß keinerlei Anomalien festzustellen seien. Die Iris reagiert auf Licht, erzählte er ihr, und von einer Hornhauttrübung kann nicht die Rede sein. Nellie hörte zu. Sie hörte zu und sah mit wißbegieriger Dankbarkeit auf ihren Mann, dem es mitten im Schlafzimmer auf einmal zu gefallen schien, ihr die verblüffende Funktion der Lichtabsorption auf der Netzhaut zu erklären und dabei einen Unterschied zwischen Licht und Bild zu machen. „Licht", sagte er, „sieht man mit den Augen. Bilder mit der Intelligenz." Schließlich sah er mit einem geduldigen, berufsmäßigen Lächeln von ihr auf das Kind und sagte: „Was er jetzt genau wahrnimmt, Nellie, wissen wir nicht. Augen sind Leitmechanismen. Sie geben alles weiter, was dem Bewußtsein der Mühe wert ist."

Ein Löffel. Ein Schuhkarton. Ein Tennisschläger. Die Ecke eines Wäscheschranks. Die Ecke eines Kaminsimses. Lichtspiegelungen an der Decke. Gabriel war nicht blind, er verdrehte die Augen. Es wird ungefähr nach drei Monaten gewesen sein, daß sie sich über die Wiege beugte, um nach ihrem Kind mit den immer abgewandten Augen zu sehen, als es zum ersten Mal in seinem Leben anfing zu lachen. Es verzog die kleinen Lippen und das ganze Gesicht und girrte sogar. Ungläubig und erschrocken sah sie, worauf es schaute. Der verchromte Fön in ihrer linken Hand glänzte im Mittagslicht.

Eines Tages kam sie an einem Spielzeuggeschäft vorbei. Clowns, Kuscheltiere, bunte Rasseln, sie hatte alles schon einmal ausprobiert, aber nein, seine Hände waren nun einmal besetzt. Plötzlich fiel ihr Blick auf zwei kleine, absolut identische weiße Bärchen, die so niedlich und flauschig aussahen, daß sie, ehe sie wußte, wie ihr geschah, vor dem Ladentisch stand.

„Soll es ein Geschenk werden?" fragte die junge Verkäuferin.

Nellie nickte.

„Für einen Jungen oder für ein Mädchen?"

„Einen Jungen."

Die Bärchen wurden eingepackt. Zuerst in Seidenpapier, dann in Blumenpapier, und schließlich mit blauen Bändern verziert. Nellie kam nach Hause. Sie machte Tee und setzte sich an den Tisch. Es dauerte eine ganze Weile, bis sie das Päckchen öffnete, die Bärchen herausnahm und ins Zimmer ging, in dem Gabriel wie eine Rose seinen Mittagsschlaf hielt. Sie rüttelte die Hände auseinander. Starre, Abwehr, gekrümmter Rücken. Sie faltete die Hände um die Bärchen und hielt sie so lange fest, bis sie merkte, daß er anfing, seine Abscheu gegen das Unbekannte, die Leere, die Freiheit zu überwinden. Sie trat zurück und sah ein prächtiges kleines Kerlchen, das in jeder seiner erhobenen winkenden Hände ein Spielzeug hielt.

Er ließ die Bärchen nicht mehr los. Was für eine gelungene Idee! Das Baby wuchs mit den Bärchen zusammen, von einem Augenblick auf den anderen verwuchs seine Haut mit den weißen Kunstpelzen, erkannte sie als Wärme, Weichheit und Tatsache an und befand sie für gut. Was für ein Fund! Wie rührend, das fünf Monate alte Baby, das im Laufstall auf dem Rücken lag und seine Bärchen mit merkwürdigen Freudenjauchzern bedachte! Und wie gerührt waren die Bekannten auf der Straße und in den Geschäften von dem schönen Kind, das im Sportwagen halb aufgrichtet seine Bärchen an sich drückte, in das Ansichdrücken oder wer weiß was versunken zu sein schien und sich von keinem Fingerpiekser in den Bauch, keinem Kniff in die Wange und keinem Bonbon oder Keks von der extremen Konzentration abbringen ließ, mit der es am liebsten dasaß und vor sich hin starrte.

Auch der Arzt lachte. Der Arzt, bei dem sich Nellie nach anderthalb Jahren, als ihr Sohn immer noch nicht krabbelte, lief oder sprach, zu einer Beratung angemeldet hatte, lachte väterlich. Nachdem er sofort herausgespürt hatte, daß die Mutter ziemlich unerfahren und ziemlich übertrieben besorgt war, sagte er: „Manche Kinder gehen es nun einmal etwas gemächlicher an."

Sie hatte das Kind auf dem Schoß, nickte und sah hinaus. Die Fenster des Sprechzimmers standen offen.

Renan Demirkan

Ein Juli-Sonntag im Kreißsaal einer Kinderklinik in Köln

❦❦❦

Ein Juli-Sonntag im Kreißsaal einer Kinderklinik in Köln, 8.05 Uhr. Die Frau wischt sich mit beiden Händen Schweiß und Tränen aus dem Gesicht. Es ist still. Ab und zu ein Rascheln vom Bettlaken, wenn sie die Beine anzieht oder ausstreckt, hie und da ein Schnaufen aus der anderen Ecke des Raumes.

„Sectio caesaria, ganz eindeutig placenta previa. Machen Sie gleich ein EKG, Schwester. Wir werden morgen um 10 Uhr operieren", hatte gestern der Chefarzt gesagt.

Die stämmige Nachtschwester beugte sich über die vom Schlaf betäubte Frau und rüttelte unermüdlich mit kurzen, muskulösen Armen: „Aufwachen! Wachen Sie auf!" Sie rüttelte routiniert, ohne Mitgefühl. „Aufwachen! Nun machen Sie schon!" schallte es im sterilen Zweibettzimmer. „Die Arme sollen dir abbrechen!" dachte die Schwangere. Die Vorhänge wurden mit einem Griff von der Mitte aus zu den Seiten geschleudert, das große Fenster gekippt. Quietschende Schritte, der Druck der rechten Hand war noch fester geworden: „Stehen Sie doch endlich auf!" Es rüttelte noch heftiger. „Die Finger sollen dir abfallen!" schäumte es im Kopf der Frau.

Aufwachen, jeden Morgen eine endlose Prozedur, eine widerwillig erfüllte Pflichtübung. Der Beginn des Tages, das Ungewisse, dieses fahle Dämmerungsgrau, war für sie die eigentliche Geisterstunde. Hier lauerten konturenlose Möglichkeiten und zahllose Unwägbarkeiten. Ein Schattenkabinett gesichtsloser Gestalten beim Roulette der Interessen. Schon als Säugling, erzählte die Mutter, schlief sie erst dann ein, wenn sie sicher war, jetzt hat die Nacht den Tag endgültig abgelöst, und wäre auch damals schon erst wieder gegen Mittag des nächsten Tages zu ertragen gewesen.

179

Überhaupt empfand sie die Einteilung des Lebens nach Uhr und Dienstplan als einen nicht zulässigen Eingriff in ihre Selbstbestimmung.

Aber die Nachtschwester mit den grauen, kurzgeschnittenen Haaren und den rotunterlaufenen Augen ließ sich von den Bedürfnissen der Patientin nicht aufhalten und rüttelte wieder: „Aufwachen! Fertigmachen zum Rasieren!" – „Die Lippen sollen dir ...", zischte die Schwangere, und plötzlich saß sie wach und wutschnaubend in ihrem verschwitzten Bett.

Das andere Bett war schon gemacht. Die Zimmernachbarin saß im Säuglingszimmer, um ihren zwei Tage alten Jungen zu stillen.

Draußen klapperten die Schwestern mit den Frühstückswagen. Ein braunes Tablett mit weißem Krankenhausgeschirr und etwas Eßbarem wurde auf den gegenüberliegenden Nachttisch gestellt. Aus dem Flur zog der beißende Geruch eines kaffeeartigen Gebräus durch das Zimmer zum geöffneten Fenster hinaus. Träge rutschte sie aus dem Bett in die Gesundheitslatschen, schleppte sich zum Bad, den Morgenmantel hinter sich herziehend. Kaltes Wasser ins Gesicht, über Hals und Arme, aber es kühlte nicht. Sie stellte sich unter die Dusche.

„Sind Sie soweit?" klopfte es. Das war nicht die Stimme des Rütteldragoners. Diese klang weicher, jünger. Wortlos zog sie das weiße OP-Hemd über. Es klebte an der nassen Haut. „Sie verkühlen sich ja." Die neue Krankenschwester hängte ihr den Morgenmantel über die Schultern. Ihr Lächeln und die Fürsorge waren noch nicht routiniert. Sie warf ihren langen, blonden Zopf nach hinten und ging ihr voraus. Vorbei an den putzenden Frauen, an den Frühstückswagen mit altem Brot, abgepackter Wurst und Käse, vorbei an dem großen Fenster, vor dem müde Mütter in gestreiften und geblümten Nachthemden zusahen, wie ihre Kinder gewaschen wurden. Morgen würde auch sie hier stehen und den krebsrot schreienden Winzlingen mit Bauchbinde zusehen. Bis auf ihr Geschlecht waren sie kaum voneinander zu unterscheiden: aufgerissene Münder, festgeschlossene Fäuste, kahle Köpfe und etwas größer als zwei Handspannen. „Hoffentlich verwechseln die mein Baby nicht", dachte sie. Die junge Schwester forderte zum Weitergehen auf. Durch den neonbeleuchteten Flur, an dem Fahrstuhl vorbei, durch eine Glastür in einen kühlen Raum auf der linken Seite des nächsten Ganges. „Figaro! Figaro! Figarooo!" witzelte die schlanke junge Frau und schüttelte eine Rasierschaumdose. „Immer noch mit FCKW. Na dann wollen wir mal. Ein Männlein oder Weiblein wünscht Papagena sich . . .", sang sie, während ihre Hand sorgfältig den Einwegrasierer über die untere Bauchhälfte und die Schamhaare zog. „Hokus Pokus Fidibus, die Haare verschwinden im Abguß! Sie sind doch Schauspielerin, nicht! Ich habe Sie in ‚Leben ein Traum' gesehen. Ein tolles Stück, aber schlecht besucht, nicht?" – „Nicht gut genug", antwortete die Schwangere. Die Schwester schloß die graue Tür und ging wieder voran. Auch ihr war heiß. Sie wedelte sich mit dem Krankenbericht Wind ins Gesicht. Zurück durch die Glastür, am Fahrstuhl vorbei, um die Ecke dem Pfeil „Kreißsaal" folgend, zur breiten Tür aus Milchglas. „Sesam öffne Dich! Nur noch durch die grüne Tür, und Sie können sich wieder hinlegen. Toi, toi, toi!"

Zu plötzlich war sie aus dem morgendlichen Dösen herausgerissen worden. Sie wollte sich ganz allmählich behutsam in die Situation einfinden, den lähmenden Schock der gestrigen Diagnose ausatmen. Statt dessen taumelte sie den Ereignissen hypnotisiert hinterher. Sie versuchte sich zu konzentrieren auf den – wie man sagt – das Leben verändernden Eingriff, auf die Trennung nach vierzig Wochen. Aber die wichtigste Veränderung für sie hatte schon vor zehn Monaten begonnen: Sie war endlich bereit gewesen, Verantwortung zu tragen – vor allem für sich selbst. Ein starkes, gleichzeitig helles, leichtes Gefühl, doch nicht austauschbar und überflüssig zu sein. Zum ersten Mal fühlte sie sich zugehörig, „normal", normal wie all die, die mit überzeugender Selbstverständlichkeit ihren Platz in dieser Welt benennen konnten und ihr durch ihr Selbstbewußtsein imponierten. Selbst wenn die Eltern ihren Entschluß nicht akzeptieren wollten, sie fühlte sich zum ersten Mal wichtig, wichtig für das Leben eines Wesens, das sie vierzig Wochen lang in sich gehütet, gepflegt und versorgt hatte. So, als ob sie ständig neben sich selbst gestanden und die Frau mit dem Kind wie Patienten einer Intensivstation beobachtet hätte. Wie zwei ihr anvertraute Freunde, auf die sie aufzupassen hatte, aufzupassen wie damals auf ihre jüngere Schwester, wenn Vater und Mutter mit den Worten das Haus verließen: „Paß auf, daß ihr nichts passiert!" Eine Aufgabe, der sie nicht gewachsen war, aber sie hatte genickt, ohne zu verstehen, wie tief sich Pflichtgefühle festkrallen können. Sie selber war erst neun Jahre alt gewesen. „Die ist ja so vernünftig", hatte man sie gelobt. Aber in Wirklichkeit war sie noch ein Kind gewesen. Ein ganz „normales" Kind wie die Nachbarskinder auch, nur etwas ernster. Sie hatte kaum gelacht. So sollte ihre Tochter nicht werden, bitte nicht! Sie soll heiter, frech, neugierig sein, bloß nicht *vernünftig!*

8.08 Uhr. Wieder versucht die Frau, sich das Gesicht trockenzuwischen, aber auch die Hände sind naß vom Schweiß. Es schmeckt salzig. Sie schmatzt und leckt sich abwechselnd die linke und die rechte Hand, bis es nur nach Haut schmeckt: „Ist doch auch ein Frühstück", flüstert sie, die Tränen ins Kissen wischend. Sie ist dreißig Jahre alt, hat schwarzes, schulterlanges Haar, Sommersprossen und ein Muttermal rechts auf der Oberlippe.

„Denken Sie positiv", hatte der Hausarzt gesagt. „Ihr Kind fühlt alles mit." In der Türkei rät man schwangeren Frauen, schöne Menschen anzuschauen. Also hatte sie alle Modezeitschriften gekauft und tagelang zwischen den wunderschön fotografierten Mannequins und den edlen Kostbarkeiten hin- und hergeblättert. Diese ewig jungen Werbefeen waren so ebenmäßig, so gut und groß gewachsen, wie sie als Teenager immer hatte sein wollen. Sie wollte aussehen wie die anderen, nicht herausfallen, wollte wie die hüpfenden, kichernden Mädchen sein, in deren Mädchencliquen sie sich hineinwünschte. Doch sie wurde in keine aufgenommen. Manchmal durfte sie sie für ein paar Tage besuchen. So lernte sie, bedingt durch die häufigen Umzüge der Eltern, die verschiedensten Cliquen kennen, aber alle hatten sie eines gemeinsam: Sie waren verschworene Gemeinden von Gleichgesinnten mit gleicher Geschichte und gleichen Geheimnissen. Und das tat am meisten weh, nicht teilnehmen zu dürfen an ihren Geheimnissen. „Sie mißtrauen dir", dachte sie. Deutsche Sprichwörter fielen ihr ein: Jeder ist sich selbst der Nächste. Wie der Herr, so das Gescherr.

[...]

8.14 Uhr. „Selbst meine Großmutter hat es geschafft. Ich weiß nicht einmal wie oft. Fünf ihrer Kinder haben überlebt. Sie sagte: „Allah ist mächtig. Er gibt, und er nimmt", dabei nickte sie demütig und kontrollierte ihr weißes Kopftuch. Es war ein weiches, durchsichtiges Baumwolltuch mit einem schmalen Spitzenrand, den sie selbst häkelte. Ich habe es ihr oft weggenommen, weil es so gut roch. Es roch nach ihren grauen Haaren. Es roch nach Oma. Als ich es dann über den Kopf zog und „Braut" spielte, lächelte sie, wie nur Omas lächeln können. Sie war eine fromme Frau. Ihr halbes Leben hat sie krank im Bett gelegen, aber sie sagte: „Kismet. Mit Allahs Hilfe ist es immer weitergegangen."

Die Frau betrachtet ihre Schicksalslinie in der rechten Hand. Sie beginnt unsichtbar zwischen den feinen Falten in der durchsichtigen Haut am Gelenk, drückt sich tiefer hinein in der Mitte und verliert sich in die etwas dickere Haut des Mittelfingers. Langsam führt sie die Hand zu den Augen, bis die einzelnen Linien in einer gelblichen Fläche verschwimmen.

Daniela Liebich

Ich ertrinke in schlechtem Gewissen

Es ist Viertel nach sieben. Ich erwache nach einer unruhigen, verschwitzten Nacht. Mir ist übel. Es ist heute nicht das gewisse flaue Gefühl im Bauchraum, welches sich bis in die Speiseröhre hochzieht und mich seit einigen Wochen begleitet. Heute fühle ich mich richtig schlecht - zum Kotzen!

Ich laufe zur Toilette und würge, erbreche mich vor Aufregung. Heute ist der Tag! Der unglaubliche, unheimliche, unverschämte Tag, an dem ich dich derart gefährden muß, nur um zu erfahren, ob du „normal" bist, ob du einen normalen Chromosomensatz haben wirst, deine Augen „europäisch" (nicht asiatisch, mongolisch) in den Augenhöhlen liegen werden, dein Intelligenzquotient so sein wird, daß er einst gesellschaftlich nutzbar sein wird. Es wird auch untersucht, ob du kein Turner Syndrom haben wirst, das heißt, daß du normal groß wachsen wirst und später in die Konfektionsgrößen 38 oder 40 passen wirst. Heute ist der Termin: „Chorionbiopsie", 9.00 Uhr, Praxis Dr. Z. – Gynäkologe, landesweit bekannter Spezialist für Pränatale Diagnostik.

Im wesentlichen können durch die Untersuchung zwei mögliche Krankheitsbilder ausgeschlossen werden: Mongolismus und das Turner Syndrom. Wieviel hundert andere Leiden gibt es, wenn es denn sein sollte -, die nicht durch diese relativ hoch abgangsgefährdete Untersuchung (ca. 2,5 Prozent) diagnostiziert werden können? Was soll das also, so frage ich mich zum hundertsten Male.

Bereits beim Zähneputzen laufen mir die Tränen herunter. Doch noch schnell telefonisch absagen? Mein Mann zieht sich stumm neben mir an. Es klingelt. Fröhlich kommt meine Freundin, die heute vormittag auf meine Dreijährige aufpaßt. Beim Verabschieden tröstet mich das sensible Kind: „Du hast unser Baby doch so lieb Mami, oder? Warum weinst du dann bloß? Wird es weh tun,

184

was der Doktor macht?" „Weh tun glaub ich nicht - aber es ist sehr schmerzlich."

Sie hat recht! Als wir im Auto sitzen wird mir klar, wie sehr ich dieses ja eigentlich nicht mehr geplante Kind, diese noch winzige kleine Krabbe in meinem Bauch, bereits liebe. Wie sehr doch, bei aller unsäglichen Ambivalenz der letzten Wochen, ich mir dieses zweite Kind tief in meinem Innersten unbändig gewünscht habe. Und was mache ich jetzt? Ich gefährde sein Leben. Woher habe ich dazu das Recht! Ich kann ihm nicht einmal sagen, daß es keine Angst haben braucht! Ich gefährde sein Leben, und wenn es denn krank wäre, würde erwartet, daß ich es abtreibe! Das scheinbar beruhigende Streicheln meines Bauches kommt mir irgendwie unehrlich vor. Ich fühle mich gemein!

Mein Mann versucht, mich zu beruhigen - sich zu beruhigen. Je mehr er sich bemüht, mein Schluchzen durch rationale Argumente zu stoppen, desto stärker fließen die Tränen mit unstillbarer Macht aus mir heraus. „Es wird nichts passieren! Der Doktor ist eine Kapazität auf seinem Gebiet! Und wenn wir das Ergebnis haben und es positiv, nein negativ - wie heißt denn das in dem Fall? - ausfallen sollte, dann..." „Nein!", höre ich mich schniefen, ich will nicht, daß er weiter spricht. „Nein, aber dann können wir uns wenigstens darauf einstellen. . ." Er schweigt.

Rot verschwollen und total aufgelöst betreten wir die Praxis. Sie ist modem eingerichtet, liegt in einer der besten Gegenden Münchens. Es läßt sich scheinbar gut Geld verdienen mit diesem zweifelhaften neuen Zweig der Medizin! (Bereits ein gutes Ultraschallgerät kostet ab DM 80000. Die Aufwendungen der AOK stiegen in den Jahren 1985 bis 1988 um 75 Millionen DM [von 105 Millionen auf 180 Millionen]). Die Arzthelferinnen sind sehr freundlich! Ob sie ahnen, wie dankbar ich im Moment für jede winzige Freundlichkeit, für jede kleine Aufmunterung, für jeden Funken an halbwegs echtem Interesse bin? Auch der Doktor, die Kapazität, macht seinem Ruf alle Ehre: Er gibt sich freundlich, aber souverän, verhält sich einfühlsam, fast ein wenig zärtlich, meine große Angst spürend. Allerdings mein Mann muß draußen warten.

„Ich brauche für den Eingriff absolute Konzentration, habe weder für Nervositäten, noch Erklärungen an dritte Zeit", erklärt er knapp und eindeutig. Das winzige Wesen auf dem Bildschirm scheint nichts zu ahnen, schwebt arglos in seinem vermeintlichen violetten Wasserparadies. Eine winzige Schlinge schiebt sich durch die Scheide zum Uterus, zwickt eine kleine Menge Gewebe des unteren Uterusteils heraus. Spürbar ist nichts. Der Eingriff dauert kaum fünf Minuten. Danach eine Stunde liegen, mit sechs anderen werdenden Müttern.

Noch einmal ein Schreck, als sich ein leises Ziehen im Unterleib bemerkbar macht. Ich beginne zu beten, zu bitten wie ein Kind: „Lieber Gott hilf mir, bitte, bitte, es soll bleiben, es soll bei mir bleiben! Ich erwarte es so!"

Von diesem Tag an genieße ich die Schwangerschaft! Von Stund an, nicht erst als ich fünf Tage später das beruhigende Ergebnis erfahre, freue ich mich riesig! Es ist mir morgens nicht mehr übel, und ich bin sehr sicher, daß das Baby gesund sein wird. Nachdem ich mir für mich so sicher geworden bin, daß auch ein Kind mit Down-Syndrom sein kleines, naives, freundliches Leben bei uns würde leben dürfen.

Die vielen Tränen haben die Angst und Unsicherheit der ersten Zeit aus mir herausgespült. Ich kaufe mir einige schicke Schwangerschaftsklamotten und eine große Flasche Pflegeöl für Bauch und Busen und beschließe ab jetzt wieder, wie beim ersten Mal, „leidenschaftlich schwanger zu sein"!

Marilyn French

Vielleicht gehörte es dazu

∾∾∾

Das Überleben ist eine Kunst. Sie verlangt das Abstumpfen des Geistes und der Sinne und eine vorsichtige Einstimmung auf das Warten, ohne daß man auf einer Präzisierung dessen, worauf man wartet, besteht. Mira dachte verschwommen an »das Ende«, wenn nämlich Norm sein Studium und seine Pflichtassistentenzeit hinter sich haben würde. Aber das lag in so weiter Ferne, und der Gedanke, die augenblickliche Langeweile noch fünf Jahre ertragen zu müssen, war so schrecklich, daß sie es vorzog, überhaupt nicht zu denken.

Sie stellte fest, daß sie sich nicht konzentrieren konnte. Sie hatte den Verdacht, daß das Problem gar nicht die Erschöpfung war. Wenn sie ein ernsthaftes Buch zur Hand nahm, eines, das sie zum Nachdenken zwang, dachte sie nach, und das war unerträglich, weil jedes Nachdenken ein Nachdenken über das eigene Leben einschließt. Sie las am Abend, sie las viel. Wie am Anfang ihrer Jugendzeit. Sie las harmlose Sachen, Kriminalromane, leichte Satiriker wie O'Hara und Marquand und Maugham. Etwas, das mehr Wahrheit enthielt, konnte sie nicht an sich heranlassen.

Sie machte Norm keinen Vorwurf. Sie sorgte für ihn, sorgte sich um ihn, kochte ihm, was er gern mochte, und verlangte nichts von ihm. Sie haßte nicht Norm, sondern ihr Leben. Aber was für ein anderes Leben konnte sie haben, so wie die Dinge nun einmal waren? Obwohl Norm oft schlecht gelaunt war, beteuerte er, daß er sie liebe und glücklich mit ihr sei. Er haßte das stupide Büffeln, die stupiden, kleinlichen Professoren. Er kam nicht gut voran - sein erstes Jahr schloß er mit schwachen Leistungen ab. Er gab den mäßigen Noten die Schuld daran, daß er sich über sie aufregte. Denn sie war schwanger.

Im Mai war ihre Blutung ausgeblieben. Das machte sie nervös, weil sie sonst regelmäßig war, aber sie war auch deshalb beunruhigt, weil Norm nach ihren ersten schrecklichen Versuchen mit einem Pessar gewollt hatte, daß sie auf die alte Art weitermachten. Er mochte es nicht gern, daß sie zehn Minuten im Badezimmer herumfummelte, wenn er voller Inbrunst wartete. Außerdem hatte sie den leisen Verdacht, daß er die Situation selber unter Kontrolle haben wollte. Sie machte sich Sorgen wegen des Risikos mit Kondomen, aber manchmal, wenn sie schon alt und brüchig waren, nahm Norm überhaupt nichts und zog sich vor dem Orgasmus zurück. Sie hielt das für riskant, er versicherte ihr, es könne nichts passieren.

Die Art, wie sie sich ihm in diesem Bereich überließ, sollte ihr in späteren Jahren sonderbar vorkommen. Tatsache war, daß sie es haßte, ein Pessar zu benutzen. Sie hatte allmählich einen regelrechten Widerwillen gegen Sex, denn Norm machte sie erst erregt und ließ sie dann unbefriedigt. Jetzt weinte sie, wenn sie masturbierte. Im Rückblick erkannte sie, daß sie ihm ihr Leben genauso überantwortet hatte, wie sie es zwangsläufig ihren Eltern überantwortet hatte. Sie hatte lediglich ihre Kindheit verlagert. Und Norm war nicht alt genug, um ein zwanzigjähriges Kind zu haben, obwohl er sieben Jahre älter war als sie, im Krieg bei der Army gewesen war und ein paar Abenteuer erlebt hatte. Vielleicht hatte sie sich in einem dunklen, verborgenen Winkel ihres Kopfes ein Kind gewünscht: vielleicht gehörte es dazu, zu dem, worauf sie wartete, was sie Reife nannte, vielleicht gehörte es dazu, ein Kind zu haben und auch das alles hinter sich zu bringen. Vielleicht.

Damals traf es sie wie eine Katastrophe. Wie sollten sie leben? Mit weißem, eingefallenem Gesicht ging sie zu einem Gynäkologen. Sie kam mit der Nachricht an einem Abend nach Hause, an dem Norm für ein wichtiges Examen lernte. Sie war ausgelaugt von der Arbeit, den Busfahrten, dem stundenlangen Warten in der Praxis des Arztes. Als sie von der Bushaltestelle nach Hause ging, malte sie sich aus, Norm hätte etwas zum Abendessen gekocht. Aber er lernte und aß Käse und Cracker, als sie hereinkam, und war gereizt, daß sie so spät kam, obwohl er wußte, wohin sie gegangen war und warum. Als sie die Wohnung betrat, sah sie quer durch den Raum zu ihm hinüber - er starrte wortlos zurück. Drei Wochen lang hatten sie über nichts anderes gesprochen. Es war nicht nötig, etwas zu sagen.

Plötzlich warf er das Buch, das er in der Hand hielt, quer durch das Zimmer.

»Du hast mein Leben ruiniert, ist dir das klar?«

Sie setzte sich auf den Rand eines Schaukelstuhls. »Ich habe dein Leben ruiniert?«

»Jetzt muß ich das Studium hinschmeißen, wie anders wollen wir sonst leben?« Er zündete sich mit nervöser Intensität eine Zigarette an. »Und wie stellst du dir vor, daß ich für mein Examen lernen soll, wenn du mit so was nach Hause kommst? Wenn ich bei diesem Examen durchfalle, fliege ich raus. Ist dir das klar?«

Sie lehnte sich zurück, die Augen halb geschlossen, weit weg. Sie wollte ihn auf die Unlogik seiner letzten Sätze hinweisen. Aber die Tatsache, daß er sich im Recht fühlte, ihr Vorwürfe zu machen, daß er glaubte, er hätte rechtmäßigen Grund, sie wie ein unartiges Kind zu behandeln, überwältigte sie. Das war eine Gewalt, gegen die sie nicht ankam. Was er für sein Recht hielt, unterstützte die gesamte Außenwelt, und das wußte sie. Sie machte einen Versuch. Sie beugte sich vor.

»Habe ich dich etwa ums Bett gejagt? Du hast gesagt, deine Methode sei sicher. Du hast es gesagt, Mr. Medical Student!«

»Ist sie auch!«

»Aha. Deshalb bin ich also schwanger.«

»Sie ist sicher, ich sage es dir.«

Sie sah ihn an. Sein Gesicht lief an den Schläfen blau an, sein Mund war ein scharfer, grausamer, anklagender Strich.

Ihre Stimme stockte. »Willst du damit sagen, daß du nicht der Vater dieses Kindes bist? Willst du damit andeuten, es könnte anders passiert sein?«

Er starrte sie an, in bitterem Haß. »Wie soll ich das wissen? Du sagst, du hättest nie mit einem anderen als mit mir geschlafen, aber wie soll ich das sagen? Es hat weiß Gott genug Gerede um dich und Lanny gegeben. Jeder hat über dich geredet. Du warst sehr frei damals, warum sollte es heute anders sein?«

Sie lehnte sich wieder zurück. Sie hatte Norm von ihrer Angst vor Sex erzählt, ihrer Angst vor Männern, ihrer Schüchternheit in einem Teil der Welt, den sie nicht verstand. Und er hatte liebevoll zugehört, hatte ihr Gesicht gestreichelt und sie fest an sich gezogen. Sie hatte gedacht, er hätte alles verstanden, hatte es um so mehr gedacht, als er, trotz der Geschichten über seine Abenteuer bei der Army, ihre Scheu und ihre Angst und ihre Schüchternheit zu teilen schien. Sie glaubte, sie sei entkommen, und dabei hatte sie den Feind in ihr Haus gelassen, hatte ihn in ihren Körper gelassen, und dort wuchs er jetzt. Er dachte wie die anderen, er glaubte wie die anderen, er hätte angeborene Rechte über sie, weil er männlich war und sie weiblich. Er glaubte wie die anderen an das, was sie bei Frauen Jungfräulichkeit und Reinheit nannten, oder Verkommenheit und Hurerei. Aber er war freundlich und respektvoll, er war noch einer der besseren. Wenn er so war wie die anderen, gab es keine Hoffnung. Es lohnte sich nicht, in solch einer Welt zu leben. Sie lehnte sich noch weiter zurück und schloß die Augen und begann leise auf ihrem Schaukelstuhl hin und her zu schaukeln. Sie verkroch sich in einem stillen, dunklen Winkel ihres Inneren. Es gab viele Arten zu sterben, darüber brauchte sie sich jetzt nicht den Kopf zu zerbrechen. Sie hatte nur einen Ausweg finden müssen, und den hatte sie jetzt gefunden. Sie würde sterben, und all das würde aufhören. Es würde weggehen von ihr. Sie würde nie mehr das Gefühl haben müssen, das sie jetzt hatte - nämlich genau das, was sie seit Jahren fühlte, nur noch viel stärker. Die Raketen explodierten überall auf ihrem Körper. Ihr Herz tat ihr weh, aber ihr Magen oder ihr Gehirn nicht weniger. Alles explodierte in Feuer und Tränen, und die Tränen waren so brennend heiß wie die Feuer des Zorns. Da gab es nichts zu sagen. Er hätte es doch nicht verstanden. Es saß zu tief drinnen, und anscheinend war sie allein, war sie der einzige Mensch, der so empfand. Es konnte nur so sein, daß sie unrecht hatte, obwohl sie sich absolut im Recht fühlte. Es machte nichts aus. Nichts machte noch etwas aus.

Nach einer langen Pause kam Norm zu ihr. Er kniete sich neben ihren Stuhl. »Liebling«, sagte er zärtlich. »Liebling?«

Sie schaukelte.

Er legte seine Hand auf ihre Schulter. Sie zuckte zusammen.

»Laß mich«, sagte sie matt, die Zunge klebte ihr am Gaumen. »Laß mich allein.«

Er zog einen Schemel heran und setzte sich zu ihr, legte seine Arme um ihre Beine, legte seinen Kopf in ihren Schoß. »Liebling, es tut mir leid. Es ist nur, daß ich nicht weiß, wie ich das Studium hinter mich bringen soll. Vielleicht helfen uns meine Eltern.«

Sie wußte, es stimmte. Sie wußte, daß er nur erschrocken war, so erschrocken wie sie. Aber er fühlte sich berechtigt, ihr die Schuld zu geben. So bestürzt sie gewesen war, als sie die Nachricht hörte - es war ihr gar nicht in den Sinn gekommen, ihm die Schuld zu geben. Sie hatte es einfach als ein Unglück aufgefaßt, das sie beide betraf. Sie legte ihre Hand auf seinen Kopf. Es war nicht seine Schuld. Es lag einfach daran, daß alles vergiftet war. Es machte nichts. Sie würde sterben und alles hinter sich lassen. Als sie ihn berührte, fing er an zu heulen. Er war erschrocken, genauso wie sie, mehr noch vielleicht. Er umklammerte ihre Beine noch fester, er schluchzte, er entschuldigte sich. Er hatte es nicht so gemeint, er wußte nicht, was in ihn gefahren war, es war lächerlich kindisch gewesen, es tat ihm leid. Er umklammerte sie und heulte, und sie begann seinen Kopf zu streicheln. Er faßte wieder Mut, er sah sie an, er streichelte ihre Wange, er scherzte, er wischte das Wasser weg, das über ihr Gesicht rann, er legte seinen Kopf an ihre Brust. Sie weinte bitterlich, sie schluckte heftig, und er drückte sie verwundert an sich, er hatte es nicht gewußt, und sagte: »Liebling, es tut mir so leid, o Gott, es tut mir so leid.« Und sie stellte sich vor, daß er wahrscheinlich annahm, sie weinte über seinen Zweifel an ihrer Treue. Er wußte nichts, würde nie etwas wissen, würde nie begreifen. Zum Schluß sah er lächelnd zu ihr auf, als das Schluchzen nachließ, und fragte sie, ob sie nicht hungrig sei. Sie verstand. Sie erhob sich und machte Abendessen. Und im Januar bekam sie das Baby, und anderthalb Jahre später bekam sie ein zweites. Norms Eltern liehen ihnen Geld gegen einen Schuldschein: achttausend Dollar, zurückzahlbar, sobald er zu praktizieren begann. Danach bekam sie ein neues Pessar. Aber bis dahin war sie ein anderer Mensch geworden.

Gegen Ende ihrer Schwangerschaft konnte Mira kaum noch schlafen. Ihr Körper war so dick und empfindlich, daß ihr in jeder Lage nach kurzer Zeit alles weh tat. Sie stand leise auf, damit Norm nicht aufwachte, zog sich ihren Morgenrock über, das einzige Ding, das ihr jetzt noch paßte, und schlich auf Zehenspitzen in die Küche. Sie machte sich eine Tasse Tee, setzte sich an den Küchentisch und trank und starrte die Wände an, die irgend jemand mit gelbem Wachstuch tapeziert hatte: gemustert mit kleinen roten Häusern, aus deren Schornsteinen Rauch aufstieg, und einem kleinen grünen Baum neben jedem Haus.

Eines Nachts konnte sie nicht sitzen. Eine Stunde lang ging sie in der Küche auf und ab, ohne zu denken, und horchte in ihren Körper hinein. Die Wehen fingen an, und sie weckte Norm. Er untersuchte sie, stellte fest, wie weit sie war, und witzelte über den glücklichen Zufall, der ihm im vorigen Semester einen Kurs in Gynäkologie beschert hatte. Es sei noch nicht soweit, sagte er, aber er werde sie ins Krankenhaus bringen.

Die Schwestern waren frostig und kurz angebunden. Sie mußte sich hinsetzen und Fragen beantworten: Name des Vaters, Name der Mutter, Adresse, Religionszugehörigkeit, Blutgruppe. Dann gaben sie ihr ein Krankenhausnachthemd und sagten ihr, sie solle sich ausziehen. Das Zimmer war kalt und feucht, und es sah so aus und roch so wie der Umkleideraum einer Turnhalle. Inzwischen hatte sie ziemliche Schmerzen, und allein schon die Luft in dem Raum machte sie frösteln. Sie mußte auf einen Tisch steigen, und man rasierte ihr die Schamhaare. Das Wasser war warm, erkaltete aber sofort auf ihrem ohnehin schon zitternden Körper. Dann machten sie ihr einen Einlauf, und sie drehte fast durch, sie konnte es nicht fassen, daß man ihr so etwas antat. Ihr Bauch und ihr Unterleib schmerzten immer heftiger, als ob Teile ihrer Eingeweide sich losrissen und die Organe mit sich rissen und stetig auf ihre Beckenknochen hämmerten. Es ließ keinen Moment nach, es ging ohne Pause ununterbrochen weiter. Und gleichzeitig pumpten sie ihr warmes Wasser in den Hintern. Es pulsierte in einem anderen Rhythmus aufwärts, und sie krümmte sich doppelt in einem anderen Krampf. Als es vorüber war, mußte sie wieder auf den Tisch steigen und wurde in einen anderen Raum gerollt. Kahl und zweckmäßig: weiße Wände und vier Betten, je zwei an beiden Längswänden, Fußende gegen Kopfseite. Sie stellten ihre Füße hoch, in eine Art Steigbügel, und legten ihr ein Laken über die Knie. Ab und zu kam eine Schwester oder ein diensttuender Arzt herein, lüftete das Laken und spähte hinein. Draußen im Flur standen Reihen rollbarer Betten vor dem Kreißsaal Schlange. Die Frauen darauf stöhnten, manche jammerten, manche waren still. Eine Frau schrie: »Morris, du verdammter Schuft!« Und eine andere wimmerte ununterbrochen »O Gott, lieber Gott, Maria, Jesus, Joseph. Hilfe, Hilfe!« Die Schwestern schlängelten sich durch die Flure, ohne darauf zu achten. Als eine Frau gellend aufschrie, drehte sich eine der Schwestern um und fuhr sie an: »Hör auf, dich wie ein Säugling zu benehmen! Man könnte meinen, du liegst im Sterben!«

Das Bett hinter Mira war durch einen rosa Vorhang abgeteilt, der an Eisenringen von einer an der Wand befestigten Stange herunterhing. Die Frau in dem Bett stieß dauernd gewaltige Mengen von Luft aus: »Unnh ! Unhh !« Sie rief nach der Schwester, aber niemand kam. Sie rief mehrere Male und gab schließlich einen gellenden Schrei von sich. Eine Schwester kam hereingerannt.

»Was ist denn los, Mrs. Martinelli?« Es klang gereizt und verächtlich. Mira konnte die Schwester nicht sehen, aber sie stellte sich vor, wie sie dastand, die Hände in die Hüften gestemmt, einen spöttischen Ausdruck im Gesicht.

»Es ist Zeit für die Narkose«, wimmerte die Frau in dem aufreizenden weinerlichen Ton eines Kindes, des hilflosen und ohnmächtigen und ergebenen Opfers. »Sagen Sie dem Doktor, er soll kommen, es ist so weit.«

Die Schwester sagte nichts. Ein Laken raschelte. »Es ist noch nicht so weit.«

Die Frau kreischte hysterisch. »Doch! Doch! Ich muß es schließlich wissen, ich hab schon fünf Kinder gekriegt. Ich merke, wenn es soweit ist. Sonst ist es zu spät, das ist mir schon einmal passiert, da war es zu spät, und sie konnten mir keine Narkose mehr geben. Sagen Sie dem Doktor Bescheid!«

Die Schwester verschwand. Nach einiger Zeit kam ein Mann mit einem grauen Gesicht und einem zerknitterten Kittel herein. Er trat an Mrs. Martinellis Bett. »Aber Mrs. Martinelli! Was höre ich da von Ihnen? Sie machen hier ein Spektakel? Ich dachte, Sie sind ein tapferes Mädchen.«

Die Stimme der Frau winselte unterwürfig: »Doktor, bitte, bitte, geben Sie mir die Narkose. Es ist soweit, ich weiß es, es ist soweit. Ich habe fünf Kinder gekriegt . . . In der Sprechstunde habe ich Ihnen doch erzählt, was mir das letzte Mal passiert ist! Bitte!«

»Es ist noch nicht soweit, Mrs. Martinelli. Beruhigen Sie sich, und stören Sie die Schwestern nicht. Regen Sie sich nicht auf. Vertrauen Sie mir, es wird alles gut.«

Sie verstummte, und der Arzt schlurfte hinaus. Bestimmt rümpfte er verächtlich die Nase über diese lästige Person, dachte Mira. Sie preßte die Lippen zusammen. Ihr sollte das nicht passieren, beschloß sie. Sie würde sich nicht weinerlich und kindisch benehmen und schreien. Keinen Ton wollte sie herauslassen. Sie würde es gut machen. Wie weh es auch tat, sie würde ihnen beweisen, daß eine Frau tapfer sein konnte.

Mrs. Martinelli aber blieb halsstarrig. Sie war nur so lange still, bis der Doktor gegangen war. Wie ein Kind, dem man eine weitere Tracht Prügel angedroht hat, wenn es nicht aufhört zu schreien, und das nur wartet, bis die Eltern aus dem Zimmer sind, um dann erneut loszu-heulen. Sie jammerte leise vor sich hin, sprach mit sich selbst, mur-melte immer wieder, ohne Pause: »Ich muß es doch wissen, ich habe schließlich schon fünf gekriegt, nachher ist es zu spät, o Gott, be-stimmt ist es dann zu spät, ich weiß es, ich weiß es.«

Mira versuchte ihre Gefühle zu betäuben. Was sie quälte, waren nicht die Wehen. Es tat weh, aber nicht zu sehr. Das Schlimme war die ganze Situation - die Kälte und Sterilität, die verächtliche Haltung der Schwestern und des Arztes, die Demütigung, daß sie in Steigbügeln daliegen und fremde Leute auf ihre offenen dargebotenen Genitalien starren lassen mußte, wann immer es ihnen gefiel. Sie versuchte sich in einen inneren Bereich zurückzuziehen, wo all dies nicht existierte. Ein Satz ging ihr immer wieder durch den Kopf: Es gibt keinen ande-ren Ausweg.

Plötzlich ein neuer Aufschrei von Mrs. Martinelli. Eine Schwester kam herein, schnaubte ärgerlich, sagte kein Wort. Mrs. Martinelli schrie jetzt nur noch. Die Schwester rannte hinaus. Dann kam sie mit einer anderen Schwester zurück. Hastig schoben sie den rosa Vorhang beiseite. Mira richtete sich halb auf. Eine dritte Schwester kam mit dem Arzt herein und sah sie.

»Setzen Sie sich, legen Sie sich hin!« schnauzte sie Mira an. Aber Mira setzte sich auf und drehte mühsam den Oberkörper, um zuzuse-hen. Sie schoben Mrs. Martinellis Bett aus dem Zimmer. Mira blickte

hin - zwischen Mrs. Martinellis gespreizten Knien kam, aus einem röt-
lichen Durchgang, ein kleiner behaarter brauner Kopf zum Vorschein.
Eine Schwester sah zu Mira hin und warf rasch ein Bettuch über Mrs.
Martinellis Knie. Die Frau schrie jetzt nur noch. »Oh, Jesus, hilf mir!
Lieber Gott, hilf mir.« Es war zu spät für die Narkose, zu spät für Vor-
würfe. Sie rollten sie in den Kreißsaal.

Anderthalb Stunden später schickten sie Mira nach Hause. Die Wehen
hatten völlig aufgehört. Sie saß in der Wohnung, knetete ihre Finger.
Norm ging zur Vorlesung. Er sagte, er werde den ganzen Tag in der
Nähe eines Telefons sein. Sie saß in der Küche, starrte auf die Tapete.
Am frühen Nachmittag fingen die Wehen wieder an. Sie rührte sich
nicht. Sie aß und trank nichts. Als Norm, früher als gewöhnlich, nach
Hause kam, sah er kurz nach und schrie: »Was machst du denn, Liebling? Du müßtest längst im Krankenhaus sein!« Er zog sie hoch und
half ihr die Treppen hinunter. Sie ließ sich willenlos führen.

Sie stopfen sie in dasselbe Bett, in dasselbe Zimmer. Sie wußte, das
Baby kam. Es tat weh, aber es waren nur physische Schmerzen. In
ihrem Kopf war ein anderer, schlimmerer Schmerz. Sie dachte immer
nur: Wenn du da einmal drin bist, kommst du nie wieder raus. Sie
lehnte sich auf. Sie weigerte sich, etwas damit zu tun zu haben. Es war
ihr gegen ihren Willen widerfahren, ohne daß sie es wußte, und es
mochte enden wie es wollte, gegen ihren Willen, ohne daß sie es
wußte. Das Zimmer, die stöhnenden Frauen, die Schwestern - alles
versank. Gleich über dem Schmerz war ein klarer, weißer Raum, und
sie reckte den Kopf, um dort zu atmen. Nebelhaft nahm sie wahr, daß
jemand ihr eine Spritze gab, daß sie irgendwohin gerollt wurde. Sie
hörte die Stimme ihres Arztes, die sie beschimpfte: »Sie müssen pressen! Pressen! Sie müssen mithelfen!«

»Geh zum Teufel«, sagte sie. Oder meinte, daß sie es sagte. Und
verlor das Bewußtsein.

Sie holten das Baby mit der Zange. Es kam mit zwei tiefen Dellen
an den Schläfen und einem Spitzkopf zur Welt. Früh am nächsten Morgen kam der Doktor, um nach ihr zu sehen.

»Warum haben Sie sich selbst hypnotisiert?«

Sie sah ihn ratlos an. »Davon weiß ich nichts.«

Sie lag, von rosa Vorhängen umgeben, in einem anderen Raum. Licht fiel durch die Vorhänge - die Welt war rosa.

Sie wollten ihr das Baby nicht zeigen. Nach ein paar Stunden fragte sie danach, und man sagte ihr, daß es ein Junge sei und daß es gesund sei. Aber sie brachten es nicht.

Sie richtete sich im Bett auf. »Schwester !« rief sie gebieterisch. Es war das erste Mal, daß sie so auftrat. Als die Schwester durch die rosa Vorhänge kam, sagte Mira mit verhaltener Wut: »Ich will mein Kind sehen! Es ist mein Kind, und ich habe ein Recht darauf! Holen Sie es!« Die Schwester sah sie erstaunt an und schoß davon. Nach ungefähr zwanzig Minuten erschien eine andere Schwester mit einem in eine Decke eingewickelten Säugling. Ungefähr einen halben Meter von Mira entfernt blieb sie stehen und zeigte es ihr, wollte aber nicht, daß Mira es anfaßte.

Mira tobte. »Holen Sie meinen Arzt!« schrie sie. Glücklicherweise war er im Krankenhaus und kam nach etwa einer halben Stunde angerannt. Er sah sie besorgt an, er stellte ihr verschiedene Fragen. Warum sie das Baby sehen wolle?

»Weil es mein Baby ist!« explodierte sie. Als sie sein kummervolles Gesicht sah, legte sie sich auf ihr Kopfkissen zurück. »Die Art, wie man es mir vorenthalten will, legt den Verdacht nahe, daß irgend etwas mit ihm nicht in Ordnung ist«, sagte sie mit ruhiger Stimme.

Der Arzt nickte verständnisvoll. »Ich werde dafür sorgen, daß es gebracht wird«, sagte er freundlich und tätschelte ihre Hand.

Allmählich verstand sie, daß man sie wegen ihres Verhaltens bei der Geburt für verrückt hielt und fürchtete, sie würde dem Kind etwas antun. Später in der Woche bestätigte ihr eine Schwester, daß so etwas manchmal vorkam. Manchmal brachten sich Frauen sogar um oder versuchten es zumindest. Die Sache hatte auch einen Namen: post partum-Depression. Sie lächelte bitter. Wahnsinn war es, eindeutig. Alle Frauen waren begeistert, schwanger zu werden, waren überglücklich, in die Wehen zu kommen, und strengten sich mächtig an, um dem reizenden Doktor zu helfen. Sie waren alle brave kleine Mädchen, und sie waren so glücklich, wenn ihre Babies dann geboren waren! Und herzten ihre kleinen Lieblinge und liebkosten sie. Natürlich. Und wenn du das nicht tust, dann bist du verrückt. Es kam niemandem in den Sinn, danach zu fragen, warum Frauen ihre Babies töten wollten, die sie so viele Schmerzen gekostet hatten, oder warum sie sich umbringen wollten, nachdem die Schmerzen überstanden waren. Aber sie hatte ihre Lektion gelernt. Sie hatten die Macht. Du mußt dich so verhalten, wie sie es von dir erwarten, sonst können sie das Kind, das du unter Schmerzen geboren hast, von dir fernhalten. Du mußt dir ausrechnen, was sie von dir erwarten, und dich ihren Wünschen anpassen. Wenn du das tust, kommst du vielleicht in dieser Welt zurecht. Als die Schwester wieder mit dem Kind erschien, sah Mira sie lächelnd an. Sie erkundigte sich noch einmal nach den Dellen und dem spitzen Kopf, weil sie dem, was die Morgenschwester ihr erzählt hatte, nicht traute. Sie verstand, daß diese Male ein Schandfleck waren, der sie beschmutzte, nicht das Kind: sie hatte nicht gepreßt. Schließlich legte ihr die Schwester den Säugling in die Arme, und nachdem sie sie ein paar Minuten beobachtet hatte, ging sie hinaus.

Es war ein komisches Gefühl. Die Schwester hatte gesagt, man dürfe den Nacken nicht ungestützt lassen, denn das Baby könne seinen Kopf noch nicht allein hochhalten. Und oben durfte der Kopf nicht berührt werden, weil er noch weich, weil der Schädel noch nicht ganz geschlossen war. Es war erschreckend. Das Baby sah alt und verschrumpelt aus wie ein Greis. Es hatte flaumiges Haar auf dem Kopf. Als sie sicher sein konnte, daß die Schwester fort war, hörte sie mit dem Lächeln auf und öffnete die Decke. Sie spähte hinein. Zwei Arme, zwei Beine, Hände und Füße heil. Sie waren etwas blauer als der übrige Körper, der rot und blau gefleckt war. Nervös, und immer mit einem Auge Ausschau haltend, ob die Schwester schon zurückkam, öffnete Mira die Sicherheitsnadeln auf einer Seite der Windel. Ein Penis, winzig wie ein Wurm, schoß plötzlich auf und pißte ihr direkt ins Auge. Sie mußte lachen.

Sie machte die Windel wieder zu und betrachtete das Baby. Sie sah Ähnlichkeiten mit der Familie, vor allem mit einem verstorbenen Onkel von ihr. Es lag mit geschlossenen Augen da, aber der Mund bewegte sich und die winzigen Händchen schlossen sich krampfartig. Wahrscheinlich war es verstört, dachte sie, nach all der Zeit im warmen Dunkel. Als sich die winzige Faust einen Moment öffnete, schob sie ihren kleinen Finger hinein, und das Baby umklammerte ihren Finger und hielt ihn fest. Die winzigen Finger wurden blau vor Anstrengung, die Nägel waren durchsichtig weiß. Irgend etwas durchzuckte ihren Körper, als es ihren kleinen Finger so preßte. Anscheinend versuchte es, ihn an seinen Mund zu kriegen. Sie lächelte: immer, immer, vom allerersten Anfang an: Haben, haben! Sie ließ ihren Finger in seiner kleinen Faust und half ihm, ihn zum Mund zu führen. Das Baby versuchte daran zu saugen, obwohl es nicht recht zu wissen schien, wie. Sie hielt es ganz dicht an ihre Brust und legte sich zurück und ruhte sich mit ihm aus. Es lag ganz dicht an ihr, fast wandte es sich ihr zu und erschlaffte. Nach einer Weile kam die Schwester und nahm es mit.

Mira legte sich ins Kopfkissen zurück, ihr Körper lag still da. Ihre Arme fühlten sich leer an. Sie spürte, daß in ihrem Körper irgend etwas vorging. Es war ein Ziehen, das von der Gegend der Genitalien ausging und ihren Magen durchzuckte, ihre Brust, ihr Herz, bis oben in die Kehle. Ihre Brüste schmerzten. Sie wollte sie ihm in sein Mündchen stecken, sie wollte es in ihren Armen halten. Sie wollte ihren Finger in seine Hand stecken und es bei sich liegen lassen, wollte es wärmen, wollte, daß es ihren Herzschlag spürte. Sie wollte für das Baby sorgen. Sie wußte, was sie fühlte, war Liebe, eine Liebe, noch blinder und irrationaler als sexuelle Liebe. Sie liebte es, weil es sie brauchte. Es war nebensächlich, daß es durch Zufall ihr gehörte, aus ihrem Körper gekommen war. Es war hilflos, und es bewegte sich an ihr, als ob ihr Körper der seine wäre, als ob sie eine Quelle all dessen wäre, was es wollte. Sie wußte sehr wohl, daß ihr Leben von jetzt an von dieser winzigen Kreatur beherrscht würde, daß seine Bedürfnisse das Wichtigste in ihrem Leben sein würden, daß sie immer und ewig mühen würde, diese krampfartig zupackenden Hände, dieses rosenknospige Loch von Mund zu füllen, während sie sich Urin aus dem Auge wischte. Aber irgendwie war es in Ordnung wegen dieser Liebe, die nicht einfach nur Liebe war, die sogar mehr noch war als Notwendigkeit: absoluter Wille und die Antwort auf alle Schmerzen.

Indianische Frauen erzählen:

Hausgeburt

Meine Wehen haben von Anfang bis Ende nur zwei Stunden gedauert. Es war witzig, weil niemand wußte, was zu tun war. Ich bin aufgestanden, habe mich hingesetzt, bin herumspaziert und habe das alles ausprobiert. Ich habe viel gelesen. Ich habe viel mit meiner Hebamme geredet, damit sie mir sagt, was ich tun soll und was nicht.

Im Übergangsstadium habe ich am ganzen Körper unkontrolliert gezittert. Meine Schwester Jill dachte, ich sei besessen, und Ma war da und schrie mich an. Ma schrie: „Tara, entspanne dich. Entspanne dich doch."

Jede Frau reagiert körperlich anders auf den ganzen Ablauf. Manche Frauen werden total zickig, und andere brauchen immer jemanden, der sie hält und anfaßt. So war ich auch. Ich haßte es, allein gelassen zu werden. Ich brauchte immer jemanden, der mich berührt.

Als mein Körper anfing zu pressen, sagte Ma: „Du kannst noch nicht pressen. Es ist noch zu früh. Du hast noch viel Zeit. Nicht pressen."

Ich sagte: „Mom, mein Körper macht das von selbst. Ich kann ihn nicht stoppen."

Nach höchstens zwei, drei, vielleicht auch vier Preßwehen rutschte er über den Boden.

Mom erzählte mir, als ich mit His-tee in den Wehen lag, hätte ich gesagt: „Heiliger Hering, das tut vielleicht weh!" Und dann sagte sie: „Das hättest du dir vor neun Monaten überlegen sollen!"

Ich wußte, daß es weh tun würde, aber weißt du, wenn ich zum Beispiel meine Periode hatte, bekam ich nie wirklich gemeine Krämpfe oder ähnliches, ich wußte also nicht, wie es sein würde. Das war meine erste Erfahrung mit Krämpfen. Ich habe nur ein paarmal laut gejammert.

His-tees Vater hat nur den Samen gespendet. Das war sein einziger

Beitrag. Er ist mir egal, denn als er erfuhr, daß ich mit His-tee schwanger war, wollte er, daß ich abtreibe. Deswegen ist er mir egal.

Ich glaube, dies ist dein Leben, und du lebst es so, wie du es leben möchtest. Nur du und kein anderer muß die Konsequenzen tragen.

Später: Der Blick zurück – und dabei: mit Neugier nach vorne

ꙮꙮꙮ

Die Körper Erwachsener
kommen daher mit Dehnungsstreifen und Narben,
Gesichtern, in denen gelebt wurde,
entspannten Brüsten und Bäuchen
schmerzenden Rücken
und abgetretenen Füßen;
Fleisch, das empfindlich ist
und offensichtlich sterblich.
Sie kommen daher auch
mit blauen Flecken auf ihrem Herzen,
Wunden, die sie nicht vergessen können,
und jeder und jede von ihnen
in der Seele Geliebte
die nicht wiederkommen werden
die nicht aus den Gedanken gestrichen werden können.
Und doch ist da eine Schönheit, denke ich,
jenseits der Ebenmäßigkeit der Jugend;
und in der Seele tut mir weh die Anmut dieser Sehnsucht –
sie strömt durch Körper
die sich nicht mehr anstrengen, unschuldig zu sein
sondern nach Versöhnung verlangen.

Janet Morley

Doris Lessing

Zu Haus

Eine Frau stand auf der Stufe vor dem Hintereingang ihres Hauses, mit verschränkten Armen, und wartete.

Nachdenklich? Sie hätte es nicht so genannt. Sie versuchte, sich über etwas klarzuwerden, es bloßzulegen, damit sie es erkennen und benennen konnte; denn sie hatte schon eine ganze Weile Gedanken „anprobiert" wie Kleider von der Stange. Worte und Redensarten, so abgedroschen wie Kinderreime, gingen ihr durch den Kopf; aus Gewohnheit hat man für die wichtigen Erfahrungen im Leben meist bestimmte feste Formeln parat, und sie sind ziemlich stereotyp. *Ach ja, die erste Liebe! ... Erwachsenwerden ist nicht leicht! ... Mein erstes Kind, wissen Sie ... Aber ich war verliebt! ... Die Ehe ist ein Kompromiß ... Ich bin auch nicht mehr die Jüngste.* Natürlich hat die Wahl der einen statt der anderen Redensart nur selten etwas mit persönlichen Gefühlen zu tun, sondern eher etwas mit der eigenen Herkunft oder mit den Leuten, mit denen man zufällig gerade zusammen ist. Wie eine Frau wirklich über etwas denkt, muß man aus einem ihr unbewußten Lächeln schließen, daraus, wie ihre Mundwinkel leicht verbittert zucken, oder aus der Art, wie nach einem *Ich möchte nicht noch einmal Kind sein!* sich ein Seufzer ihren Lungen entringt. Diese Redensarten, die alle so wirken, als seien sie für eine besonders schlagkräftige Werbekampagne erfunden, haben eine solche Macht, daß wahrscheinlich viele Leute immer wieder sagen: *Die Jugend ist die beste Zeit unseres Lebens* oder *Die Liebe macht das ganze Leben einer Frau aus* – bis sie sich einmal im Spiegel sehen, wenn sie so etwas sagen, oder ein rascher Seitenblick ihnen verrät, welche Reaktion sich im Gesicht eines Freundes bei dieser Bemerkung spiegelt.

Eine Frau stand auf der Stufe vor dem Hintereingang ihres Hauses, mit verschränkten Armen, und wartete darauf, daß das Wasser im Kessel kochte.

Tagsüber war wegen eines Streiks meist Stromsperre gewesen. Tim, ihr Jüngster, und Eileen, ihre Tochter, waren schon früh los gefahren, hatten im Wald von Eping Fallholz gesammelt und dann voller Begeisterung auf dem Kiesweg ein Feuer gemacht und darüber aus alten Eisenstangen, die sie hinten in der Garage gefunden hatten, einen Dreifuß gebaut. Dieses Feuer, das Kochen darauf, das Zuschauen, die Scherze darüber, all das war den ganzen Tag der Hauptspaß der Familie gewesen. Die Frau hatte es jedoch als ziemlich lästig empfunden. Es hatte zwanzig Minuten gedauert, bis der Kessel auch nur zu singen begann. Seit Jahren hatte sie dieses Singen eines Wasserkessels nicht mehr gehört. Der elektrische Strom versetzte Wasser von einem Augenblick zum nächsten aus völliger Ruhe in sprudelnden Aufruhr – das Singen wurde übersprungen ...

Vielleicht war ihr etwas entgangen? Vielleicht hatten sich Tim und Eileen – die schließlich erwachsen waren, neunzehn und zweiundzwanzig Jahre alt – doch nicht so begeistert an den kleinen Improvisationen des Tages? Hatten nur aus Gemeinschaftssinn so getan, als hätten sie Spaß daran? War ihr Verhalten in Wirklichkeit nur so etwas wie eine jener alten Redensarten gewesen, eine Konvention, von der die Menschen nicht wissen, wie man sie um der Wahrheit willen aufgibt – ganz gleich, was das ist, Wahrheit?

Erging es ihnen wie ihr?

Die Wahrheit war: sie wurde sich mit zunehmendem Unbehagen bewußt, daß nicht nur, was sie sagte, und viel von dem, was sie dachte, „von der Stange" kam, nein, mehr noch – das, was sie wirklich empfand, war noch wieder etwas anderes.

Die Frau ließ die Arme sinken, ging zu dem nur wenige Schritte entfernten absurden Gebilde auf dem Kiesweg, schob noch ein paar Zweige unter den Kessel, der an einem Stück gebogenen Draht an dem Dreifuß baumelte, und horchte: änderte sich das Singen des Wasserkessels überhaupt? Sie glaubte, ja. Wenn es morgen, wie angedroht, wieder Stromsperre geben sollte, wäre es das beste, sich einen Campingherd oder etwas Ähnliches zu besorgen. Dieses Pfadfinderspielen war ja gut und schön, aber wenn es regnete ... Der Streik werde wahrscheinlich einige Zeit dauern, hieß es. Waren diese Stromsperren diesmal nicht sehr kurz aufeinander gefolgt? Es sah so aus, als müßte man mit häufigeren Engpässen in der Energieversorgung – Wärme, Licht, Treibstoff – rechnen, und es wäre bestimmt klug, Vorkehrungen zu treffen. Vielleicht hatten Tim und Eileen recht: Eine Fuhre Holz war unter Umständen keine schlechte Idee.

Die Frau ging zum Hintereingang des Hauses zurück, lehnte sich gegen die Mauer und verschränkte die Arme.

Da waren die Ereignisse, die alle die Öffentlichkeit betrafen: Kriege, Streiks, Überschwemmungen, Erdbeben – alles, was man so für höhere Gewalt hält. Da herrschte weithin die Meinung, ob irrational oder nicht, daß diese Ereignisse, einst als gottgesandt und selten empfunden (oder waren sie das nie gewesen, hatte man das nur falsch in Erinnerung?), bald in jedermanns Erfahrungen den ersten Platz einnehmen würden, als habe eine Lufthülle, die einmal das Klima eines fernen, verloschenen Sterns bestimmte, beschlossen, unseren armen Planeten zu umschlingen. Für immer mehr Menschen hießen, wenn man einmal richtig darüber nachdachte, die entscheidenden Erfahrungen: Invasion, Krieg, Bürgerkrieg, Epidemie, Hungersnot, Überschwemmungen, Erdbeben, Umweltverschmutzung. Die festen Formeln, die man dafür parat hatte, waren noch stereotyper, *Wir sollten etwas dagegen unternehmen!* oder *Ein Jammer!* Es sind nicht so viele Abstufungen möglich für: *Meine ganze Familie ist im Konzentrationslager umgekommen* oder *Vier von meinen Kindern sind Hungers gestorben* oder *Meine Schwester und ihr Kind sind von den Soldaten getötet worden.* Aber sah es nicht so aus, als seien die stereotypen Redensarten für die öffentlichen Ereignisse ehrlicher als für die privaten? *Ein Jammer!* – traf das nicht ungefähr den Kern?

Sie bemerkte, daß der Kessel ruhiger geworden war, und griff mit ausgestrecktem Arm hinter sich in die Küche nach einer großen Porzellankanne, in der bereits Kaffee war. Mit der Kaffeekanne in der Hand stand sie nahe am Feuer und wartete darauf, daß der Dampf den Deckel des Kessels zum Klappern brachte.

Es war Unsinn, die Dinge an Höhepunkten und Krisen zu messen: Die persönlichen Ereignisse hatten sich wie die öffentlichen letzten Endes seit langem vorbereitet. Sie entwickelten sich ... Erst nach Monaten, meist nach Jahren, wird ein Mensch sagen: *Mein Gott, mein ganzes Leben hat sich verändert,* wenn er von einer großen Leidenschaft spricht, von einer unüberwindlichen Abneigung oder einer Ehe, einer wichtigen beruflichen Aufgabe. *Mein Leben hat sich verändert, weil ich mich verändert habe.*

Der Dampf drückte jetzt energisch gegen den Deckel des Kessels und strömte aus der Tülle.

Mit dem Topflappen faßte sie den Henkel des Kessels an und goß das gefährlich zischende Wasser auf den Kaffee. Sie stellte den Kessel neben dem Feuer ab, aber nicht auf dem Rasen, wo es einen kreisrunden gelben Fleck gegeben hätte, und zog die halbverbrannten Zweige aus dem Feuer. Falls es anfing zu regnen, mußte sie daran denken, die Zweige und alles nicht verbrannte Holz ins Trockene zu bringen. Sie war keine Pfadfinderin und wußte nicht, wie man mit nassen Holz Feuer macht.

Sie nahm den Kessel in eine Hand, die Kaffeekanne in die andere und ging aus dem Garten hinter dem Haus in die Küche.

Ich habe die Feuerprobe bestanden, ich bin durch eine harte Schule gegangen ... so etwas sagte oder fühlte man nicht ohne eine gewisse Befriedigung. Sicher war das eine außergewöhnliche Tatsache? Das Gefühl, etwas geleistet zu haben, war außergewöhnlich? Solche Empfindungen hatten doch nicht nur Menschen, die zu der (vergleichsweise kleinen) Zahl der Erdenbewohner gehörten, nach deren Theorie das Leben eines Menschen nicht wichtiger ist als das eines Käfers, sondern auch jene, die den alten Standpunkt vertraten, nur unsere Taten zählten, weil wir in den Augen Gottes – oder der Götter – wichtig seien. Aber weshalb sollte irgend jemand sich darum scheren, daß er oder sie sich verändert hat, Erfahrungen gesammelt hat, gereift ist, erwachsen wurde, wenn er oder sie nur ein Käfer ist? Oder vielleicht sogar nur ein Schmetterling? Denn ein Gefühl, vielleicht das tiefste, das wir kennen, sagt uns, daß im Leben das wichtigste sei, Erfahrungen zu sammeln, zu lernen. Und dieses Gefühl sollte nur eine Gewohnheit sein, ein Überbleibsel aus früheren, primitiveren Zeiten? Nur eine Wichtigtuerei des Käfers? Aber es war da, kein Zweifel, ob man „Gott" nun vertrieben oder für tot erklärt hatte oder nicht. Vor wem soll ein Käfer Rechenschaft ablegen?

Wir sind, was wir an Erfahrungen sammeln.

Es erfordert oft eine lange und schmerzvolle Zeit.

Leider war jedoch nicht zu bezweifeln, daß es lange Perioden, schmerzvolle Perioden gab, in denen man nur wenig lernte.

War sie wirklich dieser Ansicht? Ja, sie war es.

Weil sie deprimiert war? War sie deprimiert? Wahrscheinlich. Sie war ganz nahe an etwas, das sie nicht greifen konnte ...

Die Frau setzte die Kanne auf ein Tablett, auf dem das Kaffeegeschirr bereits zurechtgestellt war: Tassen und Untertassen, Löffel, Zuckerdose und ein Sieb. Bevor sie das Tablett hinaustrug, warf sie einen Blick auf die schmutzigen Teller vom Mittagessen, die sich neben dem Geschirr vom Frühstück stapelten. Vielleicht konnte sie Tim bitten, daß er das Feuer noch einmal anfachte, um einen zweiten Kessel Wasser heiß zu machen; dann könnte sie schnell abwaschen. Nein, lieber nicht, nicht in der Stimmung, in der er war; besser, das später selbst zu machen.

Eine Frau trat aus der Küche und ging über den Rasen, der gemäht werden mußte und ganz reizend mit Gänseblümchen betupft war, zu einem Baum. Diese Frau war Kate Brown; um genau zu sein, Catherine Brown oder Mrs. Michael Brown. Vorsichtig trug sie das Tablett und dachte ans Abwaschen, während sie mit ihrer privaten Bestandsaufnahme, ihrem Rechenschaftsbericht fortfuhr ... Sie wünschte, sie könnte das augenblickliche Stadium ihres Lebens schnell durchmessen, da es ihr endlos erschien. Wenn das Leben an großen Augenblicken, an Höhepunkten gemessen werden mußte, dann war, was sie betraf, lange Zeit nichts „geschehen"; und sie konnte nicht viel mehr erwarten als den langsamen Abstieg von der aktiven Rolle als Hausfrau zum Altwerden.

Manchmal, wenn man Glück hat, konzentriert sich ein Prozeß, verdichtet sich ein Lebensabschnitt. Für Kate sollte dieser Sommer eine solche verkürzte, gesteigerte, verdichtete Zeit werden.

Was sollte sie erfahren? Nicht viel mehr als die einfache Tatsache, daß sie alt wurde: der unaufhörliche und sich ständig wiederholende Prozeß des Wachsens und Reifens. Das passiert natürlich jedem – *Wie die Zeit vergeht! ... Ehe man es merkt, ist das Leben vorbei ... Reife zu erlangen, ist das wichtigste.* Und so weiter. Aber in Kates Fall sollte es sich ganz und gar nicht um einen Prozeß von einem oder zwei Jahrzehnten handeln, der, während er ablief, kaum bemerkt wurde, außer bei dem verzweifelten Bemühen, die Flut aufzuhalten – das Haar zu tönen, auf die Figur zu achten, die Mode nur vorsichtig mitzumachen, damit sie elegant, aber nicht jugendlich aufgetakelt wirkte. Für fast jeden, es sei denn, ihn ereilt eine Katastrophe, der Boden wankt unter seinen Füßen, Bomben töten seine Kinder und schlagen das eigene Herz mit Gleichgültigkeit allem gegenüber – für fast jeden ist Altwerden eine Sache von Jahren. Man ist jung, dann hat man die mittleren Jahre erreicht, aber der Augenblick des Übergangs von einem Stadium zu anderen läßt sich schwer bestimmen. Die Einstellung zu den Menschen unserer Umgebung hat sich verändert, ja ganz entscheidend verändert, aber dieser Tatsache ist man sich kaum bewußt geworden, weil das Eis des Gletschers sich so langsam ins Tal schob. Bei den meisten ist es ungefähr so: *Ich bin leider nicht mehr so jung, wie ich einmal war.* Kate Brown jedoch sollte den Prozeß in ein paar Monaten hinter sich bringen. War es, obwohl alles so auf ihre Person, ihre Geduld, ihre gute Laune, ihre Zeit zugeschnitten schien, in Wirklichkeit der Druck von außen, der ihr kleines Leben bedrängte? Daher das Gefühl der Hast? Vielleicht. Jedenfalls sollten die Ereignisse dieses Sommers nicht von ihren eigenen Fähigkeiten und Begabungen bestimmt werden.

Als alles vorbei war, hätte sie sich bestimmt nicht gewünscht, es anders erlebt zu haben. Aber im voraus konnte sie es sich nicht wünschen, dazu fehlte es ihr an Erfahrung und Phantasie. Nein, sie konnte sich nicht *wünschen*, was geschehen sollte, auch wenn sie, das Tablett in der Hand, da unter dem Baum stand und dachte: Es geht immer so weiter! Das ist nicht richtig: Es müßte etwas geben, das ich sehen, etwas, das ich *jetzt* verstehen könnte, irgendeinen Weg, den ich wählen könnte ...

Wählen? Wann wähle ich überhaupt? Hab ich je gewählt?

Eine Frau stand dort unter einem Baum, wie sie in den letzten Jahrhunderten oft dort hätte stehen können, ein volles Tablett in der Hand. Sie stellte das Tablett auf einen Gartentisch, der aus einem im vergangenen Jahrzehnt erfundenen Material bestand. Er sah aus wie Eisen, war aber so leicht, daß man ihn mit einer Hand hochheben konnte, und so ausbalanciert, daß er, auch wenn man ihn einseitig belastete, nicht umkippte.

In ihren Augen hatte sie diesen Tisch nicht ausgewählt; er war für sie ausgewählt worden, genau wie die Plastiktassen, die aussahen, als seien sie aus Porzellan.

Sie ging wieder zur Rasenmitte, und bevor sie noch Atem holte, um zu den Fenstern im ersten Stock des Hauses hinaufzurufen, sah sie vor sich, was ihr Mann sehen würde, wenn er ans Fenster trat und sagte: „Ich komme schon!" – eine auf dem Rasen stehende Frau in einem weißen Kleid, weißen Schuhen und mit einem blaßroten Tuch um den Hals.

In diesem Punkt konnte sie wählen, bewußt und absichtlich: Ihr Äußeres war Wahl, feinfühlig und taktvoll, dem mittelständischen Vorort und ihrer Stellung als Frau ihres Mannes angemessen. Und natürlich als die Mutter ihrer Kinder.

Das Kleid kam von einem Ständer mit der Aufschrift „Jolie Madame" und war kleidsam und dezent. Sie trug Schuhe und Strümpfe. Ihr Haar – und hier hatte sie am nachdrücklichsten gewählt – war in großen, weichen Wellen um ein Gesicht frisiert, das auf dem Nasenrücken und oben auf den Wangen ein paar Sommersprossen zeigte. Ihr Mann sagte immer, das gefiele ihm. Das Haar war rötlich – nicht allzu auffallend. Sie war eine hübsche, gesunde, tüchtige Frau.

Sie stand auf dem Rasen, beschattete mit der Hand ihre Augen und rief hinauf: „Michael, Michael! Kaffee!"

Ein undeutliches Gesicht hinter Scheiben, auf denen die Sonne blendete, rief: „Ich komme schon!"

Eine Frau, passend für einen Nachmittag im Kreise der Familie gekleidet, ging über den Rasen zurück, vorsichtig, damit das Gras an ihren Schuhen keine Spur hinterließ. Hätte sie wählen können, wäre sie barfuß gegangen und hätte so etwas wie ein Hawaii-Gewand oder einen Sari oder einen Sarong getragen und das Haar glatt auf die Schulter fallen lassen.

Sie gestattete sich keine jugendlich-blühende Erscheinung, da sie, als die Kinder heranwuchsen, schon sehr früh bemerkt hatte, wie wenig sie es mochten, wenn sie ihrer Natur die Zügel schießen ließ. Mary Finchley von gegenüber zog sich so an, wie sie, Kate, es – ohne Kinder und Ehemann – auch getan hätte: ihre Kinder verabscheuten es und zeigten das auf jede nur mögliche Weise. Obgleich Kate immer zustimmte, wenn Mary sagte: „Warum sollen wir unser Licht unter den Scheffel stellen, Kinder dürfen keine Tyrannen sein" – stellte sie ihr Licht dennoch ständig unter den Scheffel, hatte es immer getan. Aber sie konnte nicht feststellen, daß ihre Kinder deshalb irgendwie besser waren als die von Mary Finchley.

Kate saß so unter dem Baum, daß ihr Körper im Schatten war, nur ihre Beine lagen ausgestreckt in der Sonne, als hätte sie keine Strümpfe an. Prüfend betrachtete sie das große, behäbige Haus in dem großen Garten. Sie tat das wie jemand, der sich verabschiedet, aber das kam nur daher, daß sie und ihr Mann kürzlich überlegt hatten, ob man nicht vielleicht langsam daran denken müßte, sich nach etwas Kleinerem umzusehen, nachdem die Kinder bald erwachsen waren. Eine Wohnung? Sie könnten ein Haus auf dem Land kaufen und es mit Freunden teilen – vielleicht mit den Finchleys.

Kate dachte oft daran, aber wie an etwas, das noch sehr viel Zeit hatte.

Inzwischen war Mai, der englische Sommer launenhaft und ohne Glanz, und was den Herbst betraf, so stand dem Familienleben, diesem Organismus, der im Süden Londons, in Blackheath, um genau zu sein, gemächlich dahinpulsierte, eine Unterbrechung bevor. Diese Einheit, dieses Wesen, dieser Organismus schien mit jedem Jahr, das die Kinder älter wurden, immer stürmischer aus diesem Vorort hinauszudrängen und sich immer weiter über den Erdball zu verstreuen. Es war wie ein jährliches Aus- und wieder Einatmen, das im Spätfrühling begann und im September endete.

Maxie Wander

Bin ich eine weise Alte?

❦❦❦

1. November 1976

Meine liebe Tanja! Das ist ein Spitalbrief und mit Vorsicht zu genießen! Es ist 21 Uhr, die Welt draußen hebt grad erst die Nase aus den Federn, und wir Spitalmenschen sollen schon wieder schlafen. Nix is heut mit Schlafen. Mit Fred hab ich viel Kaffee getrunken am Nachmittag, Deinen Brief hab ich gelesen, Julias sehr talentierte Farbenkleckse bewundert und ‚Kalina Krasnaja' ausgelesen. Bin wieder einmal warm geworden von diesem wunderbaren Schukschin, der viel zu früh gestorben ist! Danke Tanja, Andreas, auch für den Bobrowski, den ich noch nicht gelesen habe. Aber Ihr spinnt, soviel Geld auszugeben!

Meine kleine Bettnachbarin schläft, ich muß ganz leise sein, sie hat noch Schmerzen nach der Operation. Mädchen, Tanja, Du bist gut! Maxie liegt da mit ihrem Krebs, heult sich heimlich die Seele aus'm Leib – und Du sagst, ich soll Dich aufrichten! Überleg mal: Bin ich so eine weise Alte, die kein eigenes Leben mehr braucht und nur dazu da ist, andere mit Ratschlägen zu versorgen? Ich hab in den letzten Tagen mehr als fünfzig Briefe bekommen, und die meisten fragen mich, wie sie leben sollen. Als wäre ich am Ende meiner Tage und schon im Himmel angekommen, wo Gott sitzt und alle unsere Fragen beantwortet. Was denkst Du, wie ich die Nächte mit Fragen hinkriege, wie ich verzweifle und keine Kraft mehr finde und *eins* nur klar zu sein scheint: So wie bisher will ich nicht weiterleben. Leben, ja, aber nicht um jeden Preis!

Du hast doch noch gar nichts auszustehen gehabt, Mädchen, akzeptiert habe ich Dich immer, Du bezweifelst das, aber sicherlich hab ich nicht alle Deine Probleme sehr ernst genommen. Das sind doch Schwierigkeiten, die in fast jeder Ehe auftreten. Ich glaub halt nicht dran – daß es heut schon möglich ist – oder sagen wir: normal ist, daß man alles gratis kriegt: Selbstverwirklichung und Liebe und großartige

210

Kindergärten, die uns die Verantwortung abnehmen und Sicherheit und die beste Arbeit und Gesundheit! Ich betrachte zum Beispiel (ob Du's nun blöd findest oder nicht) Kittys Tod und meine hundsgemeine, zerstückelnde, mörderische Krankheit als den Preis für Liebe und relativ geringe Versklavung als Hausfrau und Arbeitende. Du kannst doch noch so vieles gut und richtig machen, was mir schon mißlungen ist, zum Beispiel die Erziehung der Kinder!

Übrigens, falls Du an eine andere Gesellschaft glaubst, laß ich Dich einige Briefe lesen, zum Beispiel von Evi, Freds Tochter in Wien, die seit Jahren sucht und nicht findet und jetzt wieder geschrieben hat: „Wir alle sind schon so verkümmert. Wie sehr uns doch solche Menschen wie Ihr fehlen! Unsere Freunde sind entweder neurotisch oder spießig oder oberflächlich. Wir versuchen es im kleinsten Kreis, in unseren Beziehungen zueinander, Harry und ich, doch mit Freunden auf einen grünen Zweig zu kommen scheint unmöglich. Alle sind so fad, öd und verknöchert. Totale Frustration."

Das, was wir hier betreiben, Tanja, daß Menschen sich lange Briefe schreiben oder nächtelang ernsthaft diskutieren, das ist schon ein Luxus! Du beklagst Dich mit Recht, aber die Tatsache, daß Du in der Lage dazu bist, das nötige Bewußtsein hast, spricht für Deine privilegierte Situation, im Weltmaßstab gesehen. Je älter ich werde, desto bewußter begreife ich das Leben unter unseren Bedingungen als einen ständigen Kampf! Es bleibt eine Frage der Kraft, wie man zu diesem Leben steht. Klar: Wenn man nicht das Gefühl hat, daß sich wenigstens im Kleinen was verändert, daß man selber irgendwas verbessern kann, müßte man sich einen Strick nehmen! Ich hab bestimmt sehr vieles gründlich falsch gemacht, aber auf eines bin ich beinahe stolz, daß ich die Hoffnung nicht verliere, immer wieder aufstehe und mir sage: Die Menschen werden es schaffen, sie werden lernen, ihr Leben zu gestalten. Wer mir diese Hoffnung gibt? Der Schukschin, mein Vater, der Peter, Fred, Deine Jule, Lenin, Jesus, Christa Wolf, Tilman Fürniß aus Westberlin, Ingmar Bergman, David Oistrach, unser Töpfer, die Evi mit ihrem Harry, Laodse, Romain Rolland, Chagall, Heinrich Böll, Albert Schweitzer, die Schwester Doris von unserer Station, unsere Freunde Draer in Paris, Michelangelo, Aitmatow ... sieben Seiten könnte ich mit Namen füllen!

Weißt Du, Tanja, was ich mir hier immer sage? Es sind keine verlorenen Wochen, es ist mein Leben, das ich möglichst ehrlich und intensiv zu leben habe. Ich hab angefangen, meine verschütteten Quellen freizulegen. Dann bin ich glücklich, in jeder Situation. Wenn ich zum Beispiel Anita aushalte, neben all den Flaschen mit Blut, Nahrung und Sauerstoff, die an ihr dranhängen (ich sehe meine Kitty!), und wenn ich ihr beim Kotzen helfe und mich nicht über die schlaflose Nacht beklage, dann bin ich zufrieden, im inneren Gleichgewicht. Einfach das Nächstliegende tun.

So, jetzt geh ich mir selber auf den Wecker, rede ja wie ein Prediger. Das macht die späte Nacht und der viele Regen draußen, der uns von der Welt abschneidet, und die Vorstellung, daß es möglicherweise bald vorüber ist!

Nächstes Wochenende krieg ich vielleicht frei, dann sehen wir uns alle. Okay? So, und nun plag Dich mit dieser kaputten Schrift und widersprich mir kräftig!

Leben wär eine prima Alternative!
    Küsse auf Euch drei,
       Eure Maxie

Christine Swientek

23.30 Uhr!

❧

23.30 Uhr! Noch eine halbe Stunde habe ich zu leben. Gong Mitternacht ist es vorbei! Mit den Vierzigern!

Dann bin ich fünfzig!

Davon, daß dann „Halbzeit" ist, kann nicht mehr die Rede sein!

Fünfzig! Alle tun so „besonders"! Soll ich mich ab morgen anders fühlen als bis heute? Vierzig finden manche noch schlimmer – da verläßt man die Jugend. Mit Fünfzig ist man doch schon sehr, sehr nahe am Jenseits. In der Eifel sagt man zu diesen „Alten": „Die hat schon Abraham gesehen!"

Ich fühlte mich, wie ich mich immer fühle. Dennoch – ich fühle anders: Aufbruch! Wenn nicht jetzt, dann nie! Wenn ich nicht ab heute (bzw. morgen) das Ruder herumreiße, dann wahrscheinlich nie mehr. Mit Vierzig war nichts möglich. Da hatte mich der Familienkampf und der Berufskrampf in den Fängen. Da ging es um das Bestehen des Alltags – von Tag zu Tag. Und mit Sechzig werden vermutlich andere mein Leben ändern – ob ich will oder nicht! So bleibt mir nur noch der Fünfzigste!

Das ist ein würdiger Anlaß, alles zu überdenken, alles (alles?) neu zu ordnen, zu planen, neue Strategien zu entwickeln. Nochmal aufraffen, bevor das große Abschlaffen mich überfällt und ich mir dann selber einreden kann, daß nun nichts mehr geht.

Die Frage aller Fragen ist: Wie nutze ich die nächsten (möglicherweise die letzten!) 36 Jahre!? Was hatte ich im Leben (noch) nicht, ohne das ich ungern dahinsterben würde? Was will ich noch tun? Was mit Sicherheit nicht mehr? Welche Aufgaben könnte mein Schicksal mir noch zugedacht haben (über die ich dann ab sofort mit ihm, dem Schicksal, werde hadern können?). Der rechte Mensch, so höre und lese ich, ändert sein *Sein*. Das kommt aber meist auch ungefragt über uns. Als noch nicht ganz reifer Mensch darf ich durchaus auch mein

Haben ändern. Ja, ich weiß, mit den Jahren sollte der Mensch weg-streben vom schnöden Materialismus, aber ich rede mir ein, daß ich aus meinen frühen Kindesjahren noch Nachholbedarf habe. Das darf ich – ich habe Freud gelesen! Die Weisheit, das Bescheiden, die Demut ... das alles, alles stellt sich mit zunehmendem Alter vermutlich voll-automatisch ein. Was bleibt uns dann auch anderes übrig, als das (Al-ters-)Leben zu betrachten mit der Definition des großen Spötters Am-brose Bierce: „Alter: Jene Periode, in der wir die Laster, die wir noch schätzen, damit gutmachen, daß wir jene verteufeln, die zu begehen wir nicht länger wagen!"

Also wagen wir's noch!!! Vermutlich wird die Umwelt uns Fünfzi-gern schon schnell und früh genug klar machen, wenn wir über die Stränge schlagen und wo und wann Feierabend ist.

Möglicherweise ändert ja auch ein verändertes Haben das Sein? Wie dem auch sei: Auf alle Fälle habe ich vorgestern in die Tagesga-zette meiner alten Heimatstadt eine Kleinanzeige einrücken lassen: „Suche kleines Häuschen am Wasser!"

So etwas habe ich noch nie gemacht. Es ist absolut neu. Schließlich habe ich auch noch nie ein Häuschen gesucht.

Für den Beginn der zweiten Jahrhunderthälfte ist ein solches An-liegen schließlich nicht zu groß! Zuviel Bescheidenheit bei uns Frauen führt nur zu zuwenig Leistungen! Von außen!

Auf geht's!

Marie Luise Kaschnitz

Dinge, die ich nicht mehr tun werde

Dinge, die ich nicht mehr tun werde, meines Alters wegen nicht mehr tun werde, weit hinausschwimmen etwa, so weit, daß die Küste versinkt, die Badehütten sich klein an den Boden drücken, die Gefahrenfahne, dieser rote Wimpel, nicht mehr deutlich zu erkennen ist. So daß ich das Gefühl habe, nicht mehr am Meer, sondern im Meer zu sein, ein Delphin, der taucht und springt zwischen zwei Kontinenten, was natürlich übertrieben ist, da es sich auch früher nur um das Mittelmeer gehandelt hat. Der Atlantische Ozean, etwa an der Küste von Brasilien, war mir immer bedrohlich, schon die erste Uferwelle riß einem gurgelnd den Boden unter den Füßen weg. Aber nun auch das nicht mehr, das Hinausschwimmen am lateinischen Ufer, an der salernitanischen Küste und das aufgeregte Winken spielzeugklein von den Felsen her, Warnung vor Wadenkrämpfen, vor Haien, Warnung, die ich einmal in den Wind schlug und drehte mich, sonnengeblendet über der fernen weißen Tiefe, dem Wellengekräusel auf dem Sand.

Oder die Wanderungen allein in unbekannten Wäldern, immer weiter, noch um diese Wegbiegung, noch über jenen Bergkamm, wundern soll mich, was einst ich sah, über den hohen Bergen. Das war eine Zeile von ich weiß nicht mehr wem, jedenfalls einem Mann aus dem Norden, und jetzt tragen mich meine Füße nicht mehr so weit, und ich bin auch ängstlicher geworden, erschreckt vor Schatten, die sich bewegen, vor Ästen, die aneinanderschlagen, o die Gespenster einer alten Einbildungskraft, der ein Leben lang von Mordnachrichten gespeisten, und wer im Grunde nichts mehr zu verlieren hat, der hängt an dem, was er nicht mehr zu verlieren hat, spürt schon den Würgegriff des Unbekannten, der da die Schlucht heraufkommt, was hat er im Wald zu suchen, wenn nicht mich, wen wird er in den sumpfigen Weiher drücken, wenn nicht mich. Wundern soll mich, aber ich muß es ja nicht mehr sehen, muß die fremden Länder nicht mehr sehen, weiß sie schon alle, kann sie aufsagen, die Pyramiden und die mexikanischen Tempel, und der steinerne Mann mit der Opferschale hockt mir rätselhaft lächelnd an der mondbeschienenen Wand. Oder die Gespräche bis zum Morgengrauen, das Fragen, Behaupten, Fragen, Feststellen, unermüdlich, aber jetzt ermüdlich, schon bald nach Mitternacht, welche Ungeduld, welcher Zorn auf die alles so gut Wissenden, so treffsicher Formulierenden, als wenn es nicht nur lauter Rätsel gäbe, lauter tödliche der Menschennatur, alle schon mit dem Menschen erschaffen, adamische Rätsel sozusagen, die nun so flink, so glashart übersprochen werden, oder auch nicht flink, alkoholisch mit schwerer Zunge. Ich kann da nicht mehr zuhören, nicht mehr mitreden, konnte es einmal, kann es nicht mehr, die Nacht ist meine Zeit nicht länger, oder gerade die Nacht ist meine Zeit, die menschenleere, die Schlafnacht, oder vor dem Schlafen am Fenster stehen, stumm. Also faul, könnte einer sagen, denkfaul, redefaul, schließlich handelt es sich um die brennenden Fragen der Politik, der Soziologie, der Literatur, das alles strengt Sie also ungebührlich an, welche Nervenschwäche, welche greisenhafte Gleichgültigkeit. Aber ich bin nicht gleichgültig. Ich bilde mir auch nicht ein, daß ich alles besser als die anderen wisse, keine Belehrung mehr nötig habe. Nur die Nacht darf mir keiner nehmen, die Zeit, in der ich meinen Garten bebaue. Cultiver son jardin, und mit Pflanzen hat man es da zu tun, mit Stecklingen und Setzlingen, oder auch nicht mit Pflanzen, sondern mit Worten, mit den raschkeimenden, zarten Weizenkörnern der Träume.

Aysel Özakin

Wie alt bist du Oma?

❦

„Wie alt bist du Oma?"
„Laß das!" sagte sie.
Was sollte bedeuten
Diese grobe Neugier?
So lange sie
Im Mai Kamillen sammelte
So lange sie sich freute
Auf den Sonnenaufgang
Auf jeden Gruß
So lange ihr das Musaka
Schmeckte
Was sollte bedeuten
Das Fortschreiten der Jahre.

＊

Was kann ich dir schenken
Für's Zuckerfest?
Was brauchst du?
Wünsch dir ein Geschenk."
„Daß du gesund bleibst."
„Nein, wirklich …
Ich möchte dir etwas schenken
Los, sag schon, Großmutter."
„Dann einen Feuerstein."
So brachte jeder von uns
Der sich aufhielt
In der Ferne
Als Geschenk
Einen Feuerstein.

Erst küßten wir ihre Hand
Dann reichten wir den Feuerstein
Für ihr altes Sturmfeuerzeug.

✻

Wir essen Abendbrot
Großmutter aber
Liegt auf der Matratze
Die Bettdecke über ihren Kopf gezogen.
Sie hat Fieber, zittert.
Das stört meinen Vater
Wie eigentlich alles an ihr
Ihre Muße, ihre Spaziergänge
Außerdem färbte sie sich die Haare
Kochte nicht gut.
Doch im Grunde ärgerte meinen Vater
Die alte Prinzessin
Mit erloschener Geschichte.
Ein trauriger Abend.
Plötzlich aber hören wir ein Lied
Unter der Bettdecke
Mit zitternder Stimme
„Ich bin zwar fünfundsiebzig
Ich bin aber noch jung
Zu mir paßt ein Liebhaber
Ende Zwanzig."
Als wir alle lachen
Sagt Vater
„Seht ihr,
sie ist verrückt."

✻

„Sie hat sich ein Bein gebrochen
auf der Straße."
„Und jetzt?"
Frage ich

218

Atemlos
Besorgt
„Geht's ihr jetzt besser?"
„Du weißt ja,"
Sagt die Tante
„Sie war hundertundvier."
„Na, und" entgegne ich
Wütend auf ihren Neid.
Mein Telefon
In Berlin schweigt.
„Wir haben sie verloren."
Ich gehe in die Küche
Setze mich
Verberge mein Gesicht
In meinen Händen
Und sehe
Wie sie ihr Gesicht
Voller Falten
Zu mir beugt
Und lacht
In mein Weinen hinein.
Ich spüre
Sie ist in mir.

Christine Swientek

Blaue Türen und Fenster soll das Haus haben

❧❧❧

Als ich 13 war, war ich das erstemal verliebt. „Er" war die große, die einzige, die unwiederbringliche Liebe meines Lebens – danach konnte es einfach nichts anderes mehr geben. Und es störte mich ganz fürchterlich, daß alle mich noch wie ein Kind behandelten, wo ich doch schon so liebte (platonisch!) und litt (auch körperlich!). Ich fühlte mich „reif" – zu allem: fürs Leben, für Leid und Liebe. Als ich 18 war, konnte ich mir nicht vorstellen, wie man als Mensch überhaupt je 30 werden konnte! Und wer das überhaupt wollte! Unsere Gruppenleiterin war 29, deren Freundin 39 – das war biblisch! Da letztere verwitwet war, paßte das jedoch: alte Frauen sind nun mal gerne Witwen. Aber ich – 30? Nie!!

In diese Ära – und wohl auch in die entsprechenden Auseinandersetzungen darüber mit meiner Mutter – fiel dann der Satz: „Wer nicht alt werden will, muß sich eben früh aufhängen!" Das fand ich zwar brutal, aber ich dachte, bei mir würde sich diese Frage auf ganz natürliche Weise klären!

Als ich 28 war, begann ich nach fünf Berufsjahren mit meinem zweiten Studium. Ich fand das ganz natürlich – ich brauchte mal eine Berufspause, und ich hatte Lust dazu. Die einzige „Alte" war ich auch nicht – obwohl uns doch schon vieles unterschied von den Abiturientinnen in den gleichen Seminaren. Es war auch nur ein ganz kleiner Abglanz eines flotten Studentenlebens – das hing aber weniger mit meiner Alterswürde als vielmehr mit meiner nebenher laufenden Berufstätigkeit zusammen, die ich in zwei verschiedenen Städten mit 280 km Entfernung zur Finanzierung dieses Luxus ausübte.

Mit 34 Jahren bekam ich mein Wunschkind – im Mütterpaß stand „späte Erstgebärende", und nur aus diesem Grunde galt die Schwangerschaft als Risikoschwangerschaft! Und ich kann noch heute darüber lachen, daß eine andere Kundin, am Bankschalter vor mir wartend, meinen süßen blondgelockten Sohn bestaunte und dann zu mir sagte: „Haben Sie aber eine niedliche Enkelin!"

An meinem 43. Geburtstag – ich feiere sie alle, gerne und mindestens 24 Stunden lang! – habe ich meinen Gästen mitgeteilt, das sei nun die Halbzeit. Ich würde 86 Jahre alt werden (wollen). Zugegeben: sie waren beeindruckt! Und: Es hob eine allgemeine Diskussion übers Altwerden an, die im Konsens fast aller Anwesenden endete, wenn's denn gar nicht mehr ginge, könne man sich ja jederzeit umbringen! Ich hatte damals noch nicht meinen privaten Alternsforscherinnen-Tick – sonst wäre ich tiefer eingestiegen!

Kurz nach meinem 43. verliebte ich mich – wieder so unsterblich und unwiederbringlich wie dreißig Jahre zuvor! Ebenso bitter-süß, ebenso „aussichtslos" – aber dann doch mit dem Riesenvorteil, daß „Er" als sehr viel Älterer mich Mittvierzigerin wie ein junges Mädchen behandelte!

Ja und dann passierte in Sachen Altwerden bei mir so lange nichts, bis die Computer meinen 45. ausspuckten mit der Weisung, in Sachen Alterssicherung tätig zu werden. Inzwischen hat auch die Bausparkasse wiederholt bei mir zu intervenieren versucht. „Wenigstens eine kleine Eigentumswohnung" solle ich mir doch durch den Kopf gehen lassen (daß sie altersbedingt-behindertengerecht sein müsse, scheint er sich gerade noch zu verkneifen!). „Bin ich verrückt", sagte ich. „Wenn schon so was, dann ein kleines Häuschen in einem verwilderten Garten!" Er stieg voll drauf ein: „Haus ist fürs Alter nicht gut. Denken Sie nur an die Arbeit und die Reparaturen! Und verwildert! Das geht schon nicht wegen der Nachbarn!"

Nun, dann nicht! Was werde ich mir Gedanken machen um noch nicht existente Nachbarn, die über noch nicht existentes Unkraut meinen noch nicht existenten Lebensabend zu gestalten denken.

Dennoch: „. . . und plötzlich steht es neben dir . . ." Ob ich nicht doch langsam . . .? Wenn sie alle meinen . . .?

Ich werde mich also auf die Suche machen: auf die Suche nach gleichaltrigen Frauen, die ebenfalls altern (sollen) und nicht altern (wollen). Auf die Suche nach Modellen: wie will ich als Alte mal sein?

Spannend finde ich weniger das Altwerden als das Altsein. Ich habe jahrelang Altsein gleichgesetzt mit Alters- und -pflegeheim, mit Siechtum und Angewiesensein, mit Einsamkeit, Schmerzen und Warten auf den Tod.

Dann fielen mir Frauen auf, die mit ungewöhnlicher Vitalität ihr Altsein lebten: Frauen von 70, 76, 81 Jahren: voller Runzeln, weißhäuptig – und im Herzen jung, jugendbewegt und heiter, im Geist neugierig, informiert und kämpferisch. Zum 65. Geburtstag durch Australien, zum 70. mit der Transsibirischen Eisenbahn durch Rußland nach China, mit 76 wöchentlich einen Tag in die Universitätsbibliothek … „alte Frauen", zu denen dieser Begriff nicht paßt, alte Frauen weit entfernt von Hilflosigkeit und Pflegebett.

Ich habe auch Träume übers Altsein. Es sind Kinderträume, die sich dem Kind nie erfüllt haben, die aber auch Elemente des eigenen Aufwachsens enthalten. Ein wenig möchte ich wieder „heim" – vielleicht um den Kreis des Lebens wirklich zu schließen?

Von einem kleinen, niedrigen, reetgedeckten Haus inmitten eines riesigen verwilderten Grundstücks träume ich – ein Grundstück mit Hecken, hohen Bäumen, mit Bach oder Teich. Daran eine Trauerweide, darunter eine Bank, ein Tisch. Viel Wiese, darauf ein alter Apfelbaum, dazu eine Schaukel für die Enkelkinder.

Blaue Türen und Fenster soll das Haus haben, das Dach ganz tiefgezogen, rundherum Stockrosen und Ringelblumen und Kapuzinerkresse. Und neben dem Schlafzimmerfenster ein Holunderstrauch: gegen Erkältung und böse Geister. Heidekraut für die Bienen und eine Rosenhecke für die Hagebuttenmarmelade.

Das Meer muß nah sein für Spaziergänge und Träume. Ich muß es bis zu meinem Häuschen hin rauschen hören. Und einen Hund möchte ich – einen großen Neufundländer mit traurigen Augen. Der liegt dann bei mir in meiner Wohnstube mit Kachelofen, knarrenden Holzdielen und handgewebten Wollteppichen …

Und ab und zu kommen meine Enkelkinder aufs Grundstück getobt – und bringen die neue Welt ins Haus …

Träume für Minuten. Ich muß schon lächeln, wenn ich sie träume! Auf einem zugewachsenen Grundstück von diesen Ausmaßen würde ich mich schon heute zu Tode graulen. „Weit ab" zu leben, ohne Auto zu fahren – auch das eine Unmöglichkeit!

Wo bleibt der große Hund, wenn es mich in die Ferne zieht: den ganzen November in Venedig oder auf Sylt überwintern? Und wie stehe ich in einer alten reetgedeckten Bauernkate aufrecht?

Wie werde ich alt werden?

Wie werde ich alt sein?

Heute weiß ich es noch nicht, ich kann nur zusehen, hinschauen, hinhören, wie andere Frauen vor mir alt geworden sind! Und dann werde ich mich so langsam auf das vorbereiten, was ich mir eigentlich ganz spaßig vorstelle!

Lioba Albus

Was Männer meinen, wenn sie was sagen

M it jüngeren Frauen versteh ich mich bestens!"

Je älter eine Frau wird, desto anspruchsvoller ist sie!

Lisa Engbers

Der Gipfel ist erreicht

೧೪೨

Damals hätte ich nie gedacht, daß es mir wieder einmal so gut gehen würde.

Wenn ich „damals" schreibe, meine ich die Zeiten, in denen ich in Italien „auf der Platte" lebte, als Pennerin in Parks und Bahnhöfen nächtigte – nach deutschen Begriffen asozial, eine Parasitin der wohlsortierten Kosumgesellschaft.

Heute sitze ich auf meiner Terrasse im Grünen. Der Hund kaut an meinem Schuh, die Amseln unterhalten sich von Olivenbaum zu Apfelbaum in meinem Garten, die Rosen treiben aus, Ameisen sind im Anmarsch, und die Eidechsen sonnen sich unter dem blauen Himmel. Italienische Idylle. Ein Märztag, Frühlingsanfang, acht Uhr morgens. Das Thermometer zeigt 16° C. Die Sonne erreicht den Gartentisch, auf dem ich tippe. In Deutschland schneit es. Die „Süddeutsche Zeitung" meldet, der sechzehnte Obdachlose sei erfroren.

Damals mußte ich um diese Zeit aufbrechen, um einen freien Platz vor einem der großen Kaufhäuser an einer belebten Straße zu ergattern, um „Sitzung" zu machen und das Geld fürs Überleben zu erbetteln. Ich besaß nur das, was ich am Leibe trug, dazu einige Ersatzklamotten aus Caritasbeständen. Und natürlich den Schlafsack, schmuddelig nach all den Nächten auf Pappkartons und Bahnhofsfußböden, im Sommer sandig vom Strand, an Regentagen feucht. Damals mußte ich um diese Zeit meine Kuschelpelle zusammenrollen und mich trollen.

Heute habe ich mein Bett frisch bezogen. Frühaufsteherin bin ich immer noch.

Damals gab es zum Frühstück den Rest Wein vom Vortag, vielleicht noch eine altbackene Semmel mit angetrockneter Salami.

Heute summt der Toaster, die Salami kommt aus dem Kühlschrank, der Kaffee aus der kleinen Espresso-Maschine. Wein gibt es zum Mittagessen. Ein Geschenk von Nachbarn, die Reben kultivieren. Mein Hauptgericht ist Spinat aus dem eigenen Garten, im Herbst gesät und frostfrei über den Winter gekommen, dazu Rührei aus frisch gelegten Eiern meiner frei laufenden Hennen.

Damals hatte ich als Nachbarn versoffene Pennbrüder. Das klingt schlimm, und das war es auch. Aber ich gehörte zu dieser Zunft und mußte mich arrangieren mit Fanta-Kurt, Messina-Blues, den diversen Peters und Gerhards, Kärntner-Eddie, dem dicken Joe, Knacki-Olaf, Friseur-Rolli – all den Mitpennern, die nach dem Motto lebten: Lieber ein stadtbekannter Säufer in Italien als in Deutschland ein anonymer Alkoholiker. Ich lebte in einer Atmosphäre, in der das Wort „Seife" weitgehend ein Fremdwort ist, in einem Mief mit der köstlichen Frische alter Socken und Schweißhufe, drei Wochen getragener Slips mit dem für Männer üblichen last-drop-only im Schritteil, ungewaschener fettiger Haare mit Frisuren im Self-made-style. Und psychologisch war natürlich bei diesem Leben auch nichts in Ordnung. Abgesehen vom Suff, hatten einige der Kumpels einen echten irreparablen Dachschaden. Ich gehörte wie sie zu den Gestalten, die – wie deutsche Touristen meinen – das Stadtbild durch ihre Anwesenheit verschandeln.

Meine heutigen Nachbarn sind Bauern mit deftigem abruzzischem Dialekt, die sich bei der Konversation mit mir Mühe geben, Italienisch zu reden, die mich einladen zu Hochzeiten, Taufen und Familienessen, bei denen es fünf Gänge gibt oder Pizza frisch aus dem Holzofen im Garten, wo stundenlang getafelt wird und die Fremde mehr aufgetischt bekommt, als sie essen kann.

Aber nicht nur in meinem jetzigen Lebensabschnitt habe ich die große Gastfreundschaft der Italiener kennen- und schätzengelernt. Selbst als Pennerin wurde ich an den Familientisch gebeten. Ich erlebte soviel Großherzigkeit und Freundlichkeit, auch den Armen gegenüber, wie ich sie in Deutschland in dieser Form nie erlebt hatte. Dort stoßen nicht nur Penner auf Distanz und Ablehnung, sondern auch Bayern in Westfalen und umgekehrt, die Ossis bei den Wessis und so weiter. Ich habe eine Zeitlang in Niederbayern gelebt und mich dort mehr als Fremde gefühlt als hier im Ausland, jedenfalls nie so integriert in die Dorfgemeinschaft wie hier im Süden. Auch damals, als Pennerin, merkte ich nichts von der Fremdenfeindlichkeit. In diesem Land gehört ein Bettler seit alters her zum Stadtbild. Er wird akzeptiert als Person, nicht als gescheiterte Existenz diffamiert. Und die Zeiten, in denen nach kirchlicher Lehre Armut als persönliche Schuld galt, sind längst vorbei. Dem *povero*, dem Armen, ein Almosen zu geben ist nicht nur ein gutes Werk, sondern bedeutet Glück für den ganzen Tag – und natürlich auch himmlischen Lohn als Ausgleich für eine läßliche Sünde. Gelebtes Christentum ist in Italien noch „in". Man sieht auch die im Dunkeln, nicht nur die im Licht. Und man sorgt für sie, wenn es denn schon der Staat nicht tut, in den vielen caritativen und kirchlichen Organisationen, bei denen vorwiegend freiwillige Helfer und Helferinnen tätig sind, davon auffallend viele Jugendliche. Aber selbst wenn man diese positiven Aspekte bedenkt, ist es keine erfreuliche Lebensart, auf der Straße existieren zu müssen, auch wenn die Verpflegung durch Suppenküchen und Menschen gesichert ist. Aus dem Inhalt von Mülltonnen habe ich jedenfalls nie leben müssen. Nur einmal traf ich auf ein paar Freaks, die streunende Katzen einfingen und als Dachhasen zubereiteten. Auch der Aufenthalt bot meiner Erfahrung nach keinerlei Probleme. Die Bahnhofspolizei hat zwar das Hausrecht, macht davon aber keinen Gebrauch, solange sich jeder friedlich verhält. Nur die um fünf Uhr früh aufkreuzenden Putzteufel der Reinigungsfirmen scheuchen die Langschläfer aus Gängen und Hallen. Von Bußgeldern wegen Schlafens in der Öffentlichkeit ist mir nie etwas zu Ohren gekommen. Von seiten der Staatsgewalt ging das Leben recht friedlich und relativ ungestört weiter. Abschiebungen zum Brenner waren eine große Ausnahme.

Aber niemand, der nicht „auf der Platte" gelebt hat, kann sich vorstellen, welch ein Gefühl es ist, wieder ein eigenes Dach über dem Kopf zu haben, ein eigenes Klo zu besitzen, anstatt sich zum Pinkeln in die Büsche schlagen zu müssen oder schmutzige Bahnhofstoiletten aufzusuchen, die ja nicht immer in der Nähe sind, wenn man es eilig hat und auf die Zwischenräume geparkter Autos angewiesen ist. Gemütlich und ungestört auf der Brille zu hocken und dabei noch Zeitung zu lesen – das gehört für Ex-Penner zu den Genüssen des Alltags, die ein „Normaler" sich kaum vergegenwärtigen kann. Auch den Komfort einer Dusche genießt man bewußter, wenn man an die öffentlichen Badeanstalten denkt, wo man unter Zeitlimit steht. Und der eigene Herd ist wirklich Goldes wert: Anstelle des Schlangestehens vor der Suppenküche für einen gewöhnlichen Eintopf das eigene Huhn im Bratrohr. Dann die Bequemlichkeit des Schlafzimmers: Die Matratze, das frische Bettzeug kommen einem wie Luxus vor nach Jahren auf Pappkartons, Betonfußböden, Sand und Kies und Gras und in Schlafsäcken. Erst wenn man *damals* und *heute* zu vergleichen weiß, schätzt man die für ordentliche Bürger als selbstverständlich angesehenen kleinen Dinge des Lebens als etwas Wertvolles ein: Strom zu haben und das Licht einschalten zu können, wann man will; einkaufen zu gehen, ohne vorher das Kleingeld abzählen zu müssen, jeden Tag frische Unterwäsche zu haben, mehrere Paare Schuhe im Schrank und eine Auswahl an Kleidern, die nicht aus der Klamottenkiste stammen.

Damals habe ich von diesem Haus an der Adria geträumt, als ich unterwegs war auf den Nomadenrouten entlang der Küste des Tyrrhenischen Meeres zwischen Ventimiglia und Palermo, durch die sizilianische Sierra zwischen Palermo und Agrigent, von den griechischen Tempeln am Ionischen Meer entlang bis zum industrieverunstalteten Tarent und an der Adriaküste zwischen Brindisi und Venedig.

Jetzt endlich habe ich diesen Traum erfüllen können. Jetzt endlich kann ich in meinem bescheidenen Haus sitzen, nach Osten mit Blick auf das Meer, nach Westen auf die höchsten Gipfel der Apenninen, die fast so hoch sind wie die Zugspitze. Aussteiger wie ich sind selten im Pennermilieu. Der alte Schorsch hatte es geschafft. Er bekam schließlich seine Altersrente nach Jahren des Bettelns. Aber er hatte mit seiner neuen Freiheit und dem Geld nicht viel anzufangen gewußt. Angepaßt hatte er sich nie an italienische Verhältnisse, weder unterwegs noch im römischen Exil, wo ihm Papa Bassetti ein Zimmerchen in Bahnhofsnähe vermittelt hatte. Schorsch lebte weiterhin für sich allein und zurückgezogen, versunken in seine Kriegserinnerungen, die ihn wohl mehr beschäftigt hatten als seine Hinterfront. Kochen konnte er nicht, obwohl er auf seinem Zimmer die Gelegenheit dazu hatte. Mehr als Bratkartoffeln aus rohen Kartoffeln brachte er nicht zustande, dazu Tütensuppe, Dosenfutter, Brote ohne Aufstrich. Er blieb hager und dürr wie zuvor, ging zunehmend gebeugt und grüßte nur beschämt die Mitbewohner, als ob man es ihm ansehen könne, wovon er vorher gelebt hatte. Sein Zimmer war klein und dunkel, zwar mit einer

Duschkabine gesegnet und einem Küchenherd, aber für meine Begriffe ein Loch, das dazu fast um die Hälfte teurer war als mein Haus mit Garten auf dem Lande. Es lag über einer Kneipe, war also sehr laut. Im Treppenhaus fand man Kondome und Spritzen, die tagelang niemand wegräumte. Die schlechte Luft in der Innenstadt wurde noch übler durch die Ausdünstungen einer Entlüftungsanlage direkt unter Schorschens Fenster. Küchengerüche stiegen auf, Gestank von Altöl, in dem man Pommes und Calamari gleichermaßen fritiert hatte. Die fettigen Dämpfe verschmierten die Scheiben und drangen ins Zimmerinnere vor durch die Ritzen. Mein Angebot, ihm eine größere und luftige Wohnung auf dem Land zu besorgen, schlug er aus, obwohl er am Stadtleben gar nicht teilnahm. Er saß fast den ganzen Tag vor seiner großen gutbürgerlichen Errungenschaft, einem tragbaren Fernsehgerät, bei dem er stets Schwierigkeiten mit einer altmodischen Zimmerantenne hatte. Den Ton hatte er abgestellt. Seine schlechten Sprachkenntnisse verhinderten ohnehin zu verstehen, was gesprochen wurde. Für eine Satellitenschüssel, die er sich ohne Sparmaßnahmen hätte leisten können, war ihm sein Geld zu schade. So starrte er auf Steffi Graf und Boris Becker, stundenlang, ohne zu wissen, was ein Matchball ist. Und auch was Priester Marcello Mastroianni von der Loren wollte, begriff er nicht. Er verblödete zusehends. Arteriosklerotische Veränderungen ließen ihn wesentliche Dinge vergessen. Im Supermarkt wußte er nicht mehr, weshalb er hergekommen war, was er einkaufen wollte. Seine eigene Schrift konnte er schwer entziffern, sie war zittrig und teilweise voller übereinandergeschriebener Buchstaben. Geld für eine neue Brille gab er auch nicht aus. Die alte, zwanzig Jahre alte, hatte noch ein gutes Gestell, warum sollte sie nicht funktionieren? Der Kreislauf machte Beschwerden. Schorsch ging nie spazieren, atmete die schlechte Luft, saß herum und wußte nichts mit sich anzufangen. Er hatte nie viel Kontakt mit Pennern gehabt, jetzt verliefen sich die Bekanntschaften. Er hatte genug Geld, mußte nicht betteln gehen, war der Outsider bei den Außenseitern. Schorsch zahlte den Arzt, es war ihm zu beschwerlich, zum Gesundheitszentrum zu fahren. Hierfür gab er Geld aus, obwohl er den Service kostenlos beim Nationalen Gesundheitsdienst gehabt hätte. Er zahlte für Medikamente, die nichts halfen bei Alter und Einsamkeit. Sein nicht ver-

brauchtes Geld hortete er auf dem Konto, auf dem es von der LVA ankam. Er wollte es zurückzahlen an die Bank, die ihm seinerzeit ein
Darlehen gewährt hatte. Den Kredit hatte er nicht zurückzahlen können, war aus Deutschland geflüchtet aus Angst vor Gerichtsvollzie-
hern, vor Strafe. Nun sammelte er Millionenbeträge, wie sein Hirn ihm
vorgaukelte, das nur mit Kaffee-Zufuhr einigermaßen arbeitete. Die
Bank würde ihm verzeihen, er wollte alles wiedergutmachen, auch die
Zinsen zahlen. Er würde nicht wegen Betrugs ins Gefängnis kommen.
Als reicher Mann käme er in die Heimat zurück, als Millionär. Lire-Mil-
lionär. Er würde ein hübsches Zimmer in einem Altersheim finden und
neue Kontakte knüpfen in seiner Sprache, die er hier immer vermißt
hatte.

Schorschens Träume würden wohl nie wahr werden. Auf ihn harrte
mit Sicherheit ein Bett im Alten- und Pflegeheim, das ihm sein ganzes
Geld abnehmen würde. Er würde von Sozialhilfe leben müssen, denn
die Rente reichte nicht für den Aufenthalt unter Betreuung. Und daß
man ihn, den Heimkehrer, mit offenen Armen empfangen würde, war
so unwahrscheinlich wie seine Fähigkeit, sich im Süden anzupassen. Er
war siebzig geworden. Ein alter Mann auf dem Abstellgleis.

Außer mir hat es von meinen Bekannten der Straße nur noch Fritz
geschafft, auszusteigen. Er war bereits in Deutschland nichtseßhaft
gewesen. Auch ihm schien Italien das geeignete Land, der Bürokratie
und den kalten Wintern zu entgehen. Sein Alkoholkonsum hielt sich
stets in Grenzen. Kaffee bestimmte seine Richtung. Ich lernte ihn am
Rondell im EUR-Park kennen, an einem Ostersonntag, als ich in einer
Ochsentour von Messina über Tarent und Neapel nach Rom gekommen wär, mittellos bis auf Kleingeld, unterwegs bestohlen. Meine
Habe trug ich auf dem Leibe. Sogar der Schlafsack war weg. Eine
Decke mußte ich ausleihen. Holländer-Helmut hatte mich als Pennerin
am Bahnhof angetroffen, mitgenommen. Ich schlief zwei Tage lang
fast ununterbrochen, nur geweckt von freundlichen Menschen, die mir
zu essen brachten. Ostersonntag und -montag waren die Picknicktage
der Römer. Die Wiese um das Rondell war voller Menschen, die grill-
ten, Frisbee spielten, Familientreffen veranstalteten. Ich erinnere mich
an reichliches Essen, Lasagne, andere Pastaarrangements, an Fleisch
als *secondo piatto* mit einer grünlichen Pfeffersoße, an Obst und Ku-

chen und eine große Aluschüssel mit Spaghetti für den kommenden Tag. Ich achtete auf niemanden und wollte nur ausschlafen. Erst dann beachtete ich die Gruppe, die ihrem Tagesablauf nachging. Fritz war der einzige zur damaligen Zeit, der selber kochte. Er hatte sich mit Porno-Schorsch zusammengetan, der ganze Tage in speziellen Kinos verbringen konnte. Fritz bot mir zu essen an. Er kochte gut. Er bot mir seinen Schlafsack an. Ich blieb. Wir wurden echte Freunde.

Als ich meine Nachzahlung bekam, zogen wir beide gen Osten. Auch Fritz liebte die Gegend der Abruzzen. Wir beschlossen, dort seßhaft zu werden. Fritz beantragte Sozialhilfe für Deutsche im Ausland. Ich hatte einen Artikel darüber gelesen in der *Bild*-Zeitung: Deutsche Obdachlose machen sich auf Teneriffa ein schönes Leben, verpulvern Steuergelder in Gran Canaria, in Paris, in Montevideo. Eben in der Art, wie *Bild* berichtet. Wie schwer es ist, an Sozialhilfe zu kommen, merkte ich, als ich mit der deutschen Bürokratie in Rom und Augsburg zu kämpfen begonnen hatte. Das Konsulat blockte ab, bestand auf Heimschaffung in die deutsche Obdachlosigkeit. Das war jetzt nicht mehr so einfach, da ich ihm bereits einen Wohnsitz besorgt hatte, der den Anforderungen des § 119 BSHG entsprach. Und trotzdem dauerte es drei Jahre, bis sich alles eingelaufen hatte. Es kostete außer Nerven Geld für Gesetzestexte und -kommentare, die ich selbst erst beschaffen mußte, es kostete Zeit für Schriftsätze und Porto für Widersprüche, für Beschwerden und mehrere Prozesse vor dem Verwaltungsgericht. Im nächsten Jahr wird es wieder losgehen mit dem Prozessieren. Deutschland muß sparen, auch bei Sozialhilfeempfängern. Eine Gesetzesänderung macht es möglich. Das Thema „Heimschaffung" steht wieder an, da Fritz noch nicht 65 Jahre alt ist und man einen „Härtefall" bestreiten wird. Die Gesellschaft sorgt sich um passende Gastgeschenke bei Staatsbesuchen, hat Geld für Weltraumfahrten und neue Militärgesangbücher und den Bau von repräsentativen Staatskanzleien. Deutschland geht es gut. Und auf die zerstörte, mühsam wieder aufgebaute Existenz eines Ex-Penners, der es endlich zu einem eigenen Heim gebracht hat, kommt es nicht an. Ein Fall für die Akten, die Statistik. Fritz wird kämpfen.

Inzwischen ist es Herbst geworden auch in diesem Lande. Mehr als ein halbes Jahr ist vergangen, seitdem ich angefangen hatte, meine Erinnerungen an das Damals aufzuschreiben. Viel ist geschehen mit mir, nicht nur was meine Krankheit zum Tode betrifft. Auch meine Psyche hat sich verändert. Ich lebe bewußter in dem Bewußtsein, daß nicht mehr viel Zeit zum Leben bleibt. Ich ärgere mich nicht mehr über Kleinigkeiten, die mich damals an die Decke gehen ließen. Ich habe mehr Verständnis für die Probleme anderer. Ich sehe auch Axels Tod in anderem Licht, seine Krankheit und wie es dazu kam. Der alte Haß auf ihn, der so viel zerstört hat in meinem Leben, ist einer gewissen Resignation gewichen. Nicht dem „Nihil nisi bene" entsprechend, wohl aber dem „Requiescat in pace". Liebte ich vorher bereits den Sternenhimmel, so denke ich heute beim Betrachten daran, ob es ein Weiterleben gibt und welche neuen Perspektiven sich dem gewesenen Menschen eröffnen, die er mit dem noch in der Evolution befindlichen Hirn bisher nicht wahrnehmen kann. Ich denke nicht an relativ primitive Vorstellungen von Buße und Wiedergeburt in einem anderen Körper, sondern daran, daß das Weltall – wie in Henris Vision – größer ist, als wir jemals in unserem Erdenleben erfahren werden, und daß ein einzelner Mensch bei einem solchen Schöpfer kein persönliches Interesse wecken kann mit seinen Kleinigkeiten des täglichen Lebens. Ich werde mich überraschen lassen und bin in gewisser Weise gespannt auf den Wechsel zu einem Über-Ich, falls es so etwas gibt. An die Sache mit den Engeln und Teufeln und Dämonen glaube ich nicht. Es gibt viel Unbegreifliches, aber ein Engel muß es nicht sein, der einen schützt. Ein solcher Engel ist mehr ab- als anwesend und fällt nur in Extremfällen auf. Ich denke nicht mehr so viel an das Damals, sondern an die Zukunft. Das Jetzt genieße ich mehr als zuvor: daß die *campanelli* noch immer blühen und die Geranien, die *Bella della Notte* und die Bougainvillea. Der goldene Oktober ist wirklich sonnendurchflutet in diesen Breiten. Mit Nachtfrost, Rauhreif ist nicht zu rechnen. Ab und zu nebelt es gegen Abend, die Sonne steht tiefer. In den Bergen ist es kälter, doch das Meer ist noch warm. Mutige Schwimmer ziehen ihre Kreise hinter dem menschenleeren Strand. Nachbarin Luciana ist von einem Besuch bei ihren Cousinen am Campo Imperatore zurückgekommen. Sie schwärmt vom bunten Herbstlaub in den großen Buchenwäldern vor der Hochebene, hat Kräuter mitgebracht und Silberdisteln, Beeren auch für meine Zimmerdekoration. Sie weiß nicht, daß ich nie wieder zum Bergsteigen fahren kann. Pasquale hat wie jedes Jahr mein Feld gepflügt, damit es bereit ist für die Herbstsaat von Karotten, Spinat, Blumenkohl. Die neue Petersilie, das Basilikum sind angesät aus Samen eigener Zucht. Die Thymianpflanzen duften im Kräutergärtlein. An der Böschung quillt der wilde Pfefferminz über das nach den ersten Regenfällen neu sprießende Gras. Im November wird die Wiese aussehen wie im Frühling, hellgrün und mit weißen und gelben Himmelsschlüsselgewächsen. Das Jahr verläuft wieder in seinem Rhythmus, wie stets.

Auch die Nachbarn haben ihren Herbstrhythmus beibehalten. Die Weinlese ist getan, in den Fässern gärt es, die *cantina* riecht nach Trauben. Die Weinfeste sind gefeiert und das Patronatsfest der Stadt. Bis zur Olivenernte ist Ruhe auf dem Land. Zeit der Tauffeiern für die Weihnachtskinder des letzten Jahres. Rauchende Kamine heizen und duften nach verbranntem Holz. Dinas Pizza-Ofen im Hof wird eingeheizt, die Nachbarschaft eingeladen. Nachbar Pietro schlachtet einige Kaninchen für die Verwandtschaft. Die ersten Pullover werden gestrickt, der alte Wein vom vergangenen Jahr als Glühwein verbraucht. Ich werde Antonio anrufen, daß er eine Ladung Briketts bringen soll. In den Nächten wird es kühl. Die Sommerdecke ist weggeräumt, die Steppdecke kommt wieder zu Ehren. Aber mittags wärmt die Sonne. Von den Bergen kommen die Schafherden auf historischen Pfaden. Sie haben Wegerecht auch über Privatgrund. Im letzten Jahr haben sie meinen Kohl gefressen. In diesem Jahr ist der Hund erwachsen und wird ihn bewachen. Die ersten Hirten sind bereits im Ort. Es sind die Vorboten für das Hirtenfest. Sie ziehen durch die Stadt mit Dudelsack und Schalmei. Die Passanten flüchten vor dem trostlosen Gedudel, wenden sich ab in die Nebengassen. Die Schäfer sammeln Geld und gehen nun von Haus zu Haus, klingeln an jeder Tür, dudeln und schalmeien tonstark und melodie-los. Dem Hund tut ihre Jammermusik in den Ohren weh. Er jault und heult wie ein Wolf, wie sonst nur, wenn eine Ambulanz mit Sirene vorbeifährt oder ein Feuerwehrauto. Die Hirten ziehen ab in ihren Fellsandalen und dekorativ zerlumpten Gewändern, die sie traditionsgemäß tragen. Man nennt sie „die Dummen der Berge." Die guten Hirten der dummen Schafe. Abends sieht man sie rasiert und in bürgerlicher Kleidung fast unkenntlich verändert im

„La Torre" Karten spielen. Die Wirtin ist Russin und schenkt echten Wodka aus. Folkloregruppen grinsen von den Wänden. Im Hinterzimmer besäuft sich der Rest der kommunistischen Partei. Man entwirft ein neues Wahlplakat. Jeder zehnte Wodka ist gratis. Addio, Ludmilla. Vielleicht komme ich zu einem letzten Besuch. Der *torre* der *cattedrale* wird erleuchtet sein, und vielleicht läuten die Glocken, wenn ich ein letztes Boeuf Stroganoff esse, ein Stück meiner kleinen Zukunft.

Jetzt habe ich eine andere Welt. In meiner Welt dominiert das *Jetzt-Bewußtsein* vor dem Blick in eine begrenzte Zukunft und dem in die Vergangenheit. Die römischen Platanen, die sizilianischen Abenteuer, die apulischen Regentage verlieren an Bedeutung. Die Seßhaftigkeit im Wortsinn ist symptomatisch als Konträrverhalten bei einem vorangegangenen Wanderleben. Kaum mache ich Reisen. Manchmal fahre ich zum Strand, erlebe das Meer. Selten sehe ich die Stadt. Der Lärm und die Abgase verursachen mir Kopfweh. Ich bin Ruhe gewohnt und Landluft, frisch aus den Bergen bei Westwind, salz- und jodhaltig von der Adria im Osten. Seitdem ich hier lebe, hatte ich nie einen Schnupfen. Eine gesunde Gegend. Und trotzdem sterben hier nicht alle Menschen an Altersschwäche.

Tochter Dora hat geschrieben, bereits mit dem Grippe-Virus infiziert. Ein Großstadtkind. Die Kontakte bessern sich nach so langer Zeit. Jetzt, wo es zu spät ist. Über ihren Vater wird geschwiegen. Dora wurde nicht in einen Beruf gedrängt. Sie konnte frei entscheiden, besucht eine Fachschule. Tochter Katharina, beim Stief-Opa aufgewachsen, bekam dessen „Bestes" zu spüren. Wie beim Sohn, so drängte er auf einen Lehrvertrag, den er aussuchte. Tochter Katharina, kurz vor dem achtzehnten Lebensjahr, ließ Lehrvertrag Lehrvertrag sein und schloß einen eigenen ab in einem anderen Beruf. Sie wird sich demnächst selbständig machen. Beide Kinder leben mit Partnern zusammen in der Weise, die man zu meiner Zeit „wilde Ehe" nannte. Sie sind nicht so dumm wie ich, zu heiraten. Später vielleicht, oder auch gar nicht. Neue Gesetze machen vieles möglich, was mir vor mehr als zwanzig Jahren unvorstellbar schien. Beide Kinder trinken nicht. Sie haben zuviel gesehen, um dieses Verhalten nachzuahmen. Die Jüngste geht noch zur Schule, in die letzte Klasse. Ein stilles Kind.

Meine Welt ist in mir. Ist das, was ich sehe, höre, rieche, taste, schmecke. Ein sechster Sinn wird mir sagen, wann es soweit ist. Juristisch ist alles geklärt. Feierlichkeiten wird es nicht geben. Kein Weihrauch, keine kirchlichen Sprüche. Statt des Honorars für einen Priester eine Runde für die Penner der Stadt. Denn ihrer ist das Himmelreich, wenn auch nur für ein paar Stunden des Rausches.

Weit weg liegt der erste Oktobermonat in Italien, als ich Angelo kennenlernte und den deutschfeindlichen Priester im verregneten Verona, fast vergessen der zweite Oktober in Apulien mit Calamari und gebackenen Schweinsohren, klarer der dritte Oktobermond, der nach Axels Tod. Von da an ging's bergauf.

Ich denke, der Gipfel ist erreicht.

Betty Friedan

Der Alterswahn

❦❦❦

Als meine Freunde an meinem sechzigsten Geburtstag eine Überraschungsparty für mich organisierten, hätte ich sie allesamt umbringen können. Die Toasts, die sie auf mich ausbrachten, wirkten feindselig, sie waren eine Art Zwang, öffentlich bekanntzugeben, daß ich sechzig geworden war. Als sollte ich aus dem Rennen ausscheiden und mich vom Leben verabschieden. In jeder Hinsicht: beruflich, politisch, persönlich, sexuell. Fünfzig, vierzig oder dreißig Jahre alt, schoben sie mich in eine andere Kategorie ab. Selbst meine Kinder schienen – bei aller Liebe – fest entschlossen, bei dieser Folter mitzumachen. Ich reagierte ausgesprochen spöttisch und versicherte meinen Freunden, sie würden auch alle mal sechzig werden – sofern sie überhaupt so lange lebten. Und nach dieser Geburtstagsparty war ich wochenlang deprimiert. Ich konnte mich nicht damit abfinden, daß ich jetzt sechzig war.

Ich dachte an die Jahre nach der Veröffentlichung meines Buches *Der Weiblichkeitswahn.* Damals war ich in den Vierzigern gewesen, kurz davor, die Fünfzig zu überschreiten. Ich war beflügelt von der Energie und dem Enthusiasmus einer wiedergeborenen Frau, der die Frauenbewegung eine ganz neue Zukunft eröffnet hatte. Daß ich älter wurde, kümmerte mich nicht, um das Alter machte ich mir keine Gedanken.

In den sechziger Jahren machten sich die Frauen – ich selbst miteingeschlossen – auf den Weg: Wir wollten uns nicht länger nur über unsere biologische Geschlechtsrolle definieren lassen. Überall – von den Eßtischen in den Vorstädten bis zu den Nebenzimmern den Kirchen – änderten Frauen aus diesem neuen Bewußtsein heraus ihr Leben. Sie gingen zurück aufs College, sie suchten sich Jobs, sie setzten ihre Interessen durch. Und ich frage mich: Wenn Frauen die Grenzen ihrer biologischen Rolle sprengen und neue Ziele für ihr Leben finden, könnte diese erweiterte menschliche Dimension nicht auch die Biologie des Alterungsprozesses verändern?

In den Monaten nach meinem sechzigsten Geburtstag machte ich mich deshalb entschlossen daran, das Alter zu studieren. Ich nahm ein Forschungsstipendium für die Universität Harvard an. Ich wollte mich mit dem neuesten Stand der Altersforschung vertraut machen: medizinisch, klinisch, physiologisch, psychologisch, sozialpolitisch. Ganz systematisch wollte ich weiterhin Männer und Frauen interviewen, die offenbar das Alter bewältigt hatten und die Stärken entwickelten, die mich interessierten.

Zu Beginn meines Unterfangens saß ich am Schreibtisch und versuchte, mir darüber klar zu werden, warum in den Zeitungsartikeln und Untersuchungen über das Alter, die ich im Lauf der Zeit gesammelt hatte, derart verblüffende Diskrepanzen zwischen Vorstellung und Wirklichkeit zu beobachten waren. Einerseits gab es in den Massenmedien so gut wie *keine aktiven Personen (vor allem Frauen) über fünfundsechzig*, nicht einmal in der Werbung, obwohl ständig über die höhere Lebenserwartung berichtet wurde. Andererseits ging es dauernd um das *Problem des Alters* und wie man es so lange wie möglich umgehen könne – durch richtige Ernährung, Sport, pharmazeutische Mittel, Schönheitsoperationen, Feuchtigkeitscremes, psychologische Abwehrstrategien oder durch einfaches Verleugnen.

Die Medien verdrängten ältere Menschen, indem sie sie nicht abbildeten, aber zur gleichen Zeit schenkten sie in diesem Jahrzehnt dem „Leiden" älterer Menschen und dem Alter als „Problem" immer mehr Beachtung. Der dickste Ordner meiner Sammlung von Zeitungs- und Zeitschriftenartikeln über „das ergrauende Amerika" ist der über Pflegeheime: Exposés über die Leiden der hilflosen, senilen, pflegebedürftigen, einsamen, kranken, armen alten Menschen; zahlreiche Artikel über die schrecklichen Symptome der Alzheimerschen Krankheit, grausige Details über den fortschreitenden Zerfall des Gedächtnisses, der Intelligenz und der Identität. Außerdem erschienen immer mehr Berichte über die wachsenden Kosten der Sozial- und Krankenversicherungen und über die Belastung der Familien, die sich um die enorm steigende Zahl „unproduktiver" alter Menschen kümmern müssen.

Daß nirgendwo in den Medien Frauen und Männer auftauchen, die eindeutig über fünfundsechzig sind und ein aktives und produktives Leben führen, und daß statt dessen nur vom „Problem" des Alters gesprochen wird, zeigt klar und deutlich, wie unsere Gesellschaft das Alter sieht: Es ist nur der Verlust der Jugend.

Während ich auf die Bilder starrte – und darüber nachdachte, was sie alles ausließen –, merkte ich, daß ich dieses Phänomen kannte. Ich mußte daran denken, wie ich vor gut dreißig Jahren plötzlich gespürt hatte, daß in den Frauenzeitschriften, die ich las und für die ich schrieb, bei der Darstellung der Frau etwas *fehlte*. Die Frau wurde nur in ihrer Beziehung zu einem Mann gezeigt – als Ehefrau, Mutter oder Sexobjekt und wie sie Ehemann, Kinder und Haushalt versorgt. Aber ich hatte miterlebt, wie Frauen versuchten, ein „Problem" zu benennen, das „ohne Namen" ist, weil es nichts mit dem Ehemann, den Kindern oder dem Heim zu tun hatte – nicht einmal mit Sex. Und ich begriff, daß das Frauenbild, das wir alle akzeptierten, *die Frau als Mensch, als Person*, die sich über ihr eigenes gesellschaftliches Handeln definiert, ausließ. Ich fragte mich, was das bedeutete – diese Diskrepanz zwischen unserem realen Frausein und dem Bild, nach dem wir unser Leben ausrichteten. Dieses Phänomen nannte ich den „Weiblichkeitswahn", und versuchte herauszufinden, wie er entstanden war und inwiefern er uns beeinflußte. Ich sah das „Frauenproblem", wie es damals genannt wurde, plötzlich mit anderen Augen. Und ich begriff, daß der Weiblichkeitswahn die wirklichen Probleme überdeckte – wenn er sie nicht überdeckte – wenn er sie nicht überhaupt erst schuf.

Also fragte ich mich, warum es keine Darstellung des Alters gab, mit der ich mich als die *Person*, die ich heute bin, identifizieren konnte. Was wurde bei der Vorstellung vom „mühseligen" oder „problembeladenen" Alter ausgelassen? Welche Erklärung gab es dafür, daß nirgends Darstellungen von älteren Menschen zu sehen waren, die ein aktives und produktives Leben führten? Die Vorstellung vom Alter als Reduzierung und Verfall war ebenfalls eine Art Wahn, nur nicht attraktiv, sondern bedrohlich. Ich fragte mich, wie sich dieses Bild zur Realität verhielt – ob es ihr entsprach oder sie entstellte, indem es das Alter so entsetzlich erscheinen ließ, daß wir seine Existenz leugnen müssen. Und ich überlegte mir, ob diese Angst und die daraus resultierende Verleugnung in Wirklichkeit das „Problem" des Alters überhaupt erst entstehen lassen.

Wie der Alterswahn unsere Sichtweise des Alterns verzerrt und wie er durch unsere Angst verstärkt wird, verdeutlicht eine Versuchsreihe der Harvard-Psychologin Ellen Langer, der Yale Psychologin Judith Rodin und ihres Teams. Sie untersuchten das Bild, das sich drei verschiedene Altersgruppen vom Alter machen: zwischen 25 und 40; zwischen 40 und 60; über 70. Menschen über fünfundsechzig wurden von den beiden jüngeren Gruppen als passiv, einsam, krank, gebrechlich, unfreundlich, inkompetent angesehen. Die über Siebzigjährigen sahen ältere Menschen viel eher in positivem und aktivem Kontakt mit anderen – bei gemeinsamen Unternehmungen, bei der Arbeit, beim Spiel – und nicht als isoliert und krank. Dann wurden allen drei Gruppen Szenen vorgelegt, auf denen Personen abgebildet waren, die entweder als „35 Jahre alt" oder als „75 Jahre alt" beschrieben wurden – beispielsweise wurde ein Mann gezeigt, der mit einer Einkaufsliste ins Geschäft geht und ohne Kaffee und Erdnußbutter zurückkommt. Alle Altersgruppen waren bereit, den Fünfundsiebzigjährigen als „senil" zu bezeichnen, den Fünfunddreißigjährigen jedoch einfach als „vergeßlich". Die mittlere und die älteste Gruppe sahen allerdings noch sehr viel stärker als die jüngste Gruppe bei dem fünfundsiebzigjährigen in solchen Verhaltensformen Anzeichen für „Senilität".

„Je älter man wird, desto mehr Angst bekommt man, senil zu werden oder andere angeblich altersbedingte negative Züge zu entwickeln", folgerten Langer und Rodin. „Diese Angst kann ältere Menschen dazu bringen, sich von anderen älteren Menschen, wenn diese zum Beispiel Gedächtnisschwierigkeiten haben, innerlich zu distanzieren, indem sie diese Personen möglichst negativ beurteilen und sich selbst dadurch von ihnen absetzen." Die beiden Psychologinnen fanden heraus, daß ältere Menschen schon geringfügige Veränderungen in ihren Fähigkeiten als sehr gravierend betrachten. „Die Auswirkungen dieser Sichtweise sind möglicherweise negativer als die Veränderung selbst." Eine solche Selbsteinschätzung evozierte verwirrtes, ängstliches Verhalten, „das letztlich die vorherrschenden Altersstereotypen bestätigte und zu einem verminderten Selbstwertgefühl und einem Gefühl reduzierter Kontrolle führte."

Ergänzend fügten sie hinzu: „Die Ängste älterer Menschen werden noch dadurch verschärft, daß es kaum Leitbilder gibt, die als positive Gegenbeispiele für das Leben nach siebzig dienen könnten." Die normale altersbedingte Verlangsamung der geistigen Funktionen, die in der Regel erst eintritt, wenn die achtzig überschritten sind, kann kompensiert werden, wenn sich Menschen aktiv mit dem eigenen Älterwerden identifizieren. Nur für Menschen, die ihr Alter verleugnen, ist dieser Prozeß Anlaß zu Panik. Dann nämlich werden alle Anzeichen für normales Altern als Beweise der Senilität mißinterpretiert und die Betroffenen werden darin „bestärkt", zunehmend von anderen unabhängig zu werden. Weil die Umwelt weniger von ihnen erwartet, erwarten ältere Menschen ebenfalls weniger von sich selbst – und sie gewöhnen sich das Denken ab. Sie lassen zu, daß sie versorgt und gepflegt werden, und verlieren nach und nach die Fähigkeit, für sich selbst zu sorgen. Die Gerontologen sind sich einig, daß die Unterbringung in einer Institution, und sei es in einem noch so hervorragenden Heim, der beste Weg ist, um den Gedächtnisschwund zu beschleunigen und Verwirrung und mangelndes Orientierungsvermögen voranzutreiben.

Mir scheint, daß alle Formen der Altersverleugnung letztlich genau die tödliche Falle zuschnappen lassen, die wir zu vermeiden suchen. Wie lange und wie gut können wir leben, wenn wir uns immer nur bemühen, als jung zu gelten? Nach dem vierten Facelifting (oder schon nach dem dritten?) sehen wir grotesk aus, kaum mehr menschlich. Besessen von dem Gedanken, den Alterungsprozeß aufzuhalten und als jung angesehen zu werden, suchen wir nicht nach neuen Möglichkeiten für die vor uns liegenden Jahre, diese Jahre jenseits der weiblichen und männlichen Rollen unserer Jugend, die auf Sexualität, Kindererziehung und Macht ausgerichtet waren. Wenn wir Altsein nur als Verlust der Jugend betrachten, machen wir das Alter selbst zum Problem – und wir setzen uns nie mit den tatsächlichen Problemen auseinander, die verhindern, daß wir uns weiterentwickeln und nach wie vor ein sinnvolles, vitales und produktives Leben führen. Indem wir den Altersmythos für andere akzeptieren (selbst wenn wir ihn für uns selbst leugnen), schaffen oder verstärken wir die Voraussetzungen für unsere eigene Hilfsbedürftigkeit, Machtlosigkeit, Isolation und Senilität. Wir können uns „mitleidig" mit den „Problemen" des Alters beschäftigen, deren Lösung viel zu teuer ist, nachdem wir die Menschen über fünfundsechzig aus dem produktiven gesellschaftlichen Rollen vertrieben haben. Und wir können unser eigenes Älterwerden ein bißchen länger verleugnen, wenn wir die „Senioren" in Alten- und Pflegeheime verbannen, aus denen sie nie mehr zurückkehren. Aber wenn wir unsere eigene Erfahrung nicht zulassen, weil wir immer nur jung sein wollen und nie die neuen Möglichkeiten und die neuen Qualitäten sehen, die sich in uns entwickeln und die sich vom „Jungsein" unterscheiden; wenn wir am Alter immer nur die schwierigsten pathologischen Probleme sehen, von denen wir uns normalerweise distanzieren können – dann werden wir wahrscheinlich genau das werden, wovor wir uns am meisten fürchten.

Unser Bedürfnis, weiterhin aktiv am Leben teilzunehmen, wird durch das Mitleid und den Altersmythos abgewehrt. Wenn wir uns weigern, diese aktive Teilnahme aufzugeben, sind wir gezwungen, unser Alter zu verleugnen; dieser innere Lebensdrang ist kaum zu unterdrücken.

Warum haben Gerontologen sich bisher nie ernsthaft mit den Fähigkeiten und Qualitäten beschäftigt, die sich bei Frauen und Männern im höheren Alter entwickeln, und warum haben sie nicht darüber nachgedacht, wie diese sinnvoll eingesetzt werden könnten? Warum beschränken sich die politischen Programme für das Alter auf Dienstleistungen, welche letztlich nur die Abhängigkeit und die Segregation älterer Menschen verstärken? Warum wird nicht die kontinuierliche gesellschaftliche Integration der Menschen über fünfundsechzig angestrebt, damit diese nach wie vor als unabhängige Individuen leben und ihre eigenen Entscheidungen treffen können?

Warum wird von den Alters-Experten und den Medien – und der allgemeinen Öffentlichkeit – vor allem das Pflegeheim als der Ort gesehen, wo sich das Alter abspielt, während doch in Wirklichkeit mehr als 90 Prozent der über Fünfundsechzigjährigen weiterhin in ihrer gewohnten Umgebung leben? Warum geht es ständig um die Alzheimersche Krankheit, wenn doch weniger als fünf Prozent der Menschen über fünfundsechzig daran erkranken? Warum setzt man das Alter hartnäckig mit „Siechtum" und „Hilflosigkeit" gleich, warum betrachtet man ältere Menschen als eine Belastung unserer Krankenhäuser und unseres Gesundheitswesens, wenn in Wirklichkeit Menschen über fünfundsechzig viel seltener als die jüngeren an akuten Erkrankungen leiden, die einen Krankenhausaufenthalt erforderlich machen? Warum werden die über Fünfundsechzigjährigen konsequent als geschlechtslos dargestellt, während die Forschung zeigt, daß Menschen bis neunzig Sex haben können, wenn sie gesund sind und sich nicht scheuen, sich einen Partner zu suchen? Warum diese unausrottbare Angst vor dem Nachlassen der geistigen Kräfte und vor Gedächtnisverlust, wenn doch die Forschung zeigt, daß bei gesunden Menschen bis in die achtziger weder die geistige Kompetenz noch die Intelligenz nachläßt, wenn sie kontinuierlich aktiv bleiben?

Was tun wir uns selbst – und der Gesellschaft – an, wenn wir unser Alter verleugnen? Wird dadurch, daß das Alter als „Problem" definiert wird, die menschliche Selbstverwirklichung gesellschaftlich und individuell nicht ernsthaft verhindert? Wird da nicht Wertvolles vergeudet? Je mehr wir den Jungbrunnen suchen und im Alter nur ein „Problem" sehen, desto schlimmer wird dieses „Problem" werden. Wir werden nie erfahren, was wir sein könnten; und wir werden uns nicht zusammenschließen, um mit unserer Reife und Lebenserfahrung die Barrieren zu durchbrechen, die uns hindern, unsere sich neu entwickelnden Fähigkeiten in die Gemeinschaft einzubringen, und wir werden es auch nicht schaffen, die Bedingungen zu fordern, die wir brauchen, damit diese Fähigkeiten weiter wachsen können.

Ich glaube, es ist an der Zeit, daß wir nach dem „Altbrunnen" suchen und aufhören, unser Älterwerden zu verleugnen. Wir müssen die Realität unserer eigenen Erfahrungen ernst nehmen und auf die Erfahrungen anderer Frauen und Männer horchen, die mit sechzig, siebzig oder achtzig ihr Alter nicht länger verleugnen und zu neuen Ufern aufgebrochen sind. Es ist an der Zeit, daß wir das Alter an seinen eigenen Maßstäben messen und seine real erfahrbaren Werte und Stärken benennen – das heißt, wir müssen aufhören, das Alter immer nur als negative Abweichung von der Jugend anzusehen. Erst dann werden wir begreifen, daß das „Problem" nicht das Alter an sich ist, das angeblich so lange wie möglich verleugnet und weggeschoben werden muß. Das Problem ist auch nicht die wachsende Zahl von Menschen, die über fünfundsechzig Jahre alt werden und angeblich von den produktiven und unterhaltsamen gesellschaftlichen Aktivitäten abgeschnitten werden müssen, damit die anderen sich die Illusion ewiger

Jugend bewahren können. Genausowenig liegt das Problem in der Belastung, die diejenigen für die Gesellschaft bedeuten, die gebrechlich oder vielleicht sogar senil werden. Das Problem ist nicht, wie wir persönlich ewig jung bleiben können – oder wie wir es vermeiden können, die gesellschaftlichen Probleme politisch anzugehen, indem wir sie einfach dem Alter zuschieben. Das Problem ist zuerst und vor allem, wie wir den Kokon unserer illusionären Jugend aufbrechen können und eine neue Lebensphase wagen, in der es keine festgelegten Rollenmodelle gibt, keine Wegweiser, keine klaren Regeln oder voraussagbaren Belohnungen.

Zwischen den Generationen: Blickwechsel

❧❧❧

Sie ließ plötzlich
Ihre Näharbeit beiseite
Sprang über alle Verluste
Und tanzte
Das Leben schnippte mit ihren Fingern
Und ich dabei

Aysel Özakin

Elfie Böttger-Bohlen

Ich bin ein Fräulein

Severine F., 89 Jahre: Ich bin ein Fräulein. Ich hab keinen Mann abgekriegt, obwohl ich gerne geheiratet hätte. Das ging aber nicht, ich mußte immer für meine Mutter sorgen. Die mußte sich schonen.

Mit sieben Jahren war ich sehr krank und sollte sterben. Meine Mutter hat mich aber nicht sterben lassen. Sie hat gesagt, ich müsse die Arbeit machen, weil sie sich schonen muß. Da bin ich nicht gestorben, aber der Rest meines Lebens war kein lebendig sein und auch kein Tod.

Doris Dörrie

Bin ich schön?

❦

Mein Vater hat meiner Mutter verboten zu fragen. Aber jedesmal, wenn eine Frau im Bikini an uns vorbeigeht, sehe ich, wie die Wörter sich in den Mund meiner Mutter drängen, mit aller Macht herauswollen und wie sie versucht, sie herunterzuschlucken, die Zähne zusammenbeißt und die Lippen aufeinanderpreßt.

Ich brauche dann nur noch bis zehn zu zählen, und schon höre ich meine Mutter sagen: Sagt mir die Wahrheit: ist mein Hintern so fett wie bei der da? Sind meine Beine auch so voller Dellen? Sehe ich aus wie die da? Bin ich hübscher? Oder häßlicher? Genauso? Ich will es nur wissen. Sagt es mir. Ich bin nicht beleidigt. Bestimmt nicht. Ich will nur wissen, woran ich bin.

Lucy, stöhnt mein Vater, bitte.

Meine Mutter schweigt einen Moment. Angelina, ruft sie dann, komm her, deine Schultern sind schon ganz rot.

Mit schnellen, harten Bewegungen reibt sie Sonnenmilch in meine Haut, bis ich ihr davonlaufe, runter zum Wasser, dicht vorbei an all den Mädchen in geblümten Bikinis, die mit geschlossenen Augen auf flauschigen Handtüchern liegen, in der einen Hand einen Pappbecher mit Strohhalm, in der anderen ihren Walkman. Ein Mädchen richtet sich auf und sieht mir zu, wie ich mit dem Zeh große Kreise in den Sand male, ein Stück schneeweißer Busen quillt unter ihrem Oberteil hervor. Sie trägt eine goldene Bitex-Brille, die sich an ihre Wangenknochen anschmiegt und sie aussehen läßt wie ein gefährliches Insekt. Ich möchte auch eine Bitex-Brille.

Ich bin alt, sagt meine Mutter. Mein Vater seufzt. Versprecht mir, daß ihr mir sagt, wenn ich anfange, im Bikini unmöglich auszusehen.

Der Körper meiner Mutter ist seltsam. Sie hat schlanke Arme und Beine, aber einen dicken Bauch, der wie ein Polster auf ihr draufsitzt und nie richtig braun wird, weiße Streifen durchziehen ihn wie Flüsse.

Er ist häßlich, aber manchmal würde ich ihn gern berühren, er wirkt so weich und empfindlich.

Ich hasse meinen Bauch, sagt meine Mutter. Ich kann machen, was ich will, er geht nicht weg, das hat man nun vom Kinderkriegen.

Wenn sie ihn so haßt, warum zeigt sie ihn allen Leuten? Ich frage mich, wie sie es fertigbringt, so herumzulaufen. Warum trägt sie nicht einen Badeanzug oder ein Strandkleid? Warum will sie ihren Bauch unbedingt in die Sonne halten? Jeden Tag gehen wir an den Strand, und jeden Tag sehe ich ihren Bauch.

Ah, sagt meine Mutter, schön ist es hier. Ich möchte nie mehr zurück.

Das ist das Stichwort. Ich sehe meinen Vater an, er kneift die Augen zusammen. Mein Bruder Philip stöhnt. Ben ist noch zu klein, er erinnert sich wahrscheinlich nicht. Letztes Jahr wollte sie nicht mehr aus Italien zurück, vorletztes nicht mehr aus Portugal, jetzt also nie mehr aus Florida.

Am Nachmittag sehe ich sie bereits die Immobilienanzeigen der Zeitungen durchblättern. Nur so, sagt sie, nur aus Interesse.

So fängt es immer an. Seit sie vor vier Jahren das Geld meiner Großmutter geerbt hat, hat sie die Macht, unser aller Leben zu verändern.

Bodo, sagt sie und hält meinem Vater die Annoncen unter die Nase, schau dir das an, für das Geld bekommt man zu Hause noch nicht einmal eine Garage!

Mein Vater nickt und schweigt, wie er immer schweigt, wenn es uns allen an den Kragen geht.

Stellt euch doch mal vor, wie das wäre, unter Palmen zu leben! ruft meine Mutter begeistert. Jeden Morgen aufzuwachen, und die Sonne scheint! Niemals mehr Strumpfhosen tragen zu müssen. Angelina, denk doch mal!

Ich wende mich ab.

Zieh dir ein T-Shirt an, sagt meine Mutter, dein Rücken ist schon ganz rot. Sie hält mir lächelnd mein T-Shirt entgegen, ich ziehe es über den Kopf.

Ich kann nichts sehen, als sie flüstert: Angelina, ganz woanders leben, wäre das nicht toll?

Getrocknetes Salz scheuert bei jeder Bewegung am Rücken unter dem Hemd, ich hasse das Gefühl.

Mädchen und Jungen auf rosa Vespas summen auf der Straße am Strand vorbei wie ein Schwarm Bienen. Die Mädchen lachen und haben die Münder weit aufgerissen, sie tragen silberne und goldene Bitex-Brillen, die Jungen grinsen und werfen sich heimlich Blicke zu. Sie tragen zerrissene Jeans, keine Hemden, ihre glatten braungebrannten Rücken schimmern wie Maikäferflügel in der Sonne.

Ben wirft mit Sand, Philip gräbt ein fünf Meter tiefes Loch, mein Vater starrt schweigend aufs Wasser, meine Mutter läßt die Zeitung sinken.

Sie sieht plötzlich aus, als würde sie gleich in Tränen ausbrechen, aber vielleicht habe ich mich auch geirrt, denn sie schnauft nur kurz, hebt das Kinn und klatscht in die Hände: Ist vielleicht irgend jemand hungrig?

Im Motel stehe ich in meinem hellblauen Bikini vorm Spiegel, das Oberteil liegt flach auf meinen taubeneigroßen Brüsten, eine gerade Linie geht von meinen Achseln bis zu meinen Füßen. Ich bin dünn, meine Rippen stehen hervor, die klassische Bügelbrettfigur, aber mir gefällt sie. Ich möchte nicht anders sein. Meine Haut ist weich und hellbraun wie Vollmilchschokolade. Ich streiche über meinen flachen, harten Bauch. Wenn ich mich vorbeuge, werden die dünnen Hautfältchen schwarz. Meine Beine sind lang und gerade. Ich sehe gut aus. Ich lächle mich im Spiegel an, meine Zähne leuchten weiß in meinem braungebrannten Gesicht, meine Augen wirken blauer als sonst. Hätte ich eine Bitex-Brille, wäre ich richtig schön.

Angelina, ruft meine Mutter, hilf mir gefälligst!

In den Ferien kocht sie immer dasselbe, Spaghetti und Salat, ganz gleich, in welchem Land wir uns befinden. Sie glaubt, wir Kinder sind verrückt nach Spaghetti, dabei sind wir nur wie ausgehungert nach einem Tag am Strand, wir würden alles essen. Ben darf sich nackt an den Tisch setzen und sich die Tomatensoße auf die Brust kleckern.

Ist das nicht toll? fragt meine Mutter ihn schon zum dritten Mal. Sie ist ganz begeistert und lacht albern, wenn er mit der Soße um sich spritzt. Philip liest unter dem Tisch ein Comic-Heft, mein Vater fordert ihn zweimal auf, es wegzulegen, aber seine Stimme klingt müde, und Philip sieht noch nicht einmal auf.

Meine Eltern sehen sich über den Tisch hinweg an.

Ich bin glücklich, sagt meine Mutter.

Gut, sagt mein Vater.

Du sollst dich nicht dauernd mit anderen vergleichen, ermahnt mich meine Mutter. Wenn alle Bitex-Brillen haben, heißt das noch lange nicht, daß du unbedingt auch eine brauchst. Frag dich, welche Wünsche wirklich aus deinem Herzen kommen, und welche dir von der Werbung eingeredet werden. Haben, haben, haben – das macht nicht glücklich.

Tief aus meinem Innern kommt der Wunsch nach einer Bitex-Brille. Mit ihr, das weiß ich, wäre ich ein anderer Mensch.

Meine Mutter und ich fahren zum Supermarkt, die ruhigen kleinen Straßen entlang, an denen die Holzhäuser mit ihren Verandas stehen, umsäumt von riesigen Hibiskusbüschen mit Blüten so groß wie Untertassen.

Ab und zu wird meine Mutter so langsam, daß die Autos hinter uns wütend hupen. Angestrengt sieht sie aus dem Seitenfenster, beugt sich weit hinaus, hält die Hand über die Augen. Beim dritten Mal kapiere ich. Immer wenn sie langsamer wird, hat sie an einem Haus ein Schild entdeckt, größer und bunter als in Italien und Portugal, aber es steht dasselbe drauf: *zu verkaufen.*

Warum willst du immer unbedingt woanders leben? frage ich sie.

Sie sieht mich erstaunt an, als hätte ich ihr innerstes Geheimnis erraten. Sie hält mich für ziemlich beschränkt.

Will ich ja gar nicht, sagt sie, ich will es mir nur vorstellen dürfen, ist das denn so schlimm? Man wird sich wohl doch noch etwas vorstellen dürfen, verdammt noch mal.

Sie tritt unvermittelt aufs Gas, daß der Wagen davonschießt und ich in den Sitz gedrückt werde, als würde ich in den Weltraum geschossen.

Ich stelle mir vor, daß ich eine schmale, große Frau von fünfundzwanzig bin, in einem langen schwarzen Kleid aus Chiffon, es weht bei jedem Schritt um meine Knöchel. Ich habe ein Champagnerglas in der Hand und lächle. Meine Ohrringe klingeln leicht bei jeder Bewegung, mein Lippenstift leuchtet feuerrot, ich brauche niemanden.

Als wir auf den Highway einbiegen, sehe ich den Mann mit dem Kreuz. Ich habe ihn schon einmal gesehen, kurz nach Miami, als Ben das Auto vollgekotzt hat, weil ihm zu heiß war. Der Mann ist groß und dick, seine Haare wirken schlecht gefärbt, gelb wie eine Ananas. Er trägt ein riesiges hölzernes Kreuz auf den Schultern, etwa fünf Meter lang, Rucksack und Schlafsack sind auf dem Kreuz festgeschnallt. Er geht auf dem Grünstreifen in der Mitte der Fahrbahnen, ohne recht und links zu sehen, der Verkehr donnert an ihm vorbei.

Dieser Wahnsinnige, sagt meine Mutter und schüttelt den Kopf.

Mir gefällt er. Er tut immerhin etwas Außergewöhnliches, obwohl ich keine Ahnung habe, warum er das Kreuz durch die Gegend schleppt, und was tun wir?

Im Supermarkt liegen ganze Stapel von Bitex-Brillen in allen Farben. Ich setze eine auf, sie sind so leicht, daß man sie kaum spürt, die Gläser sind meergrün, und der Supermarkt versinkt unter Wasser. Meine Mutter sieht mich grün an und schüttelt den Kopf.

O bitte, flehe ich sie an, aber sie sieht mich kaum an, abwesend murmelt sie etwas vor sich hin, daß sie auf keinen Fall den Joghurt für Bodo vergessen darf und daß ich sie daran erinnern soll, schon schiebt sie ihren Wagen weiter.

Ich bleibe zurück und sehe ihr nach, als würde ich Abschied nehmen, ich könnte in diesem Augenblick verlorengehen, mich von da an allein durchschlagen. Allein in Amerika.

In zehn Jahren würde ich anrufen, das spinatgrüne Telefon im Flur würde klingeln, meine Mutter würde wütend aus der Küche rufen: Warum geht denn niemand ran? Mit nassen Händen käme sie den Flur entlanggelaufen, gerade als sie nach dem Hörer greift, hört das Klingeln auf.

Sie schubst mich mit dem Einkaufswagen absichtlich in den Po, Angelina, meckert sie, steh nicht da wie ein Ölgötze, hilf mir gefälligst.

Neben dem Supermarkt entdeckt sie einen Schuhladen. Verträumt betrachtet sie ein paar dunkelblaue hochhackige Sandalen.

Nur mal reinschauen, sagt sie.

Sie trippelt in den Schuhen vor dem Spiegel auf und ab und streckt die Brust raus. Ich sehe, wie sich ihr Bauch unter dem dünnen Kleid wölbt. Sie reißt eine Schachtel auf und drückt mir ein paar rote Sandalen in die Hand. Probier doch mal, sagt sie, sind die nicht süß?

Ich schüttle den Kopf.

Jetzt will ich dir schon was schenken, sagt sie, und du ziehst nur ein Gesicht. Wütend packt sie die Sandalen wieder in die Schachtel, läuft barfuß im Laden herum und probiert ein Paar knallgelbe Stöckelschuhe an. Ihre Beine sind wirklich hübsch, sie sind wie meine. Sie sind jünger als ihr Gesicht. Sie lacht und betrachtet sich in den Schuhen, sie tänzelt auf und ab, und im Spiegel sehe ich die Frau, die ich sonst nur von alten Fotos kenne. Da ist sie jung, ihre Haut straff wie bei den Mädchen am Strand, sie trägt ein enges geblümtes Kleid und hält ein dickes Baby im Arm, mich. Als du klein warst, sagt sie manchmal zu mir, hast du mich umarmt und geküßt und mir gesagt, wie sehr du mich liebhast.

Ich kann mich an die beiden Menschen, von denen sie redet, nicht erinnern. Es ist mir unangenehm, und auch ein bißchen peinlich, wenn sie das sagt, ich fühle mich dann wie jemand, der auf den Kopf gefallen ist und alles vergessen hat.

Wie findest du diese Schuhe? fragt sie mich und dreht sich zu mir um.

Geil, sage ich, weil ich sehe, wie sehr sie ihr gefallen.

Wirklich? sagt sie und grinst. Ich nicke.

Sie kommt auf mich zu, flüstert: Sehe ich nicht bescheuert aus mit solchen Schuhen? Alte Kuh macht auf jung? Sie lächelt unsicher. Ich möchte sie umarmen und küssen und ihr sagen, wie sehr ich sie liebe. Ich zucke die Achseln und sehe weg. Es entsteht eine Pause.

Naja, sagt sie, was soll's. Sie zieht die Schuhe aus und stellt sie ordentlich weg, schlüpft in ihre alten Sandalen und geht aus dem Geschäft, ohne sich nach mir umzusehen.

Am nächsten Tag hat sie einen Termin zur Hausbesichtigung. Nur so, sagt sie, aus Interesse. Es verpflichtet uns doch zu nichts.

Mein Vater schweigt.

O Gott, ruft sie und stampft mit dem Fuß auf, ich möchte einfach nur mal so ein Haus von innen sehen, weiter nichts!

Wo sollen wir denn dann zur Schule gehen? fragt Philip.

Sie starrt ihn an. Ihr bringt mich um, schreit sie, ihr bringt mich einfach um!

Sie verschwindet in der Küche und wäscht scheppernd das Geschirr ab.

Was hat sie denn? fragt Philip. Ich zucke die Achseln. Mein Vater macht den Fernseher an.

Eine dicke schwarze Frau in einem senfgelben Kostüm hält Jugendlichen ein Mikrophon unter die Nase.

Was reden sie? frage ich meinen Vater.

Sie fragt sie, ob sie lieber attraktiv oder intelligent wären, wenn sie es sich aussuchen könnten, übersetzt er. Was würdet ihr wählen?

Attraktiv, sagen Philip und ich wie aus einem Mund.

Mein Vater seufzt und macht den Fernseher wieder aus. Lucy, ruft er, wenn du es dir aussuchen könntest, wärst du lieber attraktiv oder intelligent?

Sie kommt aus der Küche, ein Sieb auf dem Kopf, zwei Spaghetti über den Ohren, den Zeigefinger im Mund. Ich glaube, ich wäre gern intelligent, sagt sie, attraktiv bin ich schon.

Der Makler ist jung und cool. Er hat tiefschwarze, längere Haare und trägt eine blaumetallene Bitex-Brille mit silbernen Gläsern. Seine Nike-Turnschuhe stehen offen, damit macht er großen Eindruck auf Philip, nur wirklich megacoole Leute tragen seiner Meinung nach die Turnschuhe offen.

Sind Sie Frau Winter? fragt der Makler meine Mutter.

Sie trägt ihr bestes Kleid und Lippenstift. Ihr Kragen ist verkrempelt, man sieht das Etikett. Ja, flötet sie auf englisch, und das ist meine Familie.

Ich kann es nicht ausstehen, wenn sie englisch spricht.

Er drückt uns allen fest die Hand. Meine ist verschwitzt, seine auffallend kühl in der Hitze. Sein Name ist Douglas. Meine Mutter stellt alle vor, selbst Ben, den mein Vater auf den Schultern trägt. Angelina, wiederholt Douglas meinen Namen langsam, als lutsche er ein Bonbon.

Er schließt das Haus auf und geht voran. Es ist dunkel und riecht nach Katzenpisse und nassem Hund. Antiquitäten stehen überall herum, an den Wänden hängen Bilder von toten Hasen und düsteren Wäldern. Das Bett im Schlafzimmer ist mit grüner Seide bezogen, im Badezimmer stecken Fotos von zwei Männern mit Schnauzbärten am

Spiegel, sie haben Hunde und Katzen im Arm. An einem Stück Stacheldraht hängen dutzendweise glitzernde Ohrringe. Meine Mutter geht sofort wieder hinaus, mein Vater sieht sich das Badezimmer gar nicht erst an.

Einen Moment lang bin ich allein, ich überlege, ob ich ein wie Weintrauben geformtes Paar Ohrringe in die Tasche stecken soll, aber ich könnte sie nie tragen, meine Mutter würde mich verhören wie die Polizei, wo ich die herhabe.

Douglas führt uns in den Garten. Auf einer alten zerfetzten Couch sitzen drei Hunde, zwei große und ein winzig kleiner, und sehen fern. Sie wenden kaum die Köpfe nach uns, der kleine kläfft kurz. Es läuft eine Reklame für Tampons. Neben dem Swimming-pool liegt überall Hundescheiße.

Douglas entschuldigt sich lahm. Meine Mutter sieht keinen von uns an. Lächelnd betrachtet sie alles und nickt.

Tja, sagt sie schließlich, ich glaube, wir haben es gesehen, nicht? Sie wendet sich an meinen Vater. Er nickt stumm.

Im Flur vor der Haustür steht ein Paravent. Philip sieht hinter den Paravent und kommt nicht wieder hervor, bis ich dahinter schaue und ihn grinsend in einer schwarzen Lederschaukel sitzen sehe. Über ihm hängen an Eisenketten zwei Lederschlaufen. Jetzt schauen alle hinter den Paravent.

Hm, sagt Douglas.

Jedem Tierchen sein Pläsierchen, sagt mein Vater auf deutsch.

Philip, komm sofort da raus, sagt meine Mutter.

Wir stehen stumm vor dem Haus. Philip tritt gegen die Reifen unseres Mietwagens. Mein Vater zeigt Ben eine Biene, die an einer Hibiskusblume saugt.

Man könnte etwas aus dem Haus machen, sagt Douglas.

Bestimmt, sagt meine Mutter, aber eigentlich ist es nicht so ganz das, was wir uns vorgestellt haben. Mein Vater sieht sie von der Seite an.

Erzählen Sie mir von Ihren Vorstellungen, sagt Douglas und spielt mit seiner Bitex-Brille. Ben greift nach ihr.

Nicht, sagt meine Mutter.

Oh, sagt Douglas, lassen Sie ihn ruhig, diese Brillen sind unzerbrechlich. Er grinst. Wir können doch offen sein: dieses Haus ist schrecklich. Meine Firma besteht darauf, daß ich es immer als erstes zeige, als Schock sozusagen, danach wirken alle anderen Häuser hübsch und sauber.

Meine Mutter kichert. Ach so, sagt sie.

Ich würde Ben gern die Bitex-Brille aus den Fingern reißen, sie aufsetzen, davonrennen.

Das nächste Haus, sagt Douglas, hat besonders ruhige Nachbarn. Es liegt am Friedhof.

Meine Mutter strahlt ihn an. Mein Vater entwendet Ben die Brille und gibt sie Douglas zurück. Ben schreit.

Könnte ich bei ihnen im Auto mitfahren? fragt Douglas.

Aber natürlich, ruft meine Mutter. Mein Vater zieht die Augenbrauen hoch.

Douglas sitzt neben mir, ich rieche sein zitroniges Aftershave.

Er trommelt mit den Fingern auf die Armlehne. Angelina, sagt er, was für ein hübscher Name.

Ich antworte nicht, ich spreche nicht gern Englisch. Die Wörter passen nicht in meinen Mund, und ich hasse es, Fehler zu machen. Sein Schenkel drückt leicht gegen meinen. Mit Absicht oder notgedrungen, weil es so eng ist auf dem Rücksitz? Ich atme tief ein und ziehe mein Bein einen Millimeter zurück. Eine Weile geschieht nichts, dann beugt Douglas sich vor, und sein Knie preßt hart gegen meins.

Suchen Sie ein reines Ferienhaus, oder beabsichtigen Sie, sich länger in Florida aufzuhalten? fragt er meine Eltern.

Meine Mutter macht den Mund auf. Eigentlich wollen wir ganz hierher ziehen, sagt sie. Europa wird zu einem unheimlichen Ort. Krieg und Depression überall, verstehen Sie?

Es wird still im Auto. Mein Vater sieht meine Mutter von der Seite an.

Sie reckt sich und lächelt in den Rückspiegel.

Verstehe, sagt Douglas und läßt sich in den Sitz zurückfallen, sein Oberarm drückt gegen meinen.

Sorry, sagt er, zieht seinen Oberarm wieder weg und setzt seine Bitex-Brille auf.

Wir sehen noch sieben Häuser. In dem einen hängen Babykleider unter Glas an der Wand, in einem anderen steht ein großer leerer Käfig in einem makellos sauberen Schlafzimmer. Um den Käfig herum sieht man die Staubsaugerspuren auf dem Teppich.

Was meinst du, Bodo? fragt meine Mutter in jedem Haus. Mein Vater zuckt die Achseln und lächelt geduldig.

Ich habe Durst, mault Philip.

Morgen sehen wir uns nur fünf Häuser an, sagt Douglas zu ihm.

Philip stöhnt, ich halte den Atem an. Morgen? sagt mein Vater.

Meine Mutter sieht uns lächelnd an. Bis morgen, sagt sie zu Douglas.

Er deutet eine kleine Verbeugung an. Ciao, Angelina sagt er zu mir.

Stellt euch doch nur mal vor, sagt meine Mutter, nach der Schule könntet ihr an den Strand gehen, am Wochenende würden wir ein Boot mieten und auf dem Meer Picknick machen. Wir würden immer alle ganz braun und gesund aussehen, und nie wieder hätten wir Erkältungen. Wir würden uns selbst besser leiden können.

Wir müssen Douglas sagen, daß wir es nicht ernst meinen, sagt mein Vater.

Morgen, sagt meine Mutter, morgen sagen wir es ihm.

Im ersten Haus, das wir am nächsten Tag ansehen, sitzt eine alte Frau mit verschmiertem Lippenstift im Nachthemd vorm Fernseher. Ich setze mich neben sie, mein Vater gibt mir Ben auf den Schoß. Ben streckt die Hand nach der alten Frau aus, und zitternd reicht sie ihm ihre. Hunde laufen über die Mattscheibe. Wuff, sagt die alte Frau zu Ben, und Ben sieht sie nachsichtig an.

Ihre Kinder wollen das Haus verkaufen, sagt Douglas leise zu meiner Mutter, sie haben es eilig, der Preis ist günstig.

Aber meiner Mutter gefällt die Raumaufteilung nicht, und außerdem hat das Haus keine Veranda.

Die alte Frau küßt Ben zum Abschied auf den Kopf. Ben fängt an zu schreien.

Douglas hat die Autotür auf Philips Seite schon in der Hand, da überlegt er es sich anders, geht noch einmal ums Auto herum und öffnet die Tür auf meiner Seite. Er sieht mich nicht an, als er einsteigt.

Was ist schlimmer, sagt Philip, ein haariges Männerbein ablecken oder ein Kuhauge verschlucken?

Laß das, sage ich.

Was ist schlimmer, sagt er, Achselschweiß trinken oder Fußschweiß?

Philip! ruft meine Mutter vom Fahrersitz.

Was ist schlimmer, flüstert er, in Hundescheiße ausrutschen oder einen Makler küssen?

Meine Mutter liegt im Liegestuhl am Strand und blättert in Katalogen. Häuser klein wie Spielzeug sind dort abgebildet, eins neben dem anderen. Mein Vater hockt neben ihr im Sand, er spendiert nur einen Liegestuhl am Tag, sie sind unverschämt teuer, sagt er.

Ich höre meine Eltern undeutlich durch die Musik aus meinem Walkman miteinander sprechen. Die Batterien neigen sich dem Ende zu, die Musik fängt an zu leiern. Ich mache den Walkman aus, aber setze den Kopfhörer nicht ab.

Eine Palme hätte ich gern vorm Haus, eine große Palme, sagt meine Mutter.

Wie lange willst du dieses Spiel noch weiterspielen? fragt mein Vater.

Nur noch einen Tag, bitte, sagt sie.

Ich verstehe dich nicht, sagt er, warum steigerst du dich in Träume hinein, die niemals wahr werden können?

Warum eigentlich nicht? sagt sie, erklär mir das mal.

Wie stellst du dir das denn vor?

Wir könnten, wenn wir wollten, ein ganz anderes Leben führen, sagt sie und legt die Hände auf ihren Bauch.

Mein Vater wendet sich ab und stochert mit einem Stöckchen im Sand. Ich kann dich nicht glücklich machen, sagt er, steht auf und geht zum Wasser. Seine Oberschenkel und sein Rücken sind mit Sand bepudert, von hinten sieht er aus wie ein paniertes Schnitzel.

Meine Mutter blickt sich um, sie wirkt verwirrt, als hätte sie sich verlaufen. Angelina, brüllt sie dann, weil sie meint, ich könne sie nicht hören, creme dir die Schultern ein!

Ich sitze in der Schaukel auf der Veranda, alle andern sind im Haus. Es ist ein altes Haus, die Farbe bröckelt von den Holzschindeln, Küchenschaben so groß wie Frösche krabbeln über den Boden. Der Zement im Boden auf der Veranda hat große Risse, aus denen Gras wächst.

Douglas setzt sich zu mir in die Schaukel. Sein Zitronengeruch schwappt wie eine Welle über mich.

Ich lege den Kopf in den Nacken, weil ich nicht weiß, wohin ich gucken soll. Über unseren Köpfen hängen die Zweige einer tieflila Bougainvillea.

Meine Mutter tritt in die Tür.

Ich glaube, ich bin dabei, mich zu verlieben, sagt sie, habt ihr das Zimmer im ersten Stock gesehen? Sie verschwindet wieder im Haus.

Douglas balanciert die Bitex-Brille auf seinem Schenkel. Ich nehme sie und setze sie auf. Sechs Uhr, Exxon-Tankstelle, sagt er leise.

Ich sehe ihn durch seine Bitex-Brille an, seine Haut schimmert bläulich, als wäre sie kalt. Ich fühle mich selbstbewußt, erwachsen, schön.

Er nimmt die Brille von meiner Nase. Mrs. Winter, ruft er, I'm coming. Wie von einem Gummiband gezogen, gehe ich widerwillig hinter ihm her.

Ein junges Mädchen mit strohblonden Haaren sitzt im Wohnzimmer an einer Nähmaschine. Ein ebenso blonder Hund mit blauen Augen liegt zu ihren Füßen.

Es ist ein gutes Haus, sagt sie zu meiner Mutter, es hat gute Schwingungen. Menschen mit bösen Herzen halten es nicht lang hier aus. Wir hatten mal 'nen Typen hier, der machte Zettel an seine Sachen im Kühlschrank. Er blieb nur 'ne Woche. als er ging, hatte er meine Uhr geklaut. Sie seufzt, krault ihren Hund hinter den Ohren und rattert dann weiter auf ihrer Nähmaschine.

Vom Zimmer im ersten Stock aus sieht man das Meer. Douglas klettert aus dem Fenster aufs Dach und reicht erst meiner Mutter, dann mir die Hand. Er drückt meine Hand leicht, bevor er sie losläßt.

Die Dachpappe glüht unter meinen Füßen. Zwei große Palmen ratteln leicht im Wind. Unten vor der Veranda steht mein Vater. Ben spielt zu seinen Füßen mit abgefallenen Bougainvilleablüten. Das blonde Mädchen kommt aus dem Haus und schließt sein Fahrrad auf. Sie setzt Ben auf den Fahrradsitz und fährt mit ihm im Kreis. Mein Vater steht in der Mitte des Kreises, der helle Hund läuft hinter dem Fahrrad her. Von hier oben sehen sie zusammen aus wie die perfekte kleine Familie. Sie lieben sich und essen Cornflakes zum Frühstück in einem lichtdurchfluteten Zimmer, sie laufen, lachend über Frühlingswiesen, ihre glänzenden Haare wehen im Wind, sie kuscheln sich in schneeweißen Bademänteln am Kaminfeuer, dicke Socken an den Füßen.

Meine Mutter hebt die Hand, um ihnen zu winken, und läßt sie wieder sinken. Stell dir doch bloß mal vor, sagt sie zu mir.

Douglas sieht mich an und leckt sich über die Lippen.

Er lehnt an der Zapfsäule von Super bleifrei, von weitem sieht er arrogant und schlecht gelaunt aus. Er hat die Arme vor der Brust verschränkt, seine Augen hinter der Bitex-Brille verborgen. Er bemerkt mich nicht. Hinter einer Reklametafel für Reisen nach Mexiko bleibe ich stehen. Der lauwarme Wind streicht mir um die Beine, fährt mir unters Kleid, bauscht den Stoff, als wäre ich schwanger. Ich habe eine frische Unterhose an, mein Bauch verkrampft sich, als hätte ich etwas Falsches gegessen.

In einer dreiviertel Stunde, bei Einbruch der Dunkelheit muß ich wieder zu Hause sein. Ich sehe jede Minute bis dorthin vor mir liegen wie die Stufen der Maja-Ruine auf dem Plakat vor mir. Sie führen geradewegs ins Nichts, in einen leeren Himmel. Es gibt keinen Grund, sie hinaufzusteigen. Man sieht von unten, was einen oben erwartet.

Ich mag Douglas noch nicht mal.

Als ich genau weiß, daß ich ihn noch nicht einmal besonders mag, beruhigt sich mein Magen. Ich bin stärker als Douglas. Ich setze mich in Bewegung.

Hi, sage ich.

Wir fahren zu einer einsamen Stelle in den Mangrovensümpfen, rechts und links vom Weg dümpelt brauns Wasser, in der Entfernung schimmert das türkisblaue Meer. Über uns fliegen die Pelikane.

Während er mich anfaßt, verfolge ich ihren Flug. Sie stürzen plötzlich ab wie abgeschossen, schießen mit dem Schnabel zuerst ins Wasser, verschwinden, dann kommen sie wieder hoch, schlucken kurz, man sieht eine Verdickung in ihren Hälsen, sie sehen sich um, als hätten sie bei einer feinen Gesellschaft heimlich die Verzierung von der

Torte geklaut, lassen sich noch einen Moment auf den Wellen treiben, dann starten sie wieder, mühsam wie ein altes Flugzeug steigen sie nach oben, und das Spiel beginnt von neuem.

Seine Hand rutscht tiefer, erst spielt sie mit dem Gummiband der Unterhose, läßt sie gegen meine Haut schnippen, dann taucht sie unvermittelt in meine Unterhose hinein.

Ich halte sie mit einer blitzschnellen Bewegung fest, als wollte ich einen Fisch mit der Hand fangen.

Please, flüstert er in mein Ohr, *please. You are so beautiful. You are driving me crazy.*

Forty-eight dollars, sagte ich.

Draußen fällt die Sonne wie eine Apfelsine ins Meer, im Auto ist es eiskalt, die Air-condition läuft, ich sehe die Gänsehaut auf meinem Bauch. Er legt das grüne Geld auf die Ablage, er lacht. Was kostet dein Herz? sagt er. Leg dich zurück.

Ich bezahle die Brille heimlich an der Kasse, während meine Mutter noch Milch und Joghurt holt. Ich stecke sie unter mein Hemd. Die Brille berührt meine Brust, die jetzt ein Mensch mehr kennt als gestern noch.

Als meine Mutter nicht wiederkommt, schlendere ich langsam durch die Reihen von Cornflakes und Crackers zurück in die Milchabteilung.

Sie hat die Arme auf das Regal mit den Fruchtjoghurts gestützt, ihr Kopf hängt herunter, ihr Atem bildet weiße Wölkchen in der Kälte der riesigen Kühltruhe, an ihren Beinen laufen kleine rote Rinnsale entlang.

Mama, sage ich und fühle mich so hilflos, als wäre ich drei Jahre alt. Mama.

Sie richtet sich auf, Schweißperlen stehen auf ihrer Stirn, ihr Gesicht ist weiß wie Wachs. Sie verzieht ihr Gesicht. Mist, sagt sie, auf nichts ist mehr Verlaß. Mit einem Taschentuch tupft sie sich die Beine ab, dann holt sie einen Plastikkanister Milch aus der Kühltruhe, hievt ihn in den Einkaufswagen und schiebt damit zur Kasse, als wäre nichts geschehen.

Mein Vater geht nicht mit an den Strand, er bleibt im Bett und liest die Zeitung. Philip boxt ihn zum Abschied in die Rippen.

Mein Vater sieht kurz auf. Lucy? sagt er, aber meine Mutter ist schon mit Ben samt Sandeimerchen, Schaufel, Sonnenmilch und Handtüchern aus der Tür. Ich laufe mit Philip hinter ihr her.

Am Strand zieht sie sich nicht aus, sie setzt sich im Kleid im Schneidersitz in den Sand und gräbt schweigend für Ben ein Loch.

Sehen wir uns heute keine Häuser an? frage ich.

Sie schüttelt den Kopf. Ich stehe neben ihr, mein Schatten fällt auf ihren Schoß. Mein Hals schwillt an von langen, komplizierten Sätzen, die ich ihr gern sagen würde. Mama fange ich an.

Sie streckt die Hand aus. Guckt doch mal, sagt sie, der Mann mit dem Kreuz!

Er zieht sein Kreuz dicht am Wasser durch den Sand, vorbei an all den hübschen Mädchen in ihren geblümten Bikinis, den jungen Männern in Bermudas und mit ihren Bitex-Brillen. Er stellt sein Kreuz gegen einen Felsen und beginnt, kleine Karten zu verteilen.

Schließlich kommt er auch zu uns. Meine Mutter streckt ihm die Hand entgegen. Auf der Karte ist er selbst mit dem Kreuz auf dem Rücken abgebildet, darunter steht ‚Warum?‘

Erklären Sie mir das, sagt meine Mutter und sieht ihn ernsthaft an.

Er kommt noch einen Schritt näher, geht vor ihr in die Hocke. Er fährt sich durch das ananasgelbe Haar und lächelt schüchtern.

Ich war ein Arschloch, sagte er, ein Alkoholiker und ein Arschloch. Bis mich Jesus gerufen hat. Er gab mir eine Aufgabe. 6000 Meilen bin ich für Ihn schon gegangen, bis runter nach Mexiko. Fünf Kreuze hat man mir bereits gestohlen. Jeder Tag bringt das, was er bringt. Er verstummt.

Ich bewundere Sie, sagt meine Mutter.

Er lächelt. Ich tue nur meinen Job, sagt er. Gott segne Sie, Ma'am. Er steht auf und geht weiter.

Meine Mutter sieht ihm nach, dann wendet sie kurz den Kopf zu mir und sagt zusammenhanglos: Als du zwei Jahre alt warst, waren wir einmal in Spanien am Meer. Ich ging schwimmen, und du standest in einer rosa Badehose heulend am Strand, du wolltest mich nicht gehen lassen. Immer hast du hinter mir hergeschrien. Keinen Schritt durfte ich allein tun. Ich brauchte mich manchmal nur zu bewegen, schon fingst du an zu schreien. Länger als alle anderen Kinder hast du das gemacht, und ich wußte nicht, warum. Ich hatte dich nie allein gelassen, nie. Zwei Jahre lang habe ich dich herumgetragen, weil ich ein Buch gelesen hatte, in dem behauptet wurde, daß Kinder, die dauernd herumgetragen werden wie bei den Indiofrauen oder Afrikanerinnen, zuversichtlicher und angstfreier sind als andere Kinder.

Ich schwamm immer weiter hinaus, und draußen war alles so friedlich, der Mond stand schon am Himmel, obwohl es erst früh am Nachmittag war, ich war allein, zum erstenmal seit deiner Geburt ganz allein. Ich fühlte mich wie ein Mensch, den ich mal gut gekannt, aber dann aus den Augen verloren hatte. Es war so still und schön da draußen, daß ich immer weiter schwamm, immer weiter, wie unter Zwang. So lange, bis meine Nägel dunkelblau waren und ich vor Anstrengung zu zittern begann. Ich wollte nie mehr zurück. – du hast das gewußt. Als ich aus dem Wasser kam, hörte ich dich weinen, und Bodo sagte, er habe dich einfach nicht beruhigen können. Alle Leute am Strand sahen mich vorwurfsvoll an.

Sie macht eine Pause und putzt Ben den Sand aus dem Gesicht.

Du hast das immer von mir gewußt, sagt sie. Aber es hat nichts mit euch zu tun, verstehst du das?

Ich fahre mit der einen Hand in meinen Rucksack und umklammere meine Bitex-Brille. Ja, sage ich, verstehe ich.

Eine Frau in einem silbernen Bikini mit einem fetten Arsch geht an uns vorbei.

Angelina, sagt meine Mutter, sag mir die Wahrheit, ist mein Hintern so dick wie der da?

In der Nacht, als alle schlafen, setze ich im Dunkeln die Brille auf. Ich lächle, und die Ränder der Gläser schaben leicht an meinen Wangen. Ich höre den schnellen Babyatem von Ben, das Schnarchen meines Vaters, Philips unruhige Bewegungen im Schlaf. Nur meine Mutter höre ich nicht. Sie schläft vollkommen geräuschlos.

Ich lege mich ins Kissen zurück, die Nacht ist goldenschwarz. Ich schließe die Augen hinter der Brille und weiß, ich werde nie wieder dieselbe sein.

Aysel Özakin

Großmutter – Gastgeberin der Zeit

ಀಀಀ

Als ich von den Verlusten, vor der unerwarteten Umwandlung meines Lebens und vor dem Altwerden Angst bekam, habe ich auf einmal in meinem Gedächtnis eine Quelle entdeckt, die wie ein Schatz war. Die Erinnerungen an meine Großmutter, die ihre Kindheit in einem osmanischen Palast als Nichte des Sultans, ihre Jugend als Ehefrau eines mächtigen Scheiches und Großgrundbesitzers und ihr Alter als eine geschiedene, freie und fröhliche Frau in einer Armensiedlung verbrachte, sich mit einhundertundvier Jahren beim Spaziergang ein Bein brach und vor einem Jahr gestorben ist. Als die Erinnerungen durch meine gegenwärtige zweite Sprache (deutsch) in Gedichten zum Ausdruck kamen, hatte ich das Gefühl, ich habe das beste Vorbild vor mir.

Ich bin seit Jahren
Unterwegs
Viele Länder
In meinem Gepäck
Und einen Wunsch
Wie das Tageslicht
An der Wand
Zu sein
Stolz
Wie ein Schwan
Warm
Wie eine Katze
Federleicht und weich
Wie du
Großmutter

Das Geheimnis des Nichts
Ich brauche dich.

＊

Ich habe keinen Abschied genommen
Von meiner Großmutter
Als ich von Istanbul
Nach Berlin kam.
Aus dem Lautsprecher der Moschee
Das Morgengebet
In der Dämmerung
Und danach
Die Stimme der Armee:
„Macht ergriffen".
Die Möwen kreischen weiter
In meinem Gedächtnis.
Ich habe keinen Abschied genommen
Von meiner Großmutter.
Das Leben
Stand ihr so gut.
Das Leben
In dem sie
Wie auf ihrem Strohbett saß
Beschäftigt mit der Ewigkeit.
Fragt man mich nach meiner Heimat
Antworte ich:
Meine Großmutter
Die Gastgeberin der Zeit.

＊

Ich bin mißtrauisch
Wenn ich aus einem Plastikbecher
Kaffee trinken muß
Am Bahnhof in Hamburg
Oder in Rotterdam.
Heißes Plastik

Feindselig zur feinen Lippenhaut.
Wozu denn Fortschritt
Wenn man am Ende
Aus der Plastiktasse trinken muß
Seinen ersehnten Kaffee?
Und ich verspreche mir, daß ich es
Wie Großmutter machen werde.
Eine kleine Tasse
Porzellan, elegant
Damit ich mich
Morgens früh
Wie sie
Vorm Fenster
Wertvoll fühle.

Marina Schnurre

Jetzt kann ich es mir endlich leisten, ganz offen zu sein

◖◖◗

Ich stehe schon eine ganze Weile vor der Tür. Langsam wird die Klinke in meiner Hand warm, aber ich zögere einzutreten. „Einer muß endlich mit der Frau sprechen", sagen die Schwestern, „und du hast den besten Draht zu ihr. Heute nacht hat sie so geschrien, weigerte sich aber wieder, etwas gegen Schmerzen einzunehmen. Wir haben sie in das Einzelzimmer geschoben und den Notarzt geholt. Jetzt spricht sie nicht mehr mit uns. Wir müssen doch auch an die Mitpatienten denken", fügt Schwester Heike hinzu. „Und dieser ahnungslosen Tochter solltest du auch mal die Wahrheit sagen. Vielleicht haben die beiden noch was miteinander zu regeln, und ich glaube, bald ist es zu spät."

Frau Busch sitzt, gestützt von unzähligen Kissen, im Bett und schaut mir vorwurfsvoll entgegen. Ihr geblümtes Nachthemd ist ihr von der Schulter gerutscht und entblößt rotgeäderte Haut. Sie hält ihren Arm im rechten Winkel vor die Brust gedrückt, den Ellenbogen auf das Keilkissen gepreßt.

„Ick will wieder in mein Zimmer zurück, hier halte ick es nicht aus", begrüßt sie mich. „Nur weil ick heute nacht Schmerzen hatte, schieben die mich gleich ab."

„Hallo, guten Morgen erst einmal", sage ich und versuche, das Nachthemd hochzuziehen.

„Ich freue mich, daß es Ihnen jetzt besser geht."

„Wat soll ick in diesem Zimmer, können Sie mir dat mal sagen?"

„Es ging Ihnen heute nacht nicht so gut, aber . . ."

„Sagen Sie das nicht noch einmal", unterbricht sie mich aufgeregt, „det klingt, als hätten sie mich auch schon aufgegeben. Es geht mir jut."

„Jetzt ja, zum Glück. Heute nacht nicht."

„Das stimmt. Es war die Hölle. Ick wußte ja nicht, daß man solche Schmerzen aushalten kann."

„Sie müssen sie nicht aushalten. In solchen Fällen gibt es Medikamente."

„Ja, aber ick mag keine Schmerztabletten. Ick will das aus eigener Kraft schaffen."

„Die Kraft, die Sie aufwenden müssen, um gegen solche starken Schmerzen anzugehen, könnten Sie vielleicht sinnvoller einsetzen."

„Na ja, da is wat dran. Ick hab dann ja heute nacht auch was genommen. Das reicht jetzt erst einmal. Möchte mal wissen, warum die hier nicht froh sind, daß es auch Patienten gibt, die auf die ganze Chemie verzichten wollen. Dauernd stellen die einem irgendwelche Medikamente auf den Tisch. An mir könnten die jedenfalls sparen. *Den* Gefallen tue ick ihnen."

„Leider tun Sie sich damit selbst aber keinen Gefallen."

„Was heißt dat den jetzt schon wieder? Sagen Se bloß, dat auch Sie neuerdings auf die Reklame der Pharmaindustrie reinfallen, wie die hier alle uff der Station."

Tadelnd schaut sie mich an.

„Von Ihnen hätte ick das, weiß Gott, am wenigsten erwartet." Ich muß lachen.

„Da sind wir ja wieder bei unserem Lieblingsthema. Ich rede nicht einem leichtsinnigen Tablettenkonsum das Wort. Und das wissen Sie auch, Frau Busch. Aber bei so starken und andauernden Schmerzen bringt es gar nichts, Tabletten mal zu nehmen, sie mal in der Schublade verschwinden zu lassen, um sie dann unkontrolliert nach eigenem Bedarf einzusetzen."

„Ick denke, wir sind freie Menschen und können auch frei über uns verfügen, oder? Ick weeß doch wohl am besten, ob ick was brauche oder nicht."

„Das steht nicht im Widerspruch zu dem, was ich gesagt habe. Gerade weil Sie ein freier Mensch sind und sich aus freien Stücken entschlossen haben, etwas gegen Ihre Schmerzen zu machen, ist es doch am sinnvollsten, das abgesprochene Schmerzprogramm auch durchzuhalten."

„Was dich nicht umwirft, macht dich stärker, sagt meine Mutter immer. Und da hat se doch recht, oder?"

„Haben Sie Angst, durch die regelmäßige Einnahme abhängig zu werden?"

„Na klar, wird man doch, wenn man immer Tabletten schluckt."

„Sie haben neulich gesagt, es ist, als ob ich in einer tiefen Grube sitze, wenn mich die Schmerzen überfallen."

„Ja genau, so'n Gefühl hab' ick. So, als wenn ick da nie mehr rauskomme. War heute nacht auch wieder."

„Wenn sie in einer tiefen Grube sitzen, braucht derjenige, der Ihnen die Hand reicht, um sie rauszuziehen, sehr viel Kraft und Zeit. Oder?"

„Ja, kann schon sein."

„Ist die Grube nicht so tief, braucht es weniger Anstrengung. Würden Sie mir da zustimmen?"

„Natürlich. So ist es."

„Damit Sie erst gar nicht wieder in diese Grube fallen, geben Ihnen die Schwestern, über den Tag verteilt, regelmäßig alle vier Stunden, Tabletten. Auch wenn die Schmerzen nachlassen, muß man noch eine Weile damit weitermachen. Um bei Ihrem Bild zu bleiben: Man versucht damit, Sie von der Grube noch weiter wegzuziehen. Wenn das erreicht ist, wenn also ein gewisses Quantum an Wirkstoffen in Ihrem Körper ist, kann man langsam beginnen, sich herauszuschleichen."

„Was heißt det?"

„Sie bekommen nach einigen Tagen wahrscheinlich nur noch alle fünf, später alle sechs Stunden Medikamente. Und so kann es langsam immer weniger werden."

Frau Busch massiert nachdenklich ihre linke Hand.

„Ach so. Warum erklärt einem det hier niemand jenau?"

„Vielleicht hören Sie bei den Ärzten nicht mehr hin, weil Sie denken, daß die alle von der Medikamentenmafia abhängig sind?"

Sie lächelt.

„Kann schon sein. Nu leuchtet mir det aber auch besser ein, wie Sie's eben gesagt haben. So kann ick det meiner Tochter plausibel machen. Die ist nämlich auch gegen Medikamente."

Sie wird unruhig.

„Ick muß jetzt sofort zurück in mein Zimmer. Meine Tochter kommt mich heute besuchen, die kriegt ja 'nen Mordsschreck, wenn sie mich nicht in meinem Bett findet."

„Ja, das verstehe ich gut, daß Sie sich darüber Sorgen machen. Ich kann Ihre Tochter anrufen und ihr Bescheid sagen, daß Sie umgezogen sind."

„Nein, ick will in mein Zimmer zurück. Hier kann ick mit niemand reden. Außerdem krieg ick heute Chemotherapie. Na, da bin ick noch ganz schön sauer auf die Stationsärztin. Sagt die doch vorgestern glatt zu mir: ‚Die Chemo ist ein Versuch, die Krankheit zum Stillstand zu bringen.‘ Was heißt hier Versuch. Ick will doch gesund werden. Sonst würde ick mich auf so eine Schinderei erst gar nicht einlassen. Außerdem habe ick es meiner Tochter versprochen, daß ick Weihnachten zu Hause bin."

Ich fühle mich hilflos. Frau Busch hat eine sehr schlechte Prognose. Die Tochter will den Verfall der Frau nicht wahrhaben, die Freunde kommen seltener, die Schwestern verweilen immer kürzer an ihrem Bett. Keiner weiß damit umzugehen, daß sie ihre Krankheit so hartnäckig leugnet.

Endlose Diskussionen auf der Station mit Schwestern und Ärzten haben zu keinem Ergebnis geführt. „Wenn sie im Augenblick nicht zulassen kann, darüber zu sprechen, dann wird sie ihre Gründe haben", sage ich. „Ja, aber sie hat doch noch sicher vieles zu erledigen und muß ihre Tochter vorbereiten, sonst fällt die aus allen Wolken", sagen die Ärzte. „Wir drücken uns davor, in ein Gespräch verwickelt zu werden", sagen die Schwestern, „weil sie von uns nur die Bestätigung einer guten Prognose will und andere Meinungen nicht zuläßt."

Die Freunde haben Mühe, Optimismus zu verbreiten und kommen immer seltener. Alle Anläufe zu einem Gespräch scheiterten bisher an der konsequenten Abwehrhaltung von Frau Busch. Ich fühle mich unwohl.

„Sie sind doch auch gesund geworden nach der Chemotherapie", herausfordernd schaut Frau Busch mich an. „Ick nehme Sie mir als Vorbild."

„Jede Krankheit verläuft anders. Ich habe Glück gehabt bei meinem Versuch."

„Haben Sie denn überhaupt damit gerechnet, daß es schiefgehen könnte?"

„Ich habe gehofft, daß ich es schaffe, aber ..."

„Na, sehen Sie", unterbricht sie mich, „ick bin auch felsenfest davon überzeugt, daß ick gesund werde."

„Gehofft habe ich es, von ganzem Herzen, Frau Busch. Aber ich habe mich auch damit auseinandergesetzt, daß ich es vielleicht nicht schaffen würde. Ich wußte ja, daß es nur ein Versuch war. Mein Arzt hat sehr offen mit mir über alle Möglichkeiten gesprochen.

Das war schmerzhaft, aber auch wichtig für mich. Ich mußte ja mein Kind vorbereiten. Wenn nicht ich, wer sonst?"

„Hat Sie das nicht sehr belastet?"

„Meinen Sie die Tatsache, daß ich mir zum erstenmal Gedanken über meinen Tod machen mußte?"

Sie nickt.

„Ja, es hat mich traurig gemacht. Auch wütend und neidisch, vor allem auf die Überlebenden. Depressiv, sauer, verzweifelt, aggressiv. Alles das kreiste in meinem Kopf. Und noch viel mehr. Aber auch ein intensives Lebensgefühl war plötzlich da. Zwischendurch hatte ich so richtig gute Tage, voller Lebenslust und Hoffnung. Dann natürlich auch viel Angst."

„Und wat haben Sie dann gemacht?"

„Meinen Sie, wenn ich wieder so Angstschübe bekam?"

„Ja."

„Mit meinem Mann und mit meinen Freunden geredet."

„Ach, die wollen ja nichts davon hören."

„Haben Sie diese Erfahrung gemacht?"

„Ja. Wo sind sie denn abgeblieben, die guten Freunde? Kommen doch alle nicht mehr. Nee, nee, hör'n Sie mir damit bloß uff."

„Und Ihre Tochter?"

„Ist die einzige, die mich besucht."

„Sprechen Sie denn mit ihr über Ihre Ängste?"

„Ih, wo werd' ick denn? Nee, das geht nicht, die ist doch erst sechzehn. Der muß ick Mut machen."

„Mut wozu?"

„Zum Leben natürlich. Und daß ick wieder gesund werd'. Die macht mir schon lange so'n gedrückten Eindruck."

„Und Sie selbst, Frau Busch, wie denken Sie darüber?"

„Ach Jottchen, Frau Schnurre", sie streicht mir mit der rechten Hand sanft über die Wange.

„Ick geb' mir Mühe, nicht weiter als bis heute abend zu denken."

„Und die Angst Ihrer Tochter, wo bleibt die?"

„Sie meinen, ick sollte mal mit der reden?"

„Vielleicht. Vielleicht ginge es Ihnen beiden besser dabei."

„Hm." Nachdenklich sieht sie mich an.

„Aber ick muß erst in mein Zimmer."

„Frau Busch, sie sind hier im Augenblick besser aufgehoben. Hier können Sie Tag und Nacht ungestört mit Ihrer Tochter zusammensein. Und wer weiß, vielleicht kommen auch die Freunde wieder, wenn Sie denen die Chance geben, offen mit Ihnen zu sein. Außerdem haben Sie hier Ihr eigenes Bad und können sich freier bewegen, ohne die Mitpatienten zu stören. Das sind doch 'ne Menge Pluspunkte. Oder?"

„Jottchen ooch, Sie hätten Politikerin werden solln, so wie Sie die Leute bequatschen", sagt Frau Busch und lächelt mich an.

„Sagt mein Sohn auch immer, wenn ich ihn bitte, abzuwaschen."

Als ich mich zu ihr runterbeuge, um mich zu verabschieden, zieht sie mich mit ihrer gesunden Hand noch ein bißchen tiefer und sagt fast unhörbar:

„Danke, es war jut, daß mal jemand so frei von der Leber weg mit mir geredet hat. Nu müssen Se aber ooch meine Tochter anrufen, versprochen?"

Schweißgebadet gehe ich nach draußen.

Anna Busch ist gleich am Telefon.

„Ist was mit meiner Mutter?"

„Sie hatte starke Schmerzen. Jetzt geht es ihr besser. Nur damit du Bescheid weißt, wenn du heute kommst. Wir haben ihr ein Einzelzimmer gegeben."

„Ja eigentlich, ich wollt' schon anrufen. Ick kann heute nämlich nicht."

Dann sag ihr Bescheid, daß du morgen erst kommst, sonst ist sie enttäuscht."

Die Kleinmädchenstimme wird schrill.

„Ick kann morgen auch nicht. Und überhaupt. Wenn sie doch schon Weihnachten kommt, muß ick nich alle Tage hin. Meine Mummi versteht das."

„Ja. Deine Mutter versteht das. Trotzdem solltest du wissen, daß es noch nicht klar ist, ob sie Weihnachten kommt."

„Wie meinen Sie das?"

271

„Es geht ihr nicht gut. Und noch ist nicht sicher, ob sie es schafft, nach Hause zu gehen."

„Aber sie hat's doch gesagt."

„Sie will es ja auch und wird alles versuchen."

„Es ging ihr doch besser in letzter Zeit. Hat sie selber gesagt."

„Ja, zwischendurch ist es auch so."

„Na, dann wird sie's doch schaffen. Mummi sagt immer, man muß es nur wollen. Und sie will doch, oder?"

„Ja, das will sie von ganzem Herzen. Aber manchmal hält sich eine Krankheit nicht an das, was wir wollen."

„Muß sie sterben?" fragte die Kleinmädchenstimme.

Ich darf jetzt nicht kneifen.

Eine verweinte, aber erstaunlich umsichtige Sechzehnjährige kommt mit dem Taxi ins Krankenhaus gefahren. Sie hat ihre Oma informiert, die besten Freunde angerufen und ihr Waschzeug gleich mitgebracht.

„Wenn meine Mummi ein Einzelzimmer hat, will ich auch nachts bei ihr bleiben."

Als ich am nächsten Nachmittag bei Frau Busch hereinschaue, sitzt sie, diesmal in einem blauen Pünktchenhemd, wieder gestützt von vielen Kissen, im Bett und spielt Karten.

„Gar nicht so einfach für mich, die Dinger zu halten. Ich muß aufpassen, daß die nicht kiebitzen, die Bande."

Freundin und Tochter lachen.

„Du willst nur schnell reich werden, bis Omi kommt, gib's doch zu."

„Ja, alles hinter meinem Rücken organisiert. Ick wollt meine Mutter gar nicht mehr sehen. Aber sie hat druff bestanden.

Nur unter einer Bedingung, hab' ick gesagt: wenn du mich verschonst mit deinem Gerede. Ick will nicht wissen, wat für'n Hut Frau Reimers am Sonntag in der Kirche uffhatte, und wat bei Bona wieder alles teurer geworden ist. Ick will endlich mit dir über meine Kindheit reden, und du sollst mir wat über Papa erzählen. Von dem weeß ick nämlich nischt. Und wenn de det nicht willst, kannst du gleich in Borsfleth bleiben."

„Arme Omi", sagt die Tochter, „das wird ja nicht einfach für sie."

„Ja, sehn Sie", täusche ich mich, oder lächelt Frau Busch wirklich voller Genugtuung, „jetzt kann ick mir endlich erlauben, janz offen zu sein."

Gisela Steineckert

In anderen Umständen

❦❦❦

Als sie es mir sagte, sah ich in ihren Augen einen Glanz, der mir bekannt vorkam. So sah die Dreijährige aus, als sie mir erklärte, daß sie niemals woanders schlafen werde. Die Augen der Sechsjährigen waren so, als sie nach dreimaligem Besuch die Christenlehre für beendigt ansah. „Ich bin kein rechter Sündenknüppel", sagte sie, und „so was sing ich nicht." Damit hatte sie den schwelenden pädagogischen Konflikt zwischen ihren Eltern entschieden.

„Soll ich dir einen Kaffee kochen?" fragte sie nun, aber das zog diesmal nicht.

Ich sagte: „Ich bin jung verheiratet. Ich wünsche darin nicht gestört zu werden."

Sie sagte: „Diesen habe ich nicht rausgegrault. Das mußt du zugeben."

Ich sagte: „Du warst zu sehr mit dir beschäftigt. Es ist dir unterlaufen, daß ich glücklich geworden bin. Ich liebe meinen Mann."

Sie sagte: „Er ist ja auch sehr nett."

Ich sagte: „Ich habe Lust, Großmutter zu werden. Aber mach mich gefälligst nicht zur Mutter. Ich bin nämlich jung verheiratet. Und ich liebe meinen Mann."

Die Augen meiner Tochter nahmen die Farbe von bitterer Schokolade an.

Sie sagte: „Ich bin dreiundzwanzig Jahre alt. Es wird höchste Zeit für ein Kind. Ihr habt damit überhaupt nichts zu tun. Ihr sollt die Freude haben, nicht die Arbeit."

Ich sagte: „Apropos Arbeit. Bei deinem Vertrag für freie Mitarbeiter treffen vielleicht nicht alle Vergünstigungen für werdende Mütter auf dich zu."

Sie sagte: „Das bringe ich in Ordnung."

Nun hätte ich denken können, sie bringt es in Ordnung. Diesen Satz kannte ich aber fast ausschließlich in unwilligem Ton vorgebracht, der mich ablenken sollte. Und wenns kein Thema mehr war, war auch keine Dringlichkeit gegeben, der Sankt Nimmerleinstag läßt grüßen.

Ich sagte: „Bist du sicher, daß du einen Vater für das Kind hast? Oder hängst du noch immer der Theorie an, daß ein Kind besser ist als gar kein Mann?"

Sie sagte: „Es ist alles nicht so einfach."

Ich sagte: „Es gibt Kinder, die möchten einen Papa haben. Denk ja nicht, daß ein Großvater dasselbe ist. Und du kriegst ihn auch nicht. Er gehört mir und ist mein schöner Geliebter und nicht irgendein frei verfügbarer Opa."

Sie sah mich an, als ob sie ihn auch gar nicht wolle, als ob vor ihrem geistigen Auge eine Galerie erbötiger Väter vorbeitrabt, und wozu auch braucht ein Kind einen Opa. Männer gibts wie Mist. Das war einer unserer frechsten Sprüche, als wir ausprobierten, Freundinnen zu sein, was mir nichts an Mühe nahm und alle Verantwortung ließ, ihr aber einiges an geringerem Abstand einräumte.

Ich erfuhr nicht, welcher Art der Konflikt war, in dem sich meine Tochter befand. Der Mann konnte verheiratet sein, irgendwo einsitzen, sie konnten schweigend aufeinander zugegangen und sich namenlos getrennt haben – aber das sind so die Vorstellungen, die alle Ahnen von der nächsten Generation haben, ehe die sich unvermutet als bieder herausstellt.

Meine Tochter würde gewiß als erstes mit dem Stolz einer Gräfin, die die Schloßtreppe herunterfällt, auf jede materielle Unterstützung verzichten. Sie war dazu spontan genug und hatte keine Angst. Das quoll mir bitter auf. Es steckte nichts dahinter. Kein Wille, sich notfalls auf den Knien schrubbend durchzubringen. Und es war meine Schuld. Sie hatte nicht die Erfahrung einer letzten Scheibe Brot, es gab immer einen Ausweg und immer denselben. Sie würde sich die eindrucksvolle Geste des Verzichtens nicht entgehen lassen, und da sie Not nur aus Büchern kannte, war es gewiß nicht der letzte Groschen, um den sie fürchtete.

Ich sagte: „Du hast eine unerträglich laute Einraumwohnung ..."

Sie unterbrach mich: „Als ich da eingezogen bin, fandest du sie nicht unerträglich laut, sondern mich unerträglich, weil ich sie laut fand."

Da hatte sie recht. Sie wollte sich abnabeln und eigene vier Wände haben und hatte dafür keinen Finger gerührt. Sie hätte gar nichts tun können, ihr stand kein Antrag auf eine eigene Wohnung zu und es gab niemanden, bei dem sie auch nur ein Formular hätte abfordern können.

Ich denke nicht gern daran, wie ich die Klinken putzte, antichambrierte und auch herumlog, ich wolle die Wohnung aufgeben, müsse aber erst die Tochter versorgen. Wir hatten keine Auswahl und ich hatte dankbar zu sein, aber ich mochte die Straße nicht und nicht das riesige Denkmal auf dem Platz vor ihrem Fenster, das Haus war neu und schlampigst gebaut und es war eine der Wohnungen, in denen man nie wirklich heimisch wird.

Ich fuhr fort: „. . . und rauchst. Außerdem treffen sich bei dir hunderte von finanziell und seelisch bedrängten Freunden, denn erstens bist du sehr neugierig und kannst gar nicht genug untypische Lebensläufe erfahren, zweitens gibt es bei dir immer was zu essen. Warum willst du gerade jetzt ein Kind?"

Über ihre Augen huschte etwas, das sie schnell unterdrückte und vor mir verbarg. Es schien doch einen Papa zu geben. Kummer auch. Vielleicht hatte er gar keine Ahnung. Wie romantisch! Leidvoll und vermutlich blödsinnig.

Sie sagte: „Also gut! Ich lasse mir in der Klinik einen Termin geben. Wahrscheinlich hast du wieder einmal recht."

Oho! Bin ich die Mörderin ihres Glückes, wenn sie denn glaubt, es sei eins? Und ich soll es also gewesen sein, die ihre Entscheidung herbeigeführt hat, so einfach, so nach ein paar Sätzen hin und her? Daß man sich also künftig auf mich herausreden kann, an einsamen Abenden und vielleicht sogar, wenn der jetzt befragte Zustand nie wieder eintritt? Natürlich war mir unbehaglich. Ich war eine Frau, eine Mutter, beschäftigt mit der Suche nach dem Ich und dem Du und soeben zum ersten Mal in der Lage, nicht alles nach anderen Familienmitgliedern einrichten zu müssen, nicht ständig präsent zu sein, wunderbar, aber ich lasse mich hier nicht zur Kommission ernennen, die deinem Antrag zugestimmt hat. Du sollst entscheiden, du selber.

Ich koche Kaffee, so schwach, wie ich ihn hasse.

Über die Tasse hinweg musterte ich mein geliebtes Kind mißtrauisch. „Gib mir schriftlich, daß ich nichts damit zu tun haben werde. Ich sammle Krimis. Die Abende sind zu kurz für all mein Glück. Ich will endlich mal alle Sinfonien hören. Er will auch Sinfonien hören. Du kannst alle paar Wochen mal klingeln, dann gucke ich durch den Briefschlitz und sehe mir dein Kind an."

Sie sagte: „Ich sterbe vor Gier auf Gurkensalat."

Es war Januar. Da gab es keine Gurken im volkseigenen Handel. Ein bekannter Engpaß, dem schwer beizukommen war.

Meine Tochter vertilgte soviel Gurkensalat, wie in der großen Knödelschüssel Platz hatte. Ich saß ihr gegenüber und hatte Angst. Daß sie sich den Magen verdirbt, und um sie, um mich, um uns.

Und wie es in ihrer Wohnung aussah. Die verqualmte Tapete konnte man zwar vor Plakaten, Postern, Fotos und Stichen kaum sehen. Aber die Brandlöcher in den Sesseln und im viel zu hellen Teppichboden durchaus und die vielen Kerzenflecke erst recht.

Wo sollte das Kinderbett stehen? „In der Loggia, da hat das Kind viel Licht." O ja, nicht nur viel Licht, auch viel Kälte im Winter und viel Hitze im Sommer, und Tag und Nacht viel Lärm von der maximal frequentierten Kreuzung Leninallee.

„Nun ja," sagte mein Mann, „das mit der Loggia ist natürlich so eine Sache. Verglast ist sie ja, aber das ist auch das Einzige. Man müßte wenigstens einen Holzfußboden legen."

„Sie hat sich Bedenkzeit bis zum Zwölften genommen", sagte ich, „für diesen Tag hat sie einen Krankenhaustermin. Sie wird es sich überlegen. Und uns geht das alles nach wie vor nichts an."

Der Zwölfte rückte näher. Mein Kind weinte am Telefon.

„Es ist so, als ob ich das Kind schon kenne."

„Es ist noch kein Kind." „Woher weißt du das, Mama. Und du hast es mir von dir selber ganz anders erzählt." „Hast du schon irgendwas für dieses Wesen getan? Hörst du auf zu rauchen, ißt du regelmäßig, schläfst du vor Mitternacht, hast du deinen Arbeitsvertrag – und was ist mit der Loggia?"

Sie schwieg. Und warum weinte ich? Ich weinte, weil ich wußte, daß sich mein Leben nun noch einmal ohne mein Zutun ändern würde, und es sollte doch lange so bleiben, wie es sich eben gefügt hatte. Die Kinder waren groß, endlich war ich mal dran – hatte ich gedacht. Sie sagte, es gäbe keine Gurken. Ohne Auto waren Gurken wirklich kaum zu beschaffen. Wir fuhren mit der gefüllten Schüssel am Leninplatz vor, ich blieb im Auto sitzen, aus Furcht, sie mit der Zigarette im Mund anzutreffen oder mich festzusetzen.

Der Zwölfte ging vorüber. Wenig später wurde ich nachts wach und wußte, daß meine Tochter nicht schlafen konnte. Ich rief sie an und sagte: „Steh auf, da staut sich nur das Blut in den Adern. Mach Wechselduschen, dann leg die Beine hoch, oder komm her."

Meine Tochter fragte nicht: „Woher weißt du?" Sie kam mitten in der Nacht, verfroren, verheult, verqualmt. Sie schlief sofort ein und strahlte beim Frühstück am nächsten Morgen, ohne nächtliche Verzweiflung oder gute Laune zu erklären.

Es wurde ein heißer Sommer, anstrengend nicht nur für Schwangere. Sie litt unter der Hitze und wurde dennoch immer hübscher. Abgesehen davon, daß sie schlecht angezogen herumlief, ungemäß in ständig weitergereichten Klamotten von Freundin zu Freundin. Wir gingen in das einschlägige Geschäft, in dem die gleichen Modelle neu herumhingen, schlechte Stoffe, unsägliche Schnitte, dunkle Muster. Man mußte lange suchen. Mir schien, daß sie sich schon einmal mehr gegen Geschenke gesträubt hatte, seit sie darauf bestand, selbständig zu sein.

Wenig später traf ich bei einem ungeplanten Kurzbesuch einen jungen Sachsen, der sich ziemlich sicher in der Einraumwohnung bewegte. Wir wurden einander vorgestellt, plauderten herum, aber ich konnte ihn ja nicht gut fragen, ob er vielleicht der unbekannte Papa sei. Unter einem Vorwand wurde er von ihr aus dem Zimmer gerufen, es gab einen gezischten Wortwechsel und unterdrücktes Lachen, aha. Ich kam mir vor wie die Witzblattfigur Schwiegermutter und wollte eben gehen, als er reinkam und eine bedeutende Äußerung tat: „Tjaaa". In sächsisch. Dies konnte doch aber das Problem nicht sein. Ich hatte mir immerhin auch einen, allerdings hochdeutschen, Sachsen-Anhaltiner erobert. Wo also lag die Schwierigkeit. Er war Student. Wenn weiter nichts ist. Was studiert er denn, unser Student? Theologie, und er bereitet sich vor, Pfarrer zu werden. Wie seine Väter und Urväter, eine Kette, eine ehrwürdige Dynastie, und er, unser Student, war deren jüngster Zweig, von dem man sich recht grüne Blätter erhoffte. Recht grün schienen sie mir alle beide, wie sie da so vor mir saßen.

Was sagten die Seinen? Sie hofften, daß aus der Sache nichts würde. He, warum denn nicht, wo leben wir denn? Und aus welcher Sache? Das eben stand nicht fest. Mama und Papa waren sich weder einig, ob sie sich liebten, noch, ob sie je heiraten würden, selbst wenn sie sich lieben sollten.

Ich werde doch keine Landpastorenfrau!

Ich kann doch meine Leute nicht so enttäuschen. Und was sagen denn Sie, was sagst denn du. Was sollte ich sagen? Wußte ich, was der Junge denkt, was sie fühlt und umgekehrt? Er sah gut aus und man konnte mit ihm reden. Mir schien, er war von angenehmem Wesen. Unsre lange und gute Freundschaft konnte ich noch nicht ahnen, nicht unsere Skatabende und nicht seinen Trost, als ich ihn einmal brauchte. Ich wußte noch nicht, daß wir über dieselben Dinge lachen würden und es auch möglich war, sich mit ihm offen zu streiten.

Ich sah einen jungen Mann in abgeschabten Jeans, mit langen Haaren und ausgewogener ruhiger Art des geistigen Habitus. Er darbte sich durchs Studium und verdiente sich das nötige Geld durch Gesang und Spiel in einer Beatband namens „Babylon". Die war nicht leiser als eine aus Atheisten.

Ich sah, daß er sie liebte, und ich hätte verstanden, daß sie ihn liebt, aber sie wollte ihn wohl nicht lieben und schaffte es nicht ganz, ihn nicht zu lieben. Sehr kompliziert!

Ich hatte mit siebzehn einen geheiratet, von dem ich erst nach der Hochzeit merkte, daß er seinen blutjungen Leutnantsstand und anderer vergangener Herrlichkeit nachtrauerte. Wir hatten uns über Nietzsche, Opern und Jungfräulichkeit unterhalten, deren Wert über allem stand. Ich verfügte über diese Aktie und gedachte sie nicht ohne Höchstwert zu veräußern. Deswegen wollte er mich heiraten. Um an etwas heranzukommen, das anders nicht zu kriegen war. Mir fiel auf, daß er mir die Hand küßte und mir immer in den Mantel half, aber nicht, daß er Antisemit war. Wir hatten über Politik nicht geredet, und als sie zur Sprache kam, hatten wir uns beide schon weh getan und ein Kind, das nun erwachsen war und ein Kind bekam.

Diese beiden schienen sich ausschließlich über Weltprobleme zu mißverständigen. Na, wohl doch nicht ausschließlich, immerhin waren wir im vierten Monat, was heißt Wir, die beiden, auch nicht – meine Tochter! Nicht ohne Schärfe in der Stimme sprach sie über „meinen Zustand", „mein Kind" und „meine Schwangerschaft". Ich fand, daß meine Tochter sich ziemlich albern benahm. Was uns anlangte, so stand nirgendwo geschrieben, daß wir die Bündnisse zwischen Andersdenkenden persönlich zu durchkreuzen hätten.

Natürlich hatten wir Bedenken. Toleranz ist ein schönes Wort. Und Alltag ein anderes. Wir hätten viel sagen können, aber von wie vielen Seiten sollte auf diese beiden eingeredet werden? Ein Dozent schenkte Papa beziehungsvoll eine Broschüre mit dem Titel: Jesus für Atheisten.

Die Seinen nahmen den Konflikt sehr ernst. Meine Tochter sollte die Kommunion nachholen und sich zum Glauben bekennen.

Ich dachte, wenn sie das verlangen, wird sie es nie tun. Nicht einmal, wenn sie nachts die Hände falten sollte, um sich wie ein Kind an jemanden zu wenden, der helfen kann.

Wir verlangten nicht, daß sie ihre Gefühle durch Trennung ins Tragische steigern sollten. Wenn sie sich wollen, dachte ich, dann kriegen sie sich sowieso. Wer hat denn heutzutage ein Machtmittel gegen Liebe?

Gegen Papa war entweder gar nichts oder eine Menge einzuwenden. Zum Beispiel sein Wohn- und Studienplatz in Leipzig, immerhin fast 200 km entfernt. Aber er rannte mehrmals in der Woche von der Vorlesung zur Autobahn und schwang sich auf oder in jedes Gefährt nach Berlin, das er im Morgengrauen wieder verließ. Er kühlte kribbelnde Waden, stellte frische Blumen hin, wusch das Geschirr ab und ließ sich lange ziemlich schlecht behandeln. Das fand ich, er fand das nicht.

„Du mußt sie doch auch verstehen", sagte er zu mir, zu mir. Die Sache mit dem Arbeitsvertrag ging endlich auch in Ordnung, ehe die Frauen im Betrieb meiner Tochter den Männern den Schreibtisch umkippten. Die hatten vielleicht nicht so wahnsinnig viel Lust, schon wieder eine Frau an den Betrieb zu binden, deren Fehlstunden, Sonderurlaub und Schichtunfähigkeit gesetzlich vorgesehen waren.

„Du hundertjähriges Gör" nannte Papa meine Tochter in einem seiner Gedichte, die allesamt sinnlich und irdisch wirkten. Endlich trafen sich in unserer Wohnung Familienteile aus beiden Lagern zur Beratung. Aber ein Rat schaute dabei nicht heraus. Die einen hatten die eine, die anderen eine andere Meinung. Wenn er Pfarrer wird und aufs Land zieht, nimmt sie ihn nicht, das Stadtkind. Um das zu tun, sollte er sie nicht wollen, Pfarrerskind. Sehr interessant, dabei konnte man sich lange aufhalten – und übrigens zusehen, wie die Verbundenheit unter solchen Schwierigkeiten wuchs.

Aber die Tapeten waren noch immer dreckig, und Papa hatte in Prüfungen zu sitzen und Einsen zu erbringen, denn sollten wir uns nachsagen lassen, daß wir ihn zu niederen Sklavendiensten mißbrauchen, während er doch zu Höherem aufgerufen war? Meine Freunde, sagte meine Tochter, wollen alles malern. Soweit ich mich erinnerte, wollten die schon eine ganze Menge, es hatte nur jeweils nicht geklappt. Können die überhaupt malern? Natürlich, klar. Das war demnach die neunhundertneunundneunzigste Tätigkeit, die von denen gekonnt und unterlassen wurde.

Als ich erfuhr, daß es „morgen früh losgeht", nahm ich mir vor, mich einfach nicht darum zu kümmern. Gegen Mittag des nächsten Tages bestätigte sich durch ein Telefonat, es werde allen vor Hunger der Pinsel aus der Hand fallen. Wölfe können sich nicht geschwinder über einen Wandersmann hermachen, als diese Truppe über meine Grillhähnchen und Flaschen. Irgendwas hatte auch mit der Decke nicht geklappt, sie war scheckig, und die Tapete reichte nicht. So wurde es also ein kollektives Wochenende, ein Biwak mit geschlossenen Fenstern, zum Umfallen, bei dreißig Grad Außentemperatur. Während ich noch in langer Schlange im Warenhaus am Alexanderplatz nach Tapeten anstand und nicht wußte, ob ich die selbe noch vorfinden würde, brachte mein Mann erst mal die Decke in Ordnung. Als sich das Wochenende neigte, waren wir über den Berg.

Aber was macht man mit so einer undienlichen undurchdacht gebauten Loggia, in der man allenfalls im Sommer die Blumentöpfe abstellen kann?

Eine Schwangere kann gar nichts mit einer Loggia machen. Aber wir waren ja nicht schwanger. Also besorgten wir einen Fachmann, einen mit der Berechtigung, stromführende Kabel zu bearbeiten, das machte ihn zu einem teuren Mann. Wir trieben außerdem einen im

Handel kaum auffindbaren Zentralheizungskörper auf und sogar noch eine Sauerstoff-Flasche. Alles zusammen wog sicher soviel wie drei Elefanten und mußte zu Fuß in den zehnten Stock geschleppt werden, denn der Fahrstuhl war ein nur manchmal selbsttätiger, meistens aber defekter.

Endlich lagen zwei Männer in körperwidrigen Verrenkungen in der schmalen Loggia und brachten sie innerhalb eines Wochenendes in einen beheizbaren Zustand. Mit blutenden Fingern und abgesengten Augenbrauen bekam ich meinen schönen Geliebten als Hinkenden und Zerschlagenen wieder. So kehrte Amphitrion der Alkmene nicht heim. Die paar hundert Mark, die es gekostet hatte, schenkten wir dem Kind, weil es seiner Mama so tapfere Fäustchenschläge versetzte. Bei all unseren Verrichtungen saß meine Tochter als strahlende Zuschauerin dabei. Sie wurde immer umgänglicher, ließ sich aus dem Weg schieben, füttern, von der Arbeit abholen, bekochen, massieren, in die Badewanne stecken und zum Arzt bringen. Sie verlangte nichts, nahm aber alles, was man ihr gab. Wenn sie zur Tür hereinkam, bekam jeder gute Laune. Sie war lange nicht so schön gewesen. Manchmal saß sie wie früher neben meinem Schreibtisch und las, während ich arbeitete. Es war still zwischen uns wie in den besten Zeiten. Die Gedanken strömten wieder wie ohne Mühe von der einen zur anderen, und dieser Strom trug alles fort, was nach der schönen Kindheit und vor dem schönen Erwachsensein auch gewesen war: Mißverständnis, Gekränktheit, manchmal zu laut und zu oft geäußerte mütterliche Sorge. Dreinreden, auch wenn man es sich anders vorgenommen hat. Intoleranz durch die Art, auch wenn man in der Sache recht hat. Rechthaben ist auch eine Frage des Zeitpunkts. Laura Marie, ein schöner Name für ein Kind, oder David Paul.

Quellenverzeichnis

ᗧᗧᗧ

1. Blicke auf sich selbst: Grenzen setzen und überschreiten

Grenzland Körper: Sieh mich an, damit ich mich fühle

Hilde Domin, Ich setzte den Fuß in die Luft, aus: Gesammelte Gedichte, © S. Fischer Vlg 1987

Christa Kölblinger, Sich selber schön finden – das Schwierigste überhaupt, aus: BRIGITTE-Dossier 20/95

Heike Langenbucher, Mit dem Körper in gutem Einvernehmen, aus: dies., Sprache des Körpers – Sprache der Seele, © Vlg Herder 1991

Feng Jicai, Das Mädchen Duftende Lotusblüte, aus: ders., Drei Zoll Goldener Lotus, Aus dem Chinesischen von Karin Hasselblatt, © Vlg Herder 1994

Evelyn Tampe, Selbstvertrauen, aus: dies., Frauen, wehrt Euch endlich!, © Herder/Spektrum Bd 4351

Evelyn Holst, Brust raus, Bauch rein, Licht aus, aus: BRIGITTE-Dossier 20/95

Liebe?! Schau mir in die Augen, hilf mir beim Abwasch

Sonny & Cher, I got you

Doris Dörrie, Die Braut, aus: dies., Bin ich schön?, © Diogenes Vlg 1994

Elke Heidenreich, Erika, aus: dies., Kolonien der Liebe, © Rowohlt Vlg 1992

Elvira Torni, Eierkuchen mit Nougat, aus: dies., Der Eierkuchenmond, Herder/Spektrum Bd 4253, © Vlg Neues Leben 1992

Elfie Böttger-Bohlen , Lebensgefühle (Originalbeitrag)

Gisela Steineckert, Liebe, schönes All, aus: dies., Aus der Reihe tanzen, Herder/Spektrum Bd 4147, © Vlg Neues Leben 1992

Lioba Albus, Was Männer meinen, wenn sie etwas sagen, aus: dies., Frau Mittelkötter kennt sich aus – Was Männer meinen, wenn sie etwas sagen, © Herder/Spektrum Bd 4474

Der Job, der Alltag, die vielen Anforderungen: Alle Augen blicken auf dich

Rosa Luxemburg, Die Arbeit, aus: dies., Ein Leben für die Freiheit. Reden – Schriften – Briefe. Ein Lesebuch. Hg v. Frederik Hetmann, Fischer Taschenbuch Vlg 1980

Michèle Fitoussi, Ist dort Tokio? – Der Kleine hat 40 Grad Fieber, aus: dies., Zum Teufel mit der Superfrau – Die Sucht nach Perfektion, © Schweizer Verlagshaus 1989

Djuna Barnes, Nach Mitternacht amüsiert Coco Chanel überhaupt nichts mehr, aus: dies., Hinter dem Herzen, © Verlag Klaus Wagenbach 1994

Sylvia Curruca, Wie frau an deutschen Hochschulen *keine* Stelle bekommt!, aus: dies., Als Frau im Bauch der Wissenschaft, © Herder/Spektrum Bd 4180

Claudia Harss/ Karin Maier, Andrea – eine Superfrau?, aus: diess., Joghurt allein genügt nicht, © Herder/Spektrum Bd 4275

Ruth Pfau, Für weniger hätte ich das Leben nicht gelebt, aus: dies., Verrückter kann man gar nicht leben, © Herder/Spektrum Bd 4436

2. Blicke auf das Leben: Grenzgänge in der Zeit

Mit 15: Der Blick nach vorn

Selma Meerbaum-Eichinger, Poem, aus: Ich bin mit Sehnsucht eingehüllt, Gedichte eines jüdischen Mädchens an seinen Freund. Hg. u. eingel. v. Jürgen Serke, © Hoffmann und Campe 1980

Simone de Beauvoir, Ich begann mich dafür zu interessieren, wie ich künftig sein würde, aus: dies., Memoiren einer Tochter aus gutem Hause, aus dem Französischen v. Eva Rechel-Mertens, © Rowohlt Vlg 1960

Elfriede Jelinek, am beispiel paula, aus: dies., Die Liebhaberinnen, © Rowohlt Taschenbuch Vlg 1975

Fatima Mernissi, Der Harem in uns, aus: dies., Der Harem in uns, aus d. Engl. v. Michaela Link © Herder/Spektrum Bd 4430

Mutter werden? Wichtige Augenblicke

Sylvia Plath, Erste Stimme, aus: Drei Frauen. Aus dem Englischen von Friederike Roth, © Frankfurter Verlagsanstalt 1991

Schwanger oder nicht, das ist keine große Sache, aus: Töchter der Weisheit – Gespräche mit indianischen Frauen, © Eugen Diederichs Vlg 1995

Silke Baumgarten, Von jetzt an beginnt eine neue Zeitrechnung, aus: BRI-
GITTE-Dossier, 17/95

Elfie Böttger-Bohlen, Die Hebamme war eine robuste Frau (Originalbeitrag)

Regine Schneider, Will ich wirklich ein Kind – eine schwierige Entscheidung,
aus: dies./ Bettina Stülpnagel, Will ich wirklich ein Kind? – Entscheidungs-
hilfen für nachdenkliche Paare, © Vlg Herder 1995

Margriet de Moor, Schwangerschaft und Geburt verliefen normal, aus: dies.,
Erst grau dann weiß dann blau, © Carl Hanser Vlg 1993

Renan Demirkan, Ein Juli-Sonntag im Kreißsaal einer Kinderklinik in Köln, aus:
dies., Schwarzer Tee mit drei Stück Zucker, © Vlg Kiepenheuer & Witsch,
1991

Daniela Liebich, Ich ertrinke in schlechtem Gewissen, aus: dies., Leidenschaftlich schwanger, © Vlg Herder 1995

Marilyn French, Vielleicht gehörte es dazu, aus: dies., Frauen, © Rowohlt Vlg
1978

Hausgeburt, aus: Töchter der Weisheit, Gespräche mit indianischen Frauen,
aufgezeichnet von Steve Wall; aus dem Englischen von Karin Petersen,
© Eugen Diederichs Vlg 1995

Später: Der Blick zurück – und dabei: mit Neugier nach vorne

Janet Morley, Gesichter, in denen gelebt wurde (The bodies of grownups), aus:
dies.: All desires known, © Janet Morley 1988, aus dem Englischen von der
Herausgeberin

Doris Lessing, Zu Haus, aus: dies., Der Sommer vor der Dunkelheit, © Rowohlt
Vlg 1975

Maxie Wander, Bin ich eine weise Alte? (1. November 1976), aus: dies., Leben
wär' eine prima Alternative – Tagebücher und Briefe, hg. v. Fred Wander,
dtv, © Fred Wander

Christine Swientek, 23.30 Uhr!, aus: dies., Mal sehen, was das Leben noch zu
bieten hat. Das fünfzigste Jahr – oder die bessere Hälfte des Lebens, © Her-
der/Spektrum Bd 4298

Marie Luise Kaschnitz, Dinge, die ich nicht mehr tun werde, aus: dies., Zeiten
des Lebens, Herder/Spektrum Bd 4029 (dies., Tage, Tage, Jahre, © Insel
Vlg 1968)

Aysel Özakin, Wie alt bist du Oma, aus: dies., Zart erhob sie sich, bis sie flog,
© Aysel Özakin 1986

Christine Swientek, Blaue Türen und Fenster soll das Haus haben, aus: dies.,
Mit 40 depressiv, mit 70 um die Welt, © Herder/Spektrum Bd 4010

Lisa Engbers, Der Gipfel ist erreicht, aus: dies., Mein Leben als Pennerin, © Vlg Herder 1995

Betty Friedan, Der Alterswahn, aus: dies., Mythos Alter, aus dem Amerik. v. Cornelia Holfelder von der Tann und Adelheid Zoefel, © Rowohlt Vlg 1995

Zwischen den Generationen: Blickwechsel

Aysel Özakin, Sie sprang über alle Verluste, aus: Zart erhob sie sich, bis sie flog, © Aysel Özakin 1986

Elfie Bohlen, Ich bin ein Fräulein (Originalbeitrag)

Doris Dörrie, Bin ich schön? aus: dies., Bin ich schön?, © Diogenes Vlg 1994

Aysel Özakin, Großmutter – Gastgeberin der Zeit, aus: Zart erhob sie sich, bis sie flog, © Aysel Özakin 1986

Marina Schnurre, Jetzt kann ich es mir leisten, ganz offen zu sein, aus: dies., Sprich mit mir, damit ich mich fühle, © Vlg Herder 1991

Gisela Steineckert, In anderen Umständen, aus: dies., Aus der Reihe tanzen, Herder/Spektrum Bd 4147, © Vlg Neues Leben 1992

Starke Frauen

Lioba Albus
Frau Mittelkötter kennt sich aus
Was Männer meinen, wenn sie etwas sagen
Band 4474
Frau Mittelkötter weiß Bescheid: Witzige und spitze Anmerkungen zum alltäglichen Beziehungsstreß.

Stefanie Schröder
Paula Modersohn-Becker
Auf einem ganz eigenen Weg
Roman
Band 4431
Eine Künstlerin zwischen Unabhängigkeit und Konvention, die darum ringt, sich und ihre Kunst zu verwirklichen.

Fatima Mernissi
Der Harem in uns
Die Furcht vor dem Fremden und die Sehnsucht der Frauen
Band 4430
Geschichten über ein Leben in einer Gemeinschaft starker Frauen.

Christa Dericum
Faszination Feuer
Das Leben der Ingeborg Bachmann
Band 4394
Ihr Leben, leuchtend und voller Schatten, ist mehr als spannende Geschichte. Biographie einer faszinierenden und widersprüchlichen Frau und Schriftstellerin.

Irmgard Rühl
Erfolg ist weiblich
Der neue Karriereknigge
Band 4388
Für Frauen auf dem dornenreichen Weg nach oben im Beruf.

HERDER / SPEKTRUM

Barbara Krause
Der verbrannte Schmetterling
Das abenteuerliche Leben der Fotografin Tina Modotti
Roman
Band 4382

Schon zu Lebzeiten eine Legende: Tina Modotti, die schöne, starke, freiheitsliebende Italienerin. Stationen eines buntschillernden Lebens.

Barbara Krause
Diego ist der Name der Liebe
Frida Kahlo – Leidenschaften einer großen Malerin
Band 4270

Den Schmerz von Körper und Seele schreit sie in ihren Bildern hinaus: Frida Kahlo, die große surrealistische Malerin. Ihre Liebe zu dem Künstler Diego Rivera war so kompliziert, fesselnd und intensiv wie ihr ganzes Leben.

Ruth Salama
Tausendundeine Station
Ein Frauenleben zwischen Berlin und Kairo
Band 4190

Eine starke, faszinierende Frau findet ihren eigenen Weg: Die Liebe zu einem Ägypter läßt sie ausbrechen in eine fremde Kultur.

Barbara Krause
Camille Claudel – Ein Leben in Stein
Roman
Band 4111

Sie war ein Genie und zerbrach an der Ignoranz ihrer Zeit.
Die mitreißende Geschichte eines Lebens gegen jede Konvention.

Fatema Mernissi
Der politische Harem
Mohammed und die Frauen
Band 4104

„Fesselnd, mit großer Sensibilität, einer Mischung aus Zurückhaltung und Kühnheit geschrieben" (Le Figaro).

HERDER / SPEKTRUM